EN DÉFENSE
DU MARXISME

EN DÉFENSE DU MARXISME

CONTRE L'OPPOSITION PETITE-BOURGEOISE DANS LE PARTI SOCIALISTE DES TRAVAILLEURS

LÉON TROTSKY

PATHFINDER

New York Londres Montréal Sydney

Responsable de l'édition française : Michel Dugré

ISBN 978-1-60488-169-1
Numéro de contrôle de la Bibliothèque du Congrès /
Library of Congress Control Number 2024934433
Imprimé aux États-Unis
Manufactured in the United States of America

Premier tirage : 2024

PEINTURE DE LA COUVERTURE : Howard Hodgkin, *First light,* 2005, huile sur bois, 37,8 x 51,4 cm. © Artist Rights Society (ARS) 2024, New York / DACS, Londres.

CONCEPTION GRAPHIQUE DE LA COUVERTURE : Toni Gorton

PATHFINDER
www.pathfinderpress.com
Courriel : pathfinder@pathfinderpress.com

Table des matières

Note des éditions Pathfinder pour cette première version française

Ce livre a d'abord été publié en anglais en 1942 par Pioneer Publishers, le prédécesseur des éditions Pathfinder.

Il relate une lutte, au sein du Parti socialiste des travailleurs (SWP) aux États-Unis et du mouvement communiste mondial, sur la construction d'un parti révolutionnaire, prolétarien dans son programme et sa composition de classe. La majorité du SWP cherchait à construire un parti capable de diriger la classe ouvrière et ses alliés vers le pouvoir ouvrier et le socialisme, en suivant la voie marxiste empruntée par le dirigeant bolchevique V. I. Lénine pour diriger les travailleurs et les paysans vers le pouvoir en octobre 1917.

Les principaux textes reproduits ici sont de Léon Trotsky, le dirigeant bolchevique en exil, qui a participé à cette lutte de 1939-1940 contre une opposition petite-bourgeoise au sein du SWP qui cédait face à la marche accélérée de l'impérialisme américain vers la Deuxième Guerre mondiale. Une première traduction française a été publiée à Paris trois décennies plus tard.

Cette nouvelle édition française comprend une introduction de Joseph Hansen et de George Novack, deux dirigeants du SWP qui ont participé à cette lutte. « Ce livre est le produit le plus précieux de cette lutte qui a mis à l'épreuve et forgé les rangs de notre parti, ont-ils écrit. Trotsky a consacré les meilleures énergies de la dernière année de sa vie » à cette bataille pour défendre le marxisme.

Steve Clark
2 MAI 2024

Introduction à la deuxième édition anglaise

GEORGE NOVACK ET JOSEPH HANSEN

I

Pendant plus de 40 ans, Léon Trotsky a défendu et développé les idées et les méthodes du marxisme. Il a décidé dès l'âge adulte de les défendre contre le régime tsariste et l'ensemble du monde bourgeois. Pendant la Première Guerre mondiale, il a défendu l'internationalisme révolutionnaire contre les sociaux-patriotes et les révisionnistes de la Deuxième Internationale. Pendant la révolution russe, aux côtés de Lénine, il a défendu le programme du bolchevisme contre les mencheviks et les socialistes-révolutionnaires. Après la révolution victorieuse d'Octobre 1917, en tant que l'un des principaux propagandistes soviétiques, il a défendu les principes marxistes sur le terrain de la polémique politique aussi vigoureusement et brillamment qu'il a dirigé la défense de l'État ouvrier sur les fronts militaires. Avec Lénine, il a fondé la Troisième Internationale pour diffuser les idées du marxisme dans le monde entier.

Les plus grandes batailles livrées par Trotsky pour défendre le marxisme eurent lieu après la mort de Lénine. Lorsque les premiers signes de réaction bureaucratique apparurent au sein du Parti communiste russe, Trotsky organisa l'Opposition de gauche, qui cherchait à préserver

George Novack et Joseph Hansen ont été des dirigeants du Parti socialiste des travailleurs aux États-Unis pendant de nombreuses années. Hansen a été secrétaire de Léon Trotsky de 1937 jusqu'à l'assassinat de ce dernier en 1940.

le programme bolchevique contre les dérives vers la politique petite-bourgeoise du bloc Staline-Zinoviev-Kamenev. Après avoir été déporté à Alma-Ata, il poursuivit malgré tout la lutte de l'Opposition de gauche communiste russe contre les tendances révisionnistes croissantes de la clique stalinienne en pleine dégénérescence. En exil en Turquie, il organisa l'Opposition de gauche communiste à l'échelle internationale. Lorsqu'en 1933, la Troisième Internationale capitula sans combat devant le fascisme en Allemagne, Trotsky appela à la formation de la Quatrième Internationale, qui fut fondée en 1938.

Au cours de la dernière décennie de sa vie, Trotsky défendit le marxisme contre le fascisme, contre l'opinion publique bourgeoise-démocratique et contre toutes les variétés de politiques petites-bourgeoises, dont le stalinisme virulent de la Troisième Internationale, le réformisme social sénile de la Deuxième Internationale, le centrisme impuissant, le gauchisme et l'anarchosyndicalisme. Il n'y a pas eu de courant antimarxiste de quelque importance que Trotsky n'a pas étudié ou qu'il n'a pas analysé et réfuté dans ses écrits. Au cours de la réaction universelle qui a culminé pendant la Deuxième Guerre mondiale, Trotsky s'est imposé comme le principal champion du socialisme révolutionnaire.

Au début de la Deuxième Guerre mondiale, il a dû de nouveau livrer bataille pour défendre le marxisme. Cette fois, la lutte a eu lieu dans les rangs de la section américaine de sa propre Quatrième Internationale. Ébranlé par l'impact de la guerre en Europe et la pression exercée par des influences et des idées de classes sociales extérieures, un groupe de dirigeants du Parti socialiste des travailleurs a accompli ce que Trotsky a qualifié de « tentative de rejeter, de discréditer et de renverser les fondements théoriques, les principes politiques et les méthodes d'organisation de notre mouvement ». (Voir page 190 de ce livre.)

Ces dirigeants et leurs partisans ont échoué. Ils ont échoué parce que Trotsky, se basant lui-même sur les expériences du Parti bolchevique et de ses prédécesseurs, avait prévenu le mouvement trotskyste que le déclenchement d'une autre guerre impérialiste provoquerait inévitablement une crise dans ses rangs ; que sous l'assaut de l'opinion publique bourgeoise, les éléments petits-bourgeois du parti seraient désorientés et que l'aile prolétarienne devrait se prémunir contre les dangers de cette démoralisation. Ils ont échoué parce que, lorsque cette crise a éclaté, Trotsky en a détecté les premiers symptômes, a diagnostiqué la nature de la maladie et a prévu son développement ultérieur. Ils ont échoué parce que Trotsky a été capable de diriger la majorité prolétarienne tout au long du conflit qui a suivi entre différentes fractions.

Ce livre est le produit le plus précieux de cette lutte, qui a mis à l'épreuve et forgé les rangs de notre parti. On y trouve un grand nombre des contributions les plus mûries de Trotsky à la pensée marxiste. Durant la dernière année de sa vie, Trotsky a consacré le meilleur de son énergie à cette ultime bataille pour défendre le marxisme. Il a écrit le dernier article de ce recueil le 17 août 1940, trois jours avant que le meurtrier stalinien ne l'assassine.

II

Comme Trotsky l'a démontré dans son article « D'une égratignure au danger de gangrène », les éléments d'une déviation petite-bourgeoise germaient depuis longtemps au sein du mouvement trotskyste américain. Cette tendance n'a pas osé s'affirmer sous une forme politique organisée et ouverte avant que les événements qui ont précédé et suivi directement le déclenchement de la Deuxième Guerre mondiale l'incitent à le faire.

Tout ce qui a fourni à l'opposition petite-bourgeoise l'occasion de lancer son assaut contre le marxisme tournait autour de la question de l'URSS. Ce n'était pas un hasard. Depuis le 7 novembre 1917, la question de la révolution russe et de l'État soviétique qu'elle a créé a profondément divisé le mouvement ouvrier de tous les pays. Au cours de toutes ces années, l'attitude à l'égard de l'Union soviétique a été le critère déterminant qui a distingué la véritable tendance révolutionnaire de tous les courants, de nuances et de degrés très variés, qui hésitaient, reculaient ou capitulaient face à la pression du monde bourgeois : les mencheviks, les sociaux-démocrates, les anarchosyndicalistes, les centristes et les staliniens.

Il est rapidement devenu évident que la discussion soulevait toutes les questions fondamentales.

Le pacte germano-soviétique a été proclamé le 22 août 1939. Une immense vague de propagande antisoviétique a alors déferlé dans les « démocraties », qui a profondément secoué l'aile petite-bourgeoise du Parti socialiste des travailleurs. Lors de la réunion du Comité politique du SWP, qui a eu lieu le même jour, Shachtman a présenté la motion suivante : « Que la prochaine réunion du Comité politique commence par une discussion sur notre appréciation du pacte Staline-Hitler *du point de vue de notre évaluation de l'État soviétique* et des perspectives pour l'avenir. » Shachtman se disait toujours favorable à la défense de l'URSS. Mais sa motion montrait qu'il se rapprochait alors des vues de James Burnham sur la nature de l'URSS, qu'il avait jusque-là rejetées. Dans plusieurs textes écrits deux ans auparavant, Burnham, qui était membre du Comité politique tout comme Shachtman, avait déjà remis en question le principe fondamental défendu par la Quatrième Internationale selon lequel l'Union soviétique, bien que dégénérée sous le régime stalinien, était un État ouvrier que la classe ouvrière mondiale devait défendre inconditionnellement contre les attaques impérialistes. Ainsi, le pacte qui a ouvert la voie à la guerre a également déclenché la crise interne de notre parti.

Une semaine plus tard, la Deuxième Guerre mondiale commençait. Jusque-là discrète, la tendance petite-bourgeoise s'est alors déchaînée. Lors de la réunion du Comité politique du 3 septembre, Burnham a présenté une motion proposant que soit convoquée une session plénière du Comité national pour la semaine suivante et qu'on y mette à l'ordre du jour un réexamen de la question russe. La majorité a accepté et exigé que l'opposition présente auparavant ses nouvelles idées par écrit. La majorité a également demandé un délai suffisant pour inviter Trotsky à nous faire connaître son point de vue. L'opposition a rejeté cette proposition, révélant ainsi dès le début son hostilité envers Trotsky.

Le 5 septembre, Burnham a soumis son texte « Sur le caractère de la guerre » à la réunion plénière du Comité national. Les phrases suivantes résument bien l'essentiel de son texte : « L'Union soviétique ne peut d'aucune manière être considérée comme un État ouvrier. [...] L'intervention soviétique [dans la guerre] sera entièrement subordonnée au caractère impérialiste général du conflit dans son ensemble et ne sera en aucun cas une défense des vestiges de l'économie socialiste. » Une semaine plus tard, dans la lettre avec laquelle ce livre commence, Trotsky a commencé à révéler les implications réelles de la doctrine de Burnham, à savoir « que tout le potentiel révolutionnaire du prolétariat mondial est épuisé, que le mouvement socialiste a fait faillite et que le bon vieux capitalisme se transforme en "collectivisme bureaucratique" avec une nouvelle classe exploiteuse ».

Trotsky développa sa position vis-à-vis de Burnham dans son premier texte important de la lutte entre les fractions, « L'URSS dans la guerre », qui est arrivé à temps pour être discuté au plénum. Comme l'opposition petite-bourgeoise ne s'était pas encore ouvertement constituée en fraction, Trotsky utilisa des arguments similaires aux leurs qu'avait formulés entre autres l'ex-communiste italien Bruno R. Il les développa jusqu'à leurs conclusions logiques. Avec ce texte, Trotsky avertissait sévèrement Burnham et ses partisans qu'en contestant le programme de la Quatrième Internationale sur la question russe, ils remettaient de fait en question les principes essentiels du socialisme scientifique.

L'opposition petite-bourgeoise rassemblait trois différents groupes. Burnham en était l'idéologue dirigeant, celui qui exprimait le plus complètement son caractère antimarxiste. La clique d'Abern se ralliait apparemment aux vues de Trotsky et désavouait celles de Burnham. Shachtman, qui occupait une position intermédiaire, était assailli de doutes et de réticences aussi bien envers les positions de Trotsky qu'envers celles de Burnham.

Ces deux dernières tendances au sein du bloc, celles d'Abern et de Shachtman, n'étaient pas encore prêtes à se placer sur le terrain de Burnham. Elles prétendaient encore rester fidèles au programme de la Quatrième Internationale. Comment ont-elles surmonté les contradictions de leur position pour former une fraction commune avec Burnham ? Elles ont conspiré avec Burnham pour occulter ses véritables opinions. Puis elles ont dégagé une formulation commune pour justifier leur alliance sans principe en refusant de considérer les principes de base et en exigeant que la discussion se limite aux questions « concrètes » immédiates.

Au plénum qui a commencé le 30 septembre, lorsque le moment est venu pour Burnham de prendre la parole afin de défendre son texte, il a tout simplement annoncé qu'il l'avait retiré ! Son avocat Shachtman a plutôt soumis une résolution, qu'il a présentée comme la plate-forme commune de toute l'opposition, qui tentait d'esquiver et de reporter la discussion sur le désaccord fondamental concernant la nature de classe de l'État soviétique en limitant la lutte aux « réponses immédiates à des questions concrètes soulevées par le pacte Hitler-Staline ». Néanmoins, la résolution ne respectait pas ses propres objectifs et conditions. Elle qualifiait l'invasion de la Pologne par l'Armée rouge d'acte de « *politique impérialiste* » nécessitant une « révision de notre concept précédent de "défense inconditionnelle de l'Union soviétique" ».

La clique d'Abern a démontré son caractère peu scrupuleux en votant à la fois pour la résolution de Shachtman et pour la motion de la majorité du parti visant à « réaffirmer notre analyse fondamentale de la nature de l'État soviétique et du rôle du stalinisme » et à « entériner les conclusions politiques » du texte de Trotsky « L'URSS dans la guerre ».

À ce stade de sa désertion du marxisme, l'opposition ne rejetait en apparence que l'interprétation des événements actuels que Trotsky donnait et les « méthodes d'organisation » de la direction du Parti socialiste des travailleurs, qu'elle attribuait à Cannon. Mais Trotsky et ceux qui partageaient ses opinions ont décelé la dynamique antimarxiste de cette combinaison sans principes. La filiation idéologique de la résolution de Shachtman était claire. Son questionnement sur la nature de classe de l'Union soviétique était une passerelle conduisant à la réponse de Burnham. Cette réponse était déjà contenue dans sa caractérisation des actions de l'Armée rouge comme « actes de politique impérialiste ». Comme Trotsky l'a expliqué dans sa première lettre à Sherman Stanley et dans son article « Encore et encore sur la nature de l'URSS », l'impérialisme est un terme que les marxistes réservent à la politique expansionniste du capitalisme monopoliste. Le plénum a donc condamné la résolution de l'opposition « comme une tentative en partie de réviser la position fondamentale du parti et en partie de couvrir la position de ceux qui ont pour objectif de réviser dans un sens fondamental notre politique sur la question de l'Union soviétique ». Le plénum a également accepté la position présentée dans l'article de Trotsky « L'URSS dans la guerre ».

L'opposition s'est organisée à l'échelle nationale et a recherché des appuis dans d'autres sections nationales de la Quatrième Internationale. Au cours d'une série de réunions des membres à New York, la majorité a poursuivi ses efforts pour que les questions fondamentales émergent.

Dans son article suivant « Encore et encore sur la nature de l'URSS », Trotsky a répondu plus spécifiquement et avec plus de tranchant aux arguments des partisans de Burnham, tout en mettant en garde ceux qui voulaient bien écouter : « S'il y a ici une révision de Marx, c'est en fait celle des camarades qui prévoient un nouveau type d'État qui serait "non bourgeois" et "non ouvrier". » Des comptes rendus sténographiques d'un discours de James P. Cannon soutenant la position de la Quatrième Internationale et d'un discours de Shachtman qui tentait de couvrir Burnham et de maintenir la position très instable de sa résolution au plenum ont été envoyés à Trotsky. Dès réception des deux comptes rendus, Trotsky a immédiatement dicté une lettre à Shachtman, imprimée en page 99 de ce volume, répondant en détail aux idées révisionnistes que Shachtman avait jusqu'alors essayé de faire passer pour des idées en accord avec « L'URSS dans la guerre » de Trotsky.

Au cours des semaines suivantes, la majorité publia des articles dans le bulletin interne du Parti socialiste des travailleurs, expliquant davantage l'ampleur des divergences. Mais l'opposition refusa obstinément d'accepter la bataille sur une telle base de principe. Trotsky décida que le moment était venu de tailler en pièces les rationalisations de la minorité et de vider l'abcès d'où s'écoulait l'infection : la direction idéologique de Burnham. Dans le célèbre premier paragraphe de son article suivant, « Une opposition petite-bourgeoise dans le Parti socialiste des travailleurs » (page 109), il déclara :

« Il faut appeler les choses par leur nom. Maintenant que les positions des deux fractions en lutte sont définies avec la plus grande clarté, il faut dire que la minorité du Comité central dirige une tendance petite-bourgeoise typique. Comme tout groupement petit-bourgeois dans le mouvement socialiste, l'opposition actuelle se caractérise par les traits suivants : une attitude méprisante face à la théorie et une tendance à l'éclectisme ; un manque de respect pour la tradition de sa propre organisation ; un grand désir d'"indépendance" individuelle plutôt qu'une soif de vérité objective ; la fébrilité au lieu d'un esprit de suite ; la promptitude à passer d'une position à une autre ; l'incompréhension du centralisme démocratique et une hostilité envers lui ; et enfin une tendance à remplacer la discipline de parti par les liens de groupe et les attachements personnels. »

Ces mots démolissaient les prétentions de la minorité. Toutes les implications de la lutte de fraction avaient maintenant été mises en évidence par le dirigeant de la Quatrième Internationale. L'article, principalement dirigé contre Burnham, soulevait devant toute la Quatrième Internationale la question de la méthode que celui-ci avait employée pour en arriver à ses conclusions théoriques et politiques. Trotsky a montré qu'en rejetant la dialectique et en lui substituant la méthode pragmatique, Burnham et Shachtman avaient inévitablement abouti à des conclusions politiques incorrectes. Pour les travailleurs qui ne connaissaient pas le matérialisme dialectique, Trotsky a exposé les idées élémentaires de la méthode en termes clairs.

Il a poursuivi son analyse de l'opposition petite-bourgeoise dans « Une lettre ouverte au camarade Burnham », qu'il a conçue de manière à pousser Burnham hors de sa tanière et à l'obliger à défendre ses véritables opinions. Par crainte de perdre de l'influence auprès de ses propres partisans, Burnham n'a pas osé rester silencieux plus longtemps sous les attaques nourries de Trotsky. En outre, les coups de Trotsky l'avaient touché en plein coeur. Comme Burnham l'a reconnu plus tard dans sa lettre de démission, Trotsky avait traité des convictions mêmes qui guidaient son cours et dont il était conscient bien avant sa rupture publique avec la Quatrième Internationale.

Pourquoi une grande partie de l'opposition n'a-t-elle pas lâché Burnham pour revenir au marxisme à ce moment-là ? La réponse se trouve dans la pression sociale qui s'exerçait sur eux alors que la guerre englobait la terre entière. C'était l'époque où la « pauvre petite Finlande » du baron Mannerheim faisait l'objet de compassion et l'Union soviétique, d'une haine virulente en Angleterre et aux États-Unis.

Shachtman a pris la défense de Burnham dans une lettre ouverte contre Trotsky. D'accord avec Burnham pour affirmer que la méthode employée par Trotsky, celle du matérialisme dialectique, n'était d'aucune utilité pour répondre aux questions politiques du moment, il s'est servi des événements polonais et finlandais pour dénigrer les analyses de Trotsky sur les événements en cours.

Trotsky a répondu à Shachtman dans l'article « D'une égratignure au danger de gangrène ». Dans cet article, Trotsky s'en prend particulièrement à Burnham, qui sera toujours sa principale cible tout au long de la lutte. Mais il le fait en incluant une analyse puissante et accablante du passé de Shachtman et de son rôle d'avocat de Burnham. Ce dernier a alors pris sa propre défense. Il a répondu à la lettre ouverte de Trotsky par son célèbre texte « Science et style », reproduit ici dans l'appendice*.

« Science et style » était l'expression la plus grossière du caractère et de la tendance antimarxistes de l'opposition. En réussissant à débusquer Burnham et à le forcer à afficher ses véritables opinions, Trotsky a provoqué un tournant décisif dans la lutte. Avec la réponse de Burnham, la lutte est devenue clairement définie pour l'ensemble de la Quatrième Internationale. La preuve empirique était faite que le combat opposait le révisionnisme au marxisme ! Le texte de Burnham, qui a été publié au sommet de la vague d'hystérie guerrière anglo-américaine contre l'Union

---

* L'article « Science et style » de Burnham a été publié par l'opposition sous forme ronéotypée pendant la lutte factionnelle au sein du Parti socialiste des travailleurs, mais les membres de l'opposition ne se sont jamais aventurés à le rendre public après la scission, bien que Trotsky les ait défiés de le faire.

Trotsky a écrit : « Laissons les lecteurs exiger de la rédaction qu'elle imprime la seule oeuvre programmatique de la minorité : l'article de Burnham, "Science et style". Si ces rédacteurs ne s'étaient pas préparés à imiter les colporteurs qui vendent de la marchandise avariée sous de belles étiquettes, ils se sentiraient bien obligés de publier cet article. Tous verraient alors de quel "marxisme révolutionnaire" il s'agit. Mais *ils n'oseront pas* le faire. Ils ont honte de montrer leur vrai visage. Burnham sait très bien cacher ses résolutions et ses articles trop révélateurs dans sa mallette, tandis que Shachtman sait se faire l'avocat des opinions d'autrui, faute d'en avoir à lui. » (page 311)

soviétique, a rendu *explicite* ce que Trotsky et ceux comme lui qui comprenaient de manière dialectique la structure plus profonde du parti avaient vu de manière *implicite* depuis longtemps.

Trotsky avait atteint son objectif principal : prouver à la Quatrième Internationale que la forte proportion d'éléments petits-bourgeois parmi les membres du SWP avait plongé le parti dans une crise au moment où éclatait la Deuxième Guerre mondiale et que cette crise concernait les principes les plus fondamentaux du socialisme scientifique. Quand « Science et style » a été publié, Trotsky a affirmé explicitement dans sa lettre du 23 février : « L'abcès est ouvert. Abern et Shachtman ne peuvent plus répéter qu'ils veulent seulement discuter un peu de la Finlande et de Cannon. Ils ne peuvent plus jouer à cache-cache avec le marxisme et la Quatrième Internationale. Le Parti socialiste des travailleurs doit-il maintenir la tradition de Marx, d'Engels, de Franz Mehring, de Lénine et de Rosa Luxemburg, une tradition que Burnham qualifie de "réactionnaire", ou doit-il accepter les conceptions de Burnham, version tardive du socialisme petit-bourgeois prémarxiste ? » Trotsky invite Abern et Shachtman à prendre la parole : « Que pensez-vous de la "science" de Burnham et de son "style" ? [...] Camarades Abern et Shachtman, vous avez la parole ! » Ils sont restés silencieux.

Quand Abern et Shachtman ont refusé de désavouer Burnham et ses doctrines, y compris sa « science » et son « style », il est devenu évident qu'ils se préparaient à se séparer de la Quatrième Internationale. La majorité s'est efforcée de maintenir l'unité, convaincue que l'unité du parti révolutionnaire et l'enseignement du patriotisme de parti sont parmi ses biens les plus précieux. La majorité avait deux objectifs supplémentaires : (1) maintenir les éléments hésitants de la minorité sous l'influence maximale de notre programme ; (2) prouver de façon concluante aux autres sections de la Quatrième Internationale que si l'on en venait à une scission, la responsabilité en incomberait entièrement à la minorité. « Nous devons tout faire pour convaincre aussi les autres sections que la majorité a épuisé toutes les possibilités d'en arriver à l'unité », a expliqué Trotsky dans sa lettre à la page 295. « [C]e qui se produit dans le Parti socialiste des travailleurs a maintenant une grande importance internationale et [...] vous devez agir non seulement en fonction de vos appréciations subjectives, aussi correctes puissent-elles être, mais aussi des faits objectifs accessibles à tous. »

Tous les faits objectifs démontrent que la rupture de la minorité avec le marxisme a été la raison principale de la scission. La discussion, qui a duré plus de six mois, a été la plus ample jamais entreprise dans notre mouvement. Chaque point de vue a pu s'exprimer en toute liberté. L'opposition a eu toutes les chances de gagner la majorité et la direction du parti. Le 19 décembre, Trotsky a écrit à la majorité : « Même si vous deveniez une minorité, vous devriez, selon moi, rester disciplinés et loyaux envers le parti dans son ensemble. Ceci est très important pour enseigner un véritable patriotisme de parti, dont Cannon m'a un jour décrit très correctement la nécessité dans une lettre. » (Voir page 141) Lors du congrès, les partisans de Trotsky ont gagné la majorité des membres du parti à leur position. Mais ils n'ont pas expulsé la minorité, ils ne l'ont pas écartée de la direction, ne l'ont pas privée de postes de responsabilité et ne l'ont pas obligée à renoncer à ses convictions. Au contraire, ils ont offert à la minorité d'être représentée dans toutes les instances du parti en fonction de sa force réelle. Ils se sont contentés d'exiger que tous respectent le principe du centralisme démocratique et que la minorité se conforme loyalement à la décision de la majorité et limite ses activités à essayer de gagner le parti à sa position. La majorité du congrès a même accepté que la discussion se poursuive dans le bulletin interne.

La conduite de la majorité à cet égard, guidée à chaque étape par Trotsky, sert de modèle d'une juste tactique bolchevique pour construire un parti prolétarien. Trotsky dresse le bilan de cet aspect de la lutte dans son article « Les moralistes petits-bourgeois et le parti prolétarien » (page 309).

Lors du congrès du SWP qui s'est réuni le 5 avril 1940, la majorité du parti a réaffirmé son soutien au programme de la Quatrième Internationale. Le 16 avril, le Comité politique s'est réuni et a proposé : « Que le Comité accepte les décisions du congrès et s'astreigne à les appliquer de manière disciplinée. » Les dirigeants du bloc minoritaire ont refusé de voter pour cette motion. Au lieu de les expulser, ce qui aurait été tout à fait justifié, la majorité a encore attendu. Jusqu'à la fin, les autres sections de la Quatrième Internationale ont été informées de la situation. Burnham et ses partisans ont été simplement suspendus jusqu'à ce qu'ils indiquent « leur intention de se conformer aux décisions du congrès ».

Cependant, la minorité avait déjà loué un local séparé. Elle a constitué une organisation distincte qu'elle a nommée « Parti des travailleurs », elle a commencé à publier un journal public et a volé l'organe théorique du parti, *New International*. Ces actions de la minorité sont traitées dans l'article de Trotsky, « Les moralistes petits-bourgeois et le parti prolétarien » (page 309) qui, avec le « Bilan des événements en Finlande » (page 315), résume les leçons politiques de la lutte.

C'est ainsi que s'est déroulée la lutte factionnelle à partir du mois d'août 1939, lorsque les dirigeants de la minorité ont commencé à attaquer et à réviser le programme de la Quatrième Internationale, jusqu'au mois d'avril 1940, lorsqu'ils ont rompu avec le Parti socialiste des travailleurs.

III

Burnham était loin d'être un personnage isolé. Il avait non seulement des partisans au sein du Parti socialiste des travailleurs, mais aussi une écoute à l'extérieur du parti parmi une foule de gens qui étaient sur la même longueur d'onde dans le milieu des intellectuels petits-bourgeois ex-radicaux. Parmi les plus éminents, il y avait Sidney Hook, Max Eastman, Lewis Corey et Louis Hacker. Ces précurseurs de Burnham avaient déjà révisé le marxisme sur toute la ligne, en commençant par ses fondements théoriques et en terminant par sa politique. Ils constituaient la section américaine d'une confrérie internationale de renégats du marxisme dirigée par Souvarine, Victor Serge, Bruno R., etc.

Comme le soulignait Trotsky dans « Une opposition petite-bourgeoise dans le Parti socialiste des travailleurs », Burnham et Shachtman avaient entrepris d'analyser cette tendance dans un article du numéro de janvier 1939 de *New International* intitulé « Intellectuels en retraite ». Leur analyse s'est avérée inadéquate pour les mêmes raisons que celles pour lesquelles ils se sont joints au cortège de ceux qui fuyaient le mouvement révolutionnaire. Hook, Eastman, Corey ont ouvert la voie à Burnham et Shachtman. En effet, l'opposition petite-bourgeoise a acquis ses arguments et ses idées et a reçu un encouragement moral et une inspiration de cette « Ligue des espoirs abandonnés » qu'elle avait auparavant critiquée.

La plupart de ces renégats avaient commencé leur carrière de révisionnistes par une lutte *philosophique* contre le matérialisme dialectique. Pour cacher l'étendue et la profondeur de leur opposition au marxisme à eux-mêmes et aux autres, chacun d'entre eux avaient insisté sur le fait que leurs divergences étaient « purement philosophiques » et que de telles différences théoriques abstraites n'affectaient pas telle ou telle idée ou action politique. Ils soutenaient que la logique et la philosophie en général n'avaient aucun lien logique avec la politique. Par conséquent, prétendaient-ils, la philosophie marxiste du matérialisme dialectique n'avait aucune incidence concrète sur les partis, les programmes et les luttes politiques. Burnham et Shachtman ont pour la première fois énoncé cette position dans leur article « Intellectuels en retraite ». Tous deux l'ont maintenue pendant la lutte factionnelle. Burnham a révélé son hostilité irréconciliable à la théorie marxiste dans « Science et style » en accusant Trotsky d'avoir introduit la dialectique dans la controverse politique pour faire une diversion. « Mais, a dit Burnham, on ne peut d'*aucune manière* voir la dialectique [...] comme fondamentale en politique, absolument d'aucune manière. » Burnham et Shachtman avaient simplement emprunté cette position à Eastman et Hook. Eastman a longtemps soutenu que le marxisme devait se débarrasser du matérialisme dialectique qui, selon lui, n'était rien d'autre qu'un vestige de religion et de métaphysique hégélienne et qu'il devait adopter son approche basée sur le « sens commun ». Hook, faisant écho à ces arguments, s'est moqué des « implications politiques farfelues de la doctrine du matérialisme dialectique ».

Cette séparation de la logique et de la politique, ce rejet du matérialisme dialectique comme fondement théorique du marxisme, est étranger à la pensée et à la tradition marxistes. Le marxisme est une conception du monde unifiée, cohérente et globale. Sa méthode de pensée, la dialectique matérialiste, par opposition à la dialectique idéaliste de Hegel, est essentiellement la logique du changement *révolutionnaire*. Les principales lois de cette logique expliquent rationnellement, non seulement le cours des changements graduels dans les processus naturels, sociaux et mentaux, mais aussi les ruptures brutales et les sauts qualitatifs par lesquels les choses se transforment en leur contraire.

Pourquoi les penseurs bourgeois rejettent-ils la dialectique matérialiste ? Principalement parce que, en tant que logique de *l'histoire*, elle perçoit les germes et les racines des *révolutions sociales* dans les changements graduels de la vie sociale. Lorsque ces changements cumulatifs en arrivent à un certain niveau, un saut qualitatif se produit, une grande rupture avec le passé, une révolution. Ainsi, selon la dialectique, les révolutions sociales et politiques ne sont pas des aberrations accidentelles ou des détours évitables dans l'histoire, mais des étapes dans le cycle de développement des sociétés de classe, dont les causes sont matérielles et les lois déterminées. Enfin, ce qui est certainement la chose la plus terrible pour les idéologues bourgeois et leurs ombres petites-bourgeoises, c'est que la dialectique matérialiste explique l'évolution *logique* des luttes de classes de notre époque. Elle démontre pourquoi le capitalisme progressiste s'est transformé en capitalisme monopoliste réactionnaire avec ses politiques et ses guerres impérialistes. Elle démontre l'inévitabilité du renversement du capitalisme monopoliste par la révolution sociale de la classe ouvrière internationale et la transformation du capitalisme agonisant en socialisme vivant.

La dialectique matérialiste est indissociable de la vie sociale ou de la pensée politique parce qu'elle formule les lois générales du mouvement social qui donnent naissance à la lutte des classes, qui gouvernent son cours et déterminent son résultat. Lorsque Lénine a souligné, et

Trotsky l'a réitéré à plusieurs reprises dans ses écrits, qu'« il ne peut y avoir de pratique révolutionnaire sans théorie révolutionnaire », ils voulaient dire précisément : il ne peut y avoir de politique prolétarienne révolutionnaire cohérente sans la dialectique matérialiste, qui est l'essence même du socialisme scientifique.

Voilà la clé de l'importance de la dialectique matérialiste pour le mouvement socialiste révolutionnaire et de l'opposition qu'elle suscite parmi les ennemis de ce mouvement, tels les renégats doctrinaires petits-bourgeois. Accepter la logique du marxisme, l'étudier, la maîtriser et l'utiliser, c'est embrasser et faire avancer la révolution. L'indifférence ou l'opposition aux fondements logiques du marxisme, lorsqu'elles se développent de manière systématique, doivent mener et mèneront nécessairement à une répudiation du marxisme, pas seulement au niveau de la théorie philosophique, mais aussi dans la pratique politique, comme ce fut le cas pour Burnham, Shachtman, Hook, Eastman et d'autres grands apôtres du « sens commun ». Comme Trotsky l'avait prévu, leur hostilité envers le matérialisme dialectique contenait de manière implicite dès le départ leur abandon du socialisme et leur prosternation devant la pensée bourgeoise. Leur opposition au marxisme, qu'ils ont d'abord manifestée dans le domaine apparemment sans lien d'une controverse philosophique, s'est concrétisée dans leur programme politique. Il est évident que la logique et la philosophie ne sont pas aussi éloignées de la réalité pratique qu'ils le prétendaient.

L'histoire apporte elle-même les meilleurs arguments contre de telles tentatives de séparer la méthode marxiste de la politique concrète. Sous Lénine et Trotsky, le Parti bolchevique a réalisé dans l'action sociale et politique ce que Marx et Engels, à l'aide de leur méthode dialectique, avaient expliqué et prévu dans *Le Manifeste communiste* et

Le Capital. Ce que les bolcheviks ont prouvé de manière éclatante pendant la révolution russe de 1917, c'est-à-dire l'intégration harmonieuse de la théorie marxiste et de l'action révolutionnaire, les carrières ultérieures de Hook, Eastman, Burnham et Shachtman l'ont amplement démontré de manière opposée. Eastman et Burnham ont rejeté sans réserve le marxisme et le socialisme tandis que Hook et Shachtman ont adopté des politiques pro-impérialistes en se faisant les porte-parole de l'aile droite de la social-démocratie aux États-Unis. Ces renégats ont mené une lutte virulente contre le mouvement marxiste révolutionnaire auquel ils s'étaient identifiés auparavant.

Parmi eux, c'est Burnham qui a effectué le passage dans le camp de l'ennemi de classe le plus précipité et le plus complet. Un mois après avoir quitté le mouvement trotskyste, il a démissionné avec mépris de son nouveau « parti ». Sa démission et sa lettre d'excuses à ses partisans, qu'il avait trompés, ont involontairement confirmé tout ce que Trotsky avait dit à son propos au cours du débat. Cette lettre est publiée en appendice pour informer et éclairer les étudiants de la dialectique*.

Quelques mois plus tard, Burnham exposait ses nouvelles idées sur la politique mondiale dans le livre *The Managerial Revolution*, qui a joui d'une grande popularité dans les cercles intellectuels des grandes entreprises, de la bureaucratie et de la petite-bourgeoisie. Tandis que

---

* Au cours de la lutte factionnelle au sein du SWP, l'opposition a demandé le droit de publier son propre journal afin que le public puisse connaître ses opinions. Mais après avoir créé leur propre presse au lendemain de la scission, ils n'ont jamais jugé bon de publier cette lettre et de permettre au public de connaître les raisons fournies par leur principal dirigeant pour déserter les rangs du socialisme. La lettre de démission de Burnham a été publiée pour la première fois dans la revue *Fourth International* d'août 1940.

Trotsky signalait l'assaut imminent des armées nazies et préparait les travailleurs ayant une conscience de classe à défendre le premier État ouvrier, Burnham a énoncé sa thèse selon laquelle, avec le pacte d'août 1939, Hitler et Staline, les principaux représentants de la future société des gestionnaires, avaient uni leurs forces pour « infliger des blessures mortelles au capitalisme ». Cette formulation politique « concrète » a été contredite par l'attaque de Hitler en juin 1941 visant à « infliger des blessures mortelles » à l'Union soviétique.

Au cours des décennies suivantes, Burnham s'est imposé comme l'un des plus fanatiques idéologues antisoviétiques. Ses appels à une croisade armée contre la « conspiration communiste » mondiale ont été proclamés dans une série de livres comme *The Struggle for World Power* (1947) et *The Suicide of the West* (1964). Il a donné plusieurs conférences anticommunistes à l'École militaire du gouvernement américain et a affirmé que le groupe de Shachtman était « subversif » lors d'une audience du département américain de la Justice à la fin des années 50. (Malgré ses efforts, la Ligue socialiste indépendante et son prédécesseur, le Parti des travailleurs, ont été retirés de la liste du procureur général). Burnham est maintenant rédacteur en chef de la revue *National Review,* un journal d'extrême droite dans lequel il a condamné l'administration de Richard Nixon pour sa politique de détente avec Moscou et Pékin et a appelé à réévaluer favorablement le fascisme.

Alors que Burnham s'est jeté sans réserve dans les bras de l'impérialisme, Shachtman, typiquement, a évolué lentement vers une réconciliation avec le pouvoir en place. Il est allé vers la droite aussi loin qu'il est possible de le faire aux États-Unis tout en conservant l'étiquette de « socialiste ».

Dans l'article que lui et Burnham ont écrit dans la revue *New International* de janvier 1939 pour analyser la régression des intellectuels antistaliniens vers l'antiléninisme et l'antitrotskisme, ils ont déclaré que « la principale maladie intellectuelle dont souffrent ces intellectuels peut être appelée stalinophobie, ou antistalinisme vulgaire. Cette maladie a été provoquée par l'aversion universelle pour le macabre système stalinien de coups montés et de purges. Et ce qui en est résulté, c'est que la plupart des écrits parus sur le sujet depuis lors ont été moins le produit d'une analyse sociale froide que d'un choc mental, et lorsqu'on peut parler d'une analyse, il s'agit d'une analyse morale plutôt que scientifique et politique ».

Après avoir mis les autres en garde contre les conséquences désastreuses de la maladie, Shachtman s'est retrouvé lui-même contaminé. Une stalinophobie maligne a ravagé les restes de ses positions marxistes, morceau par morceau, jusqu'à ce qu'il ne lui reste plus rien de ce qu'il avait été sur le plan politique. Il a abandonné la défense de l'Union soviétique à l'heure du péril mortel pendant la Deuxième Guerre mondiale. Pour se justifier, il a repris la théorie de la nature de l'Union soviétique en tant que pays entièrement possédé et politiquement contrôlé par une nouvelle classe particulière, qualifiée de « collectiviste bureaucratique ».

Il a caractérisé l'État ouvrier dégénéré comme une « nouvelle forme de société de classe » régressive, qui n'était ni capitaliste ni socialiste, mais quelque chose de bien inférieur au capitalisme démocratique. Selon lui, toutes les révolutions ouvrières et paysannes réussies, de la Russie de 1917 à Cuba en 1959, ont été non seulement anticapitalistes mais aussi antisocialistes.

Cette théorie déformait la réalité hautement contradictoire de la société soviétique sous le stalinisme, qui combinait les conquêtes socialistes fondamentales de la révolution d'Octobre, soit l'élimination de la propriété capitaliste et l'établissement d'une économie planifiée et d'un monopole du commerce extérieur, avec une structure politique totalitaire antisocialiste dans laquelle la bureaucratie au pouvoir excluait la classe ouvrière de tout pouvoir de décision.

En faisant de la possession du pouvoir politique le principal critère de la nature de classe d'une formation sociale, Shachtman rompait avec la méthode marxiste du matérialisme historique qui, comme le soulignait Trotsky, retient comme critère décisif les formes de propriété fondées sur les rapports de production prédominants. L'Italie, par exemple, est restée capitaliste sous la maison de Savoie, le fascisme de Mussolini et l'actuelle république parlementaire ; et l'Union soviétique a préservé sa base économique fondamentalement prolétarienne sous Staline et ses successeurs tout comme sous le régime de Lénine et Trotsky.

Sa conception arbitraire des États postcapitalistes a facilité le passage de Shachtman et de ses disciples d'une position de « troisième camp », qui les élevait, on peut supposer, au-dessus des forces de classe opposées luttant sur la scène mondiale, à un soutien direct à la politique impérialiste. Puisqu'il prétendait que la « démocratie » dans l'abstrait passait avant les relations socio-économiques et que le capitalisme libéral était plus démocratique que les régimes stalinisés, Shachtman a été amené après la guerre à soutenir le nationaliste bourgeois Mickolajczyk contre le gouvernement Osubka-Morawski en Pologne, soutenu par Moscou.

À mesure que la guerre froide s'intensifiait, Shachtman évoluait de plus en plus vers la droite. Après avoir transformé son Parti des travailleurs en Ligue socialiste indépendante, il a fait entrer une partie de ses forces déliquescentes dans le Parti socialiste en 1958. Il y est devenu le porte-parole de l'aile droite, qui a soutenu l'invasion de la baie des Cochons par Washington, l'intervention au Vietnam et le bombardement du Nord-Vietnam, tout cela au nom de la défense du « monde libre » contre le totalitarisme. Il s'est étroitement associé à des dirigeants syndicaux ultra-conservateurs tels que le président de l'AFL-CIO, George Meany, et il a été conseiller du président de la Fédération unie des enseignants, Albert Shanker, adversaire du contrôle par les Noirs et les Portoricains des écoles de leurs communautés.

En 1972, l'année de sa mort à l'âge de 68 ans, Shachtman a soutenu les partisans d'Hubert Humphrey au sein du Parti démocrate. (Hook a voté pour Nixon cette année-là).

L'évolution de Shachtman et de Burnham à partir de 1940 a confirmé le pronostic de Trotsky selon lequel l'abandon du marxisme et le renoncement à la solidarité avec l'État ouvrier conduiraient logiquement à une conciliation avec les impérialistes. En fin de compte, la différence entre les positions des deux hommes se limite à une question de degrés : Shachtman défendait un capitalisme libéral sous une apparence pseudo-socialiste, Burnham, une réaction capitaliste extrême. Le seul dirigeant de l'opposition qui soit resté dans l'ensemble fidèle à son passé, Martin Abern, a disparu de la vie politique et est mort en 1949.

Le précédent créé par Trotsky avec sa démarche matérialiste dialectique telle qu'appliquée aux événements de 1939-1940 en Pologne et en Finlande s'est avéré utile pour aider la Quatrième Internationale à mieux comprendre ce qui s'est produit en Europe de l'Est aux lendemains de la guerre. Trotsky a soigneusement distingué les objectifs et les actions réactionnaires de la bureaucratie soviétique de la signification révolutionnaire de la transformation des relations de propriété dans les territoires occupés par ses forces armées.

Avec cette boussole en main, les trotskystes ont été en mesure de discerner la différence essentielle entre la politique des bureaucrates du Kremlin et les changements progressistes introduits dans les fondements économiques des pays d'Europe de l'Est. Ces derniers étaient qualifiés d'États ouvriers déformés car, contrairement à l'Union soviétique dégénérée, leurs structures politiques étaient dès le départ entachées de graves distorsions bureaucratiques.

Depuis lors, les peuples du bloc soviétique n'ont cessé de lutter pour se débarrasser du pouvoir despotique du Kremlin et de ses régimes satellites et avancer vers un « socialisme à visage humain » dans lequel les masses ouvrières et paysannes exerceront réellement leur domination politique et économique.

En repoussant l'attaque de l'opposition petite-bourgeoise de 1939-1940 contre le matérialisme dialectique et le programme politique de la révolution socialiste mondiale, le Parti socialiste des travailleurs a fait un grand pas en avant dans l'assimilation de la méthode fondamentale du marxisme. Au cours de la trentaine d'années qui a suivi, notre parti a systématiquement enseigné ces idées à ses membres et les a défendues contre les révisionnistes philosophiques d'un côté et les démagogues sectaires de l'autre.

Les écrits de Trotsky au cours de sa dernière grande bataille idéologique, réunis ici en un seul volume, ont été indispensables pour accomplir ce travail. Ils constituent une étude de cas exemplaire, montrant comment un maître de la dialectique marxiste applique ses enseignements pour démêler les complexités de certains des phénomènes les plus déconcertants et des questions politiques les plus complexes de notre époque.

JANVIER 1973

En défense du marxisme

1

Lettre à James P. Cannon‡

LE 12 SEPTEMBRE 1939

Cher Jim,

J'écris en ce moment une étude sur la nature sociale de l'URSS en relation avec la question de la guerre. La rédaction et la traduction prendront encore au moins une semaine. En voici les idées essentielles :

1. Notre définition de l'URSS peut être juste ou fausse, mais je ne vois aucune raison de faire dépendre cette définition du pacte germano-soviétique.

2. L'amitié de l'URSS avec la démocratie ou avec le fascisme n'est pas ce qui détermine sa nature sociale. Quiconque adopte le point de vue contraire devient prisonnier des conceptions staliniennes de la période des fronts populaires.

3. Celui qui affirme que l'URSS n'est plus un État ouvrier dégénéré, mais une formation sociale nouvelle, devrait dire clairement ce qu'il ajoute à nos conclusions politiques.

4. On ne peut traiter de la question de l'URSS comme si elle était unique, isolée de l'ensemble du processus historique de notre époque. Ou bien l'État stalinien est une formation transitoire, une déformation d'un État ouvrier dans un pays

‡ Les textes identifiés par ce symbole ont été écrits en anglais par Léon Trotsky ; les autres ont été traduits à partir du texte original en russe.

arriéré et isolé, ou bien le « collectivisme bureaucratique » (Bruno R., *La bureaucratisation du monde*, Paris, 1939) est une formation sociale nouvelle qui remplace le capitalisme partout dans le monde (stalinisme, fascisme, *New Deal*, etc.). On ne peut comprendre de telles expériences terminologiques (État ouvrier, État non ouvrier ; classe, pas classe ; etc.) que dans cette perspective historique. Quiconque choisit le second terme de l'alternative admet, ouvertement ou tacitement, que tout le potentiel révolutionnaire du prolétariat mondial est épuisé, que le mouvement socialiste a fait faillite et que le bon vieux capitalisme se transforme en « collectivisme bureaucratique » avec une nouvelle classe exploiteuse.

Pas besoin d'expliquer l'énorme importance d'une telle conclusion ! Elle concerne le destin tout entier du prolétariat mondial et de l'humanité. Avons-nous le moindre droit de nous laisser entraîner, à partir de simples expérimentations terminologiques, vers une nouvelle conception historique, qui contredit absolument notre programme, notre stratégie et notre tactique ? Un tel saut aventurier serait doublement criminel aujourd'hui, alors que la guerre mondiale est en vue, que les perspectives de la révolution socialiste deviennent une réalité imminente et que tous verront bientôt que le cas de l'URSS n'est qu'un épisode transitoire dans le processus de la révolution socialiste mondiale.

J'écris ces lignes en toute hâte, ce qui explique leur insuffisance, mais j'espère vous envoyer mes thèses plus complètes dans une semaine.

Votre camarade,

*V. T. O. [Léon Trotsky]**

* En raison des conditions qui lui étaient imposées dans les divers pays où il a résidé après son exil, Trotsky employait souvent des pseudonymes dans ses lettres, qu'il signait fréquemment du nom de son secrétaire anglophone.

2

L'URSS dans la guerre

LE 25 SEPTEMBRE 1939

Le pacte germano-soviétique et la nature de l'URSS

Après la signature du pacte germano-soviétique, peut-on encore considérer l'URSS comme un État ouvrier ? L'avenir de l'État soviétique a suscité à nouveau la discussion dans notre milieu. Ce n'est pas étonnant : nous avons sous nos yeux la première expérience d'un État ouvrier dans l'histoire. On n'a pu jusqu'à maintenant étudier ce phénomène dans aucun pays. Comme nous l'avons déjà écrit, sur la question de la nature sociale de l'URSS, les erreurs se commettent généralement en substituant une norme programmatique au fait historique. Le fait concret n'entre pas dans la norme. Cela ne signifie cependant pas qu'il l'a invalidée ; au contraire, il l'a confirmée, mais négativement. La dégénérescence du premier État ouvrier, dégénérescence que nous avons établie et expliquée, ne fait qu'indiquer avec plus de force ce que devrait être un État ouvrier, ce qu'il pourrait être et serait dans certaines conditions historiques. La contradiction entre le fait historique et la norme ne nous contraint pas à rejeter la norme mais, au contraire, à lutter pour elle par la voie révolutionnaire. Le programme de la révolution qui approche en URSS est défini, d'un côté, par notre appréciation de l'URSS comme un *fait* historique objectif et, de l'autre, par la *norme* d'un État ouvrier. Nous ne disons pas : « Tout est fichu, il faut tout recommencer à zéro ! ». Nous indiquons clairement quels sont les éléments de l'État ouvrier qui peuvent être préservés, maintenus et développés à un stade donné.

Ceux qui cherchent aujourd'hui à prouver que le pacte germano-soviétique modifie notre appréciation de l'État soviétique se placent au fond sur les positions de l'Internationale communiste ou plus exactement sur celles que l'Internationale communiste avait jusqu'à hier. Conformément à cette logique, l'État ouvrier a maintenant comme mission historique de lutter pour la démocratie impérialiste. La « trahison » des démocraties en faveur du fascisme signifie qu'on ne peut plus considérer l'URSS comme un État ouvrier. En fait, la signature d'un accord avec Hitler ne fournit qu'un nouvel étalon pour mesurer une fois de plus le degré de décomposition de la bureaucratie soviétique et la profondeur de son mépris pour la classe ouvrière internationale, ainsi que pour l'Internationale communiste. Mais elle ne donne aucune raison de réviser l'appréciation sociologique de l'URSS.

Des divergences politiques ou terminologiques ?

Commençons par poser la question de la nature de l'État soviétique, non pas sur un terrain abstrait et sociologique, mais sur celui des tâches concrètes et politiques. Admettons un instant que la bureaucratie soit une nouvelle « classe » et que l'actuel régime en URSS soit un système particulier d'exploitation de classe. Quelles nouvelles conclusions politiques découlent pour nous de ces hypothèses ? La Quatrième Internationale a depuis longtemps reconnu la nécessité de renverser la bureaucratie par un soulèvement révolutionnaire des travailleurs. Ceux qui déclarent que la bureaucratie est une « classe » exploiteuse ne proposent et ne peuvent rien proposer d'autre. Le renversement de la bureaucratie vise à permettre de rétablir le pouvoir des soviets, en les débarrassant de la bureaucratie actuelle. Nos critiques de gauche ne peuvent proposer et ils ne proposent rien d'autre*. Les soviets régénérés auront pour tâche de collaborer avec la révolution mondiale et de construire une société socialiste. Le renversement de la bureaucratie suppose donc que soient préservées la propriété d'État et l'économie planifiée. Là est le noeud de toute la question.

Bien entendu la répartition des forces productives entre les différentes branches de l'économie et, d'une manière générale, tout le contenu du plan lui-même changeront profondément lorsque la planification se fera dans les intérêts non point de la bureaucratie mais des producteurs eux-mêmes. Mais comme le renversement de l'oligarchie parasitaire demeure lié au maintien de la propriété nationalisée (d'État), nous définissons la prochaine révolution comme une révolution *politique*. Certains de nos critiques (entres autres Ciliga et Bruno) veulent la définir, quoi qu'il arrive, comme une révolution *sociale*. Accordons-leur cette définition. Que change-t-elle fondamentalement ?

* Nous nous souvenons que certains de ces camarades, qui sont enclins à considérer la bureaucratie comme une nouvelle classe, se sont en même temps vigoureusement opposés à l'exclusion de la bureaucratie des soviets. — L. T.

Elle n'ajoute rien de décisif aux tâches de la révolution que nous avons énumérées.

En règle générale, nos critiques acceptent les faits tels que nous les avons établis depuis longtemps. Ils n'ajoutent absolument rien de fondamental à notre appréciation, soit de la position de la bureaucratie et des travailleurs, soit du rôle du Kremlin sur l'arène internationale. Sur toutes ces questions, non seulement ils n'arrivent pas à remettre en question notre analyse, mais ils s'appuient au contraire entièrement sur cette analyse et ils se limitent même complètement à elle. Ils nous reprochent seulement de ne pas en tirer les « conclusions » nécessaires. Mais une simple analyse permet de voir que ces conclusions n'ont qu'un caractère purement terminologique. Nos critiques refusent d'appeler l'État ouvrier dégénéré, un État ouvrier. Ils exigent que l'on qualifie la bureaucratie totalitaire de classe dirigeante. Ils proposent de considérer la révolution contre cette bureaucratie comme une révolution sociale et non point politique. Si nous leur faisions ces concessions terminologiques, nous mettrions nos critiques dans une situation extrêmement délicate, car eux-mêmes ne sauraient pas que faire de leur victoire purement verbale.

Soumettons-nous à une autre vérification

Ce serait donc une absurdité monstrueuse que de rompre avec des camarades qui ont une autre opinion que la nôtre sur la nature sociologique de l'URSS, dans la mesure où ils se solidarisent avec nous sur les tâches politiques. Mais d'un autre côté, il faudrait être aveugle pour ignorer des différences purement théoriques et même terminologiques, car dans une nouvelle situation, ces différences pourraient se concrétiser et mener à des conclusions politiques tout à fait différentes. De même qu'une ménagère soigneuse ne laisse pas les toiles d'araignées et la saleté s'accumuler, de même le parti révolutionnaire ne peut supporter le manque de clarté, la confusion, les équivoques. Il faut tenir sa maison propre !

À titre d'illustration, laissez-moi vous rappeler la question de Thermidor. Nous avons longtemps affirmé que Thermidor en URSS se préparait mais qu'il ne s'était pas encore réalisé. Puis, donnant à l'analogie avec Thermidor un caractère plus précis et plus réfléchi, nous en sommes arrivés à la conclusion que Thermidor était déjà derrière nous. Cette correction publique de notre propre erreur ne suscita pas le moindre désarroi dans nos rangs. Pourquoi ? Parce que, en suivant ensemble jour après jour le développement de la réaction en Union soviétique, nous avions tous porté le même jugement sur *l'essence* des processus qui s'y développaient. Il ne s'agissait pour nous que de préciser une analogie historique, rien de plus. J'espère qu'aujourd'hui encore, bien que quelques camarades tentent toujours de trouver des divergences sur la question de la « défense de l'URSS » — nous en discuterons plus loin — nous arriverons, en précisant simplement nos propres idées, à préserver notre unanimité sur la base du programme de la Quatrième Internationale.

S'agit-il d'une tumeur cancéreuse ou d'un nouvel organe ?

Nos critiques ont plusieurs fois soutenu que la bureaucratie soviétique actuelle ressemble très peu à la bureaucratie syndicale ou à la bureaucratie bourgeoise de la société capitaliste ; qu'elle constitue, plus encore que la bureaucratie fasciste, une nouvelle formation sociale beaucoup plus puissante. Cela est parfaitement vrai et nous n'avons jamais fermé les yeux là-dessus. Mais si on considère que la bureaucratie est une « classe », il faut aussitôt déclarer que cette classe est tout à fait différente de toutes les classes possédantes que nous avons connues dans le passé : le gain est donc très limité. Nous disons souvent de la bureaucratie soviétique que c'est une caste, soulignant par là le caractère fermé, le despotisme et la morgue de la couche dirigeante, qui considère qu'elle seule descend des lèvres divines de Brahma alors que les masses populaires proviennent des parties beaucoup plus viles de son anatomie. Mais même cette définition n'a pas, bien sûr, de caractère strictement scientifique. Son avantage relatif consiste en ce que le caractère improvisé de cette dénomination est clair pour tous, puisque personne n'en viendrait à assimiler la bureaucratie de Moscou à la caste hindoue des brahmanes. La vieille terminologie sociologique ne disposait pas et n'aurait pas pu disposer d'un terme pour décrire un phénomène social nouveau en plein développement (la dégénérescence) et qui n'a pas encore pris de formes stables. Nous continuons cependant tous à appeler la bureaucratie soviétique une bureaucratie, sans oublier par ailleurs ses particularités historiques. Nous pensons que cela devrait suffire pour le moment.

Sur les plans scientifique et politique — et non pas purement terminologique — la question se pose ainsi : la bureaucratie constitue-t-elle une excroissance temporaire sur l'organisme social ou bien cette excroissance s'est-elle déjà transformée en un organe historiquement indispensable ? Une excroissance sociale peut provenir d'une combinaison « accidentelle » (c'est-à-dire temporaire et exceptionnelle) de circonstances historiques. Un organe social (et c'est vrai pour toute classe, y compris une classe exploiteuse) ne peut se constituer que par suite d'exigences internes profondes de la production elle-même. Si nous ne répondons pas à cette question, alors toute la controverse se limitera à jouer inutilement avec les mots.

La prompte dégénérescence de la bureaucratie

Chaque classe dirigeante n'a pu se justifier historiquement que dans la mesure où le système d'exploitation qu'elle dirigeait permettait de développer les forces productives à un niveau supérieur. Il ne fait aucun doute que le régime soviétique a grandement stimulé l'économie. Mais ce progrès est venu de la nationalisation des moyens de production et des débuts de la planification, pas du tout de l'usurpation de la gestion de l'économie par la bureaucratie. Au contraire le fonctionnement bureaucratique, comme système, est devenu le pire frein au développement technique et culturel du pays. Il a fallu un certain temps avant qu'on puisse le voir. L'économie soviétique s'est employée pendant deux décennies à implanter et à assimiler la technique et l'organisation de la production des pays capitalistes avancés. Cette période d'emprunts et d'imitations s'est plus ou moins bien accommodée de l'automatisme bureaucratique, même si celui-ci étouffait toute initiative et toute volonté créatrice. Mais plus l'économie s'est développée, plus ses exigences sont devenues complexes et plus insupportable est alors devenu l'obstacle que constitue le régime bureaucratique. La contradiction toujours croissante entre les deux éléments mène à des convulsions politiques permanentes et à l'extermination systématique des éléments créateurs les plus éminents dans tous les domaines d'activité. Ainsi, avant que la bureaucratie puisse sécréter une « classe dirigeante », elle est entrée irrémédiablement en contradiction avec les exigences du développement. Cela s'explique précisément par le fait que la bureaucratie n'est pas porteuse d'un nouveau système d'économie propre à elle-même et qui soit impossible sans elle, mais qu'elle est une excroissance parasitaire sur un État ouvrier.

Les conditions de la puissance et de la chute de la bureaucratie

L'oligarchie soviétique a tous les défauts des vieilles classes dirigeantes sans avoir leur mission historique. Dans la dégénérescence bureaucratique de l'État soviétique, ce ne sont pas les lois générales de la société contemporaine, du capitalisme au socialisme, qui s'expriment, mais la réfraction particulière, exceptionnelle et temporaire de ces lois dans les conditions d'un pays révolutionnaire arriéré et dans un environnement capitaliste. La pénurie de produits de consommation et la lutte universelle pour les obtenir engendrent le gendarme qui s'arroge les fonctions de distribution. La pression hostile exercée de l'extérieur attribue au gendarme le rôle de « défenseur » du pays, ce qui lui donne une autorité nationale et lui permet ainsi de piller doublement le pays.

Les deux conditions pour la toute-puissance de la bureaucratie (l'arriération du pays et l'encerclement impérialiste) ont cependant un caractère temporaire, transitoire et doivent disparaître avec la victoire de la révolution mondiale. Les économistes bourgeois eux-mêmes ont calculé que, dans le cadre d'une économie planifiée, on pourrait rapidement élever le revenu national des États-Unis à 200 milliards de dollars par an et garantir ainsi que toute la population puisse non seulement satisfaire ses besoins fondamentaux mais aussi avoir accès à un véritable confort. D'un autre côté, la révolution mondiale mettrait fin au danger venant de l'extérieur, cause additionnelle de la bureaucratisation. La disparition de la nécessité de dépenser une part énorme du revenu national pour l'armement élèverait plus encore le niveau de vie et le niveau culturel des masses. Dans ces conditions, la nécessité du gendarme distributeur disparaîtrait d'elle-même. L'administration d'une gigantesque coopérative remplacerait très vite le pouvoir d'État. Il n'y aurait pas de place pour une nouvelle classe dirigeante ni pour un nouveau régime d'exploitation situé entre le capitalisme et le socialisme.

Et si la révolution socialiste ne s'accomplit pas ?

La désintégration du capitalisme a atteint des limites extrêmes, tout comme la désintégration de la vieille classe dirigeante. Ce système ne peut plus survivre. Les forces productives doivent être organisées selon un plan. Mais qui accomplira cette tâche ? Le prolétariat ou une nouvelle classe dirigeante de « commissaires » : des politiciens, des administrateurs et des techniciens ? À en croire certains, l'expérience historique témoigne qu'on ne peut compter sur le prolétariat. Celui-ci s'est révélé « incapable » d'empêcher la précédente guerre impérialiste, bien que les prémices matérielles de la révolution socialiste fussent déjà mûres. Les succès du fascisme après la guerre étaient aussi la conséquence de « l'incapacité » du prolétariat à sortir la société capitaliste de l'impasse. La bureaucratisation de la société soviétique a également résulté de « l'incapacité » du prolétariat à régir lui-même la société d'une façon démocratique. La révolution espagnole a été écrasée par les bureaucraties fascistes et staliniennes sous les yeux du prolétariat mondial*. Enfin le dernier maillon de cette chaîne : la nouvelle guerre impérialiste, dont la préparation s'est faite au grand jour devant un prolétariat complètement impuissant. Si on accepte cette analyse, c'est-à-dire si on

* Les écrits de Trotsky sur le soulèvement révolutionnaire en Espagne et la guerre civile de 1936-1939 sont rassemblés dans *The Spanish Revolution 1931–39*, Pathfinder, New York, 1973.

admet que le prolétariat n'est pas suffisamment fort pour accomplir la révolution socialiste, c'est donc quelqu'un d'autre qui réalisera la tâche urgente d'étatiser les forces productives. Mais qui ? Une nouvelle bureaucratie qui remplacera la bourgeoisie décadente en qualité de nouvelle classe dirigeante à l'échelle mondiale. C'est ainsi que les « gauchistes » qui ne se contentent pas de jouer sur les mots commencent à poser la question.

La guerre actuelle et le destin de la société contemporaine

Le cours même des événements actuels pose très concrètement la question. La Deuxième Guerre mondiale a commencé. Elle confirme indéniablement le fait que la société ne peut plus continuer à vivre sur la base du capitalisme. Elle soumet donc le prolétariat à une nouvelle épreuve, peut-être décisive.

Si cette guerre provoque la révolution prolétarienne, comme nous le croyons fermement, elle entraînera inévitablement le renversement de la bureaucratie en URSS et la renaissance de la démocratie soviétique sur des bases économiques et culturelles infiniment plus hautes qu'en 1918. Dans ce cas, la question de savoir si la bureaucratie stalinienne est une « classe » ou une excroissance sur l'État ouvrier se résoudra d'elle-même. Chacun verra plus clairement que la bureaucratie soviétique n'aura été qu'une régression *épisodique* dans le développement de la révolution internationale.

Si on admet, au contraire, que la guerre actuelle provoquera non point la révolution mais un déclin du prolétariat, alors il reste une autre alternative : la décadence ultérieure du capitalisme monopoliste, sa fusion plus complète avec l'État et le remplacement de la démocratie, là où elle existe encore, par un régime totalitaire. L'incapacité du prolétariat à prendre en main la direction de la société pourrait effectivement dans ces conditions mener à l'émergence d'une nouvelle classe exploiteuse issue de la bureaucratie bonapartiste et fasciste. Ce serait, selon toute vraisemblance, un régime de décadence, qui signifierait le crépuscule de la civilisation.

On pourrait aboutir à un résultat analogue si, après avoir conquis le pouvoir, le prolétariat des pays capitalistes avancés se révélait incapable de le conserver et l'abandonnait à une bureaucratie privilégiée comme en URSS. Nous serions alors contraints d'admettre qu'une telle régression bureaucratique n'est pas due à l'arriération du pays et à l'encerclement capitaliste mais à l'incapacité organique du prolétariat à devenir une classe dirigeante. Il faudrait alors établir rétrospectivement que, dans ses traits fondamentaux, l'URSS actuelle est le précurseur d'un nouveau régime d'exploitation à l'échelle internationale.

Nous nous sommes fort éloignés des disputes terminologiques sur la dénomination de l'État soviétique. Mais que nos critiques ne protestent pas : ce n'est qu'en adoptant la perspective historique juste que l'on peut établir un jugement correct sur une question comme le remplacement d'un régime social par un autre. Poussée à sa limite, cette alternative historique se présente ainsi : ou bien le régime stalinien n'est qu'une régression exécrable au cours de la transformation de la société bourgeoise en société socialiste ou bien le régime stalinien est la première étape d'une nouvelle société d'exploitation. Si c'est la dernière option qui se confirme, alors bien entendu, la bureaucratie deviendra une nouvelle classe exploiteuse. Aussi pénible que puisse paraître cette seconde hypothèse, si le prolétariat mondial se révélait vraiment incapable de remplir la mission que le cours du développement place sur ses épaules, il ne resterait plus qu'à reconnaître que le programme socialiste, fondé sur les contradictions internes de la société capitaliste, s'est avéré une utopie. Dans ces conditions, il faudrait évidemment élaborer un nouveau programme « minimum » pour défendre les intérêts des esclaves de la société bureaucratique totalitaire.

Existe-t-il toutefois des données objectives à ce point irréfutables ou, du moins, assez convaincantes pour nous contraindre aujourd'hui à renoncer à la perspective de la révolution socialiste ? Là est toute la question.

La théorie du « collectivisme bureaucratique »

Peu après l'arrivée de Hitler au pouvoir, le « communiste de gauche » allemand Hugo Urbahns a conclu qu'une ère historique de « capitalisme d'État » allait bientôt remplacer le capitalisme. Il a fourni comme premiers exemples de ce nouveau régime l'Italie, l'URSS et l'Allemagne. Il n'a cependant pas tiré les conclusions politiques de sa théorie. Tout dernièrement, un « communiste de gauche » italien, Bruno R., ancien membre de la Quatrième Internationale, est parvenu à la conclusion que le « collectivisme bureaucratique » remplacerait bientôt le capitalisme*. La nouvelle bureaucratie est une classe, son rapport aux travailleurs est un rapport d'exploitation collective, les prolétaires étant devenus des esclaves d'exploiteurs totalitaires.

Bruno R. associe l'économie planifiée de l'URSS, le fascisme, le national-socialisme et le « *New Deal* » de Roosevelt. Tous ces régimes ont certainement des traits communs qui découlent en fin de compte des tendances collectivistes de l'économie moderne. Dès avant la révolution d'Octobre, Lénine a résumé ainsi les caractéristiques principales du capitalisme impérialiste : la concentration gigantesque des forces productives, la fusion croissante du capital

* Bruno R., *La Bureaucratisation du monde*, Paris, 1939, 350 pages.

monopoliste avec l'État, une tendance fondamentale vers une dictature comme résultat de cette fusion. La centralisation et la collectivisation caractérisent la politique aussi bien de la révolution que de la contrerévolution. Mais cela ne signifie pas du tout qu'on puisse assimiler la révolution, Thermidor, le fascisme et le « réformisme » américain. Bruno a saisi le fait que les tendances à la collectivisation prennent, à cause de la prostration politique de la classe ouvrière, la forme d'un « collectivisme bureaucratique ». Le phénomène est en lui-même indiscutable. Mais quelles sont ses limites et quel est son poids historique ? Ce qui nous apparaît comme une déformation dans une période transitoire, comme le résultat du développement inégal des divers facteurs du processus social, Bruno R. le considère comme une formation sociale autonome dont la bureaucratie est la classe dirigeante. Bruno R. a au moins le mérite de tenter de déplacer la question du cercle enchanteur des spéculations terminologiques vers le terrain des grandes généralisations historiques. Il n'en est que plus aisé de dévoiler son erreur.

Comme beaucoup de gauchistes, Bruno R. associe fondamentalement le stalinisme au fascisme. D'un côté, la bureaucratie soviétique a adopté les méthodes politiques du fascisme, de l'autre, la bureaucratie fasciste, qui s'en tient pour le moment à des mesures « partielles » d'intervention de l'État, tend vers l'étatisation complète de l'économie à laquelle elle parviendra bientôt. La première affirmation de Bruno R. est parfaitement juste. Mais la seconde, selon laquelle « l'anticapitalisme » fasciste est capable d'aller jusqu'à l'expropriation de la bourgeoisie, est complètement fausse. Les mesures « partielles » d'intervention de l'État et de nationalisation diffèrent en réalité de l'économie étatisée et planifiée comme les réformes diffèrent de la révolution. Mussolini et Hitler se contentent de « coordonner » les intérêts des possédants et de « régulariser » l'économie capitaliste et, de plus, ils le font essentiellement à des fins militaires. L'oligarchie du Kremlin, c'est autre chose : elle peut diriger l'économie comme un organisme unique grâce au fait que la classe ouvrière russe a accompli la plus grande révolution des rapports de propriété de toute l'histoire. Il ne faut pas perdre de vue cette différence.

Mais même si l'on admet que, de points de départ opposés, le stalinisme et le fascisme pourront un jour aboutir exactement au même type de société d'exploitation (le « collectivisme bureaucratique », selon la terminologie de Bruno R.), cela ne permettra pas encore à l'humanité de se sortir de l'impasse. La crise du système capitaliste découle non seulement du rôle réactionnaire de la propriété privée mais aussi du rôle non moins réactionnaire de l'État national. Même si les divers gouvernements fascistes réussissaient à établir chez eux un système d'économie planifiée, si on fait abstraction de mouvements révolutionnaires du prolétariat, qui sont inévitables à la longue, mais qu'aucun plan ne saurait prévoir, alors la lutte entre les États totalitaires pour la domination mondiale se poursuivrait et même s'intensifierait. Des guerres dévoreraient les fruits de l'économie planifiée et détruiraient les fondements de la civilisation. Bertrand Russell croit, il est vrai, qu'un quelconque État victorieux pourrait, en raison de la guerre, unifier le monde entier dans un étau totalitaire. Mais même si une telle hypothèse se réalisait, ce qui est très improbable, une « unification » militaire ne serait pas plus stable que le traité de Versailles *. Les soulèvements nationaux et les pacifications

* Le traité de Versailles a imposé d'énormes indemnités de guerre à l'Allemagne après la Première Guerre mondiale.

qui suivraient déboucheraient sur une nouvelle guerre mondiale, qui pourrait creuser le tombeau de la civilisation. Ce ne sont pas nos voeux, mais la réalité objective qui indique que la seule issue pour l'humanité est la révolution socialiste mondiale. La seule autre option, c'est le retour à la barbarie.

Le prolétariat et sa direction

Nous consacrerons bientôt un autre article à la question de la relation entre la classe et sa direction. Nous nous en tiendrons ici au strict nécessaire. Seuls de grossiers « marxistes », qui supposent que la politique n'est qu'un « reflet » direct et immédiat de l'économie peuvent penser que la direction reflète la classe de façon directe et immédiate. En réalité, une direction qui s'est élevée au-dessus de la classe opprimée tombe inévitablement sous la pression de la classe dirigeante. La direction des syndicats américains, par exemple, « reflète » moins le prolétariat que la bourgeoisie. La sélection et l'éducation d'une direction vraiment révolutionnaire, capable de résister à la pression de la bourgeoisie est une tâche extrêmement difficile. La dialectique du processus historique s'est reflétée avec une vigueur particulière dans le fait que le prolétariat du pays le plus arriéré, la Russie, a produit la direction la plus perspicace et la plus audacieuse dans des circonstances historiques particulières. Au contraire, c'est dans le pays qui possède la plus vieille culture capitaliste, la Grande-Bretagne, que l'on trouve encore aujourd'hui la direction la plus obtuse et la plus servile.

La crise de la société capitaliste, qui a éclaté au grand jour en juillet 1914, a suscité dès les premiers jours de la guerre une crise aigüe de la direction prolétarienne. Pendant les 25 années qui se sont écoulées depuis ce moment, le prolétariat des pays capitalistes avancés n'a pas encore créé une direction à la hauteur des tâches de notre époque. L'expérience de la Russie témoigne cependant qu'une telle direction peut voir le jour. (Cela ne signifie pas, bien sûr, qu'elle saura résister à la dégénérescence.) La question se pose donc ainsi : la nécessité historique objective se fraiera-t-elle à long terme un chemin vers la conscience de l'avant-garde de la classe ouvrière ? En d'autres termes, au cours de cette guerre et des convulsions profondes qu'elle engendrera, verra-t-on se constituer une véritable direction révolutionnaire capable de mener le prolétariat à la conquête du pouvoir ?

La Quatrième Internationale a répondu à cette question de façon affirmative non seulement par le texte de son programme, mais aussi par le fait même qu'elle existe. Toutes les variétés de représentants désenchantés et apeurés du pseudomarxisme partent, *au contraire*, de leur présomption que la banqueroute de la direction ne fait que « refléter » l'incapacité du prolétariat à remplir sa mission révolutionnaire. Ce ne sont pas tous nos adversaires qui expriment clairement cette idée, mais tous, gauchistes, centristes, anarchistes, sans parler des staliniens et des sociaux-démocrates, se déchargent de la responsabilité de la défaite sur le dos du prolétariat. Aucun d'eux n'indique précisément dans quelles conditions le prolétariat s'avérera capable de réaliser la révolution socialiste.

Si nous concédons l'idée qu'il faut chercher la cause des défaites dans les qualités sociales du prolétariat lui-même, il faut alors considérer comme désespérée la situation de la société contemporaine. Dans les conditions du capitalisme décadent, le prolétariat ne se développe ni sur le plan du nombre, ni sur celui de la culture. Il n'y a donc aucune raison d'espérer qu'il puisse un jour s'élever au niveau des tâches révolutionnaires. L'affaire se présente sous un tout autre jour pour quiconque a compris l'antagonisme fondamental qui existe entre, d'une part, l'aspiration profonde, organique et irréductible des masses à se libérer du chaos sanglant du capitalisme et, d'autre part, le caractère conservateur, patriotique, entièrement bourgeois de la direction périmée des syndicats. Il faut choisir entre ces deux conceptions irréconciliables.

La dictature totalitaire : un état de crise aigüe et non un régime stable

La révolution d'Octobre n'a pas été un accident. Elle avait été prévue depuis longtemps. Les événements confirmèrent cette prévision. La dégénérescence ne réfute pas la prévision, car jamais les marxistes n'ont pensé qu'un État ouvrier isolé, comme celui en Russie, pourrait se maintenir indéfiniment. Il est vrai que nous avions prévu l'écroulement de l'État ouvrier plutôt que sa dégénérescence ou, plus exactement, nous n'avions pas distingué nettement entre l'une et l'autre de ces deux possibilités. Mais elles ne se contredisent absolument pas l'une l'autre. La dégénérescence doit inévitablement mener, à une certaine étape, à l'effondrement.

De par sa nature, un régime totalitaire, qu'il soit du type stalinien ou fasciste, ne peut être qu'un régime temporaire, transitoire. Dans l'histoire, la dictature a en général été le résultat et le signe d'une crise sociale particulièrement aigüe et absolument pas d'un régime stable. Une société ne peut demeurer dans un état de crise aigüe de manière permanente. Un État totalitaire peut, pendant un certain temps, supprimer les contradictions sociales, mais il est incapable de se perpétuer. Les purges monstrueuses en

URSS confirment de la manière la plus convaincante le fait que la société soviétique tend essentiellement à rejeter la bureaucratie.

Il est vraiment étonnant que Bruno R. voie justement dans les purges staliniennes la preuve que la bureaucratie est devenue une classe dirigeante. Il croit, en effet, que seule une classe dirigeante est capable de prendre des mesures d'une telle ampleur*. Il oublie cependant que le tsarisme, qui n'était pas une « classe », s'est permis des mesures de grande ampleur dans le domaine des purges et précisément quand il approchait de sa perte. L'ampleur et le caractère monstrueusement frauduleux des purges de Staline, qui annoncent son agonie prochaine, ne témoignent que de l'incapacité de la bureaucratie à se transformer en une classe dominante stable. Ne nous trouverions-nous pas dans une situation ridicule si nous donnions à l'oligarchie bonapartiste le nom de nouvelle classe dirigeante quelques années ou même quelques mois avant sa chute déshonorante ? À notre avis, poser cette question clairement devrait suffire pour maintenir

* À la vérité, dans la dernière partie de son ouvrage, qui consiste en une série de contradictions fantastiques, Bruno R. réfute très consciemment et très clairement sa propre théorie du « collectivisme bureaucratique » telle qu'exposée dans la première partie du livre et déclare que le stalinisme, le fascisme et le nazisme sont des formations transitoires et parasitaires et représentent le châtiment historique de l'impuissance du prolétariat. En d'autres termes, après avoir soumis les thèses de la Quatrième Internationale à la plus vigoureuse critique, Bruno R. y revient contre toute attente, mais uniquement pour se lancer dans une nouvelle série de sottises trompeuses. Nous n'avons pas la moindre raison de suivre un écrivain qui a manifestement cessé d'être objectif. Nous ne nous intéressons qu'aux arguments qu'il utilise pour tenter de justifier son opinion que la bureaucratie est une classe. — Note de L. T.

les camarades à l'écart d'expérimentations terminologiques et de généralisations trop hâtives.

L'orientation vers la révolution internationale et la régénération de l'URSS

Un délai d'un quart de siècle s'est révélé trop court pour le réarmement révolutionnaire de l'avant-garde prolétarienne internationale et trop long pour préserver le système soviétique dans un pays arriéré et isolé. L'humanité en paie le prix aujourd'hui par une nouvelle guerre impérialiste. Mais la tâche essentielle de notre époque n'a pas changé, tout simplement parce qu'elle n'a pas encore été accomplie. Le fait que l'un des détachements du prolétariat mondial a été capable de démontrer dans l'action *comment* la tâche peut être remplie représente cependant un acquis colossal dans le dernier quart de siècle et une promesse inappréciable pour l'avenir.

La deuxième guerre impérialiste place cette tâche encore non résolue à un niveau historique beaucoup plus élevé. Elle met à l'épreuve une fois de plus non seulement la stabilité des régimes existants mais aussi la capacité du prolétariat de les remplacer. Les résultats de cette épreuve auront sans aucun doute une signification décisive pour notre appréciation de l'époque contemporaine en tant qu'époque de la révolution prolétarienne. Si, contrairement à ce qui est le plus probable, la révolution d'Octobre ne trouve pas, au cours de la présente guerre ou immédiatement après, son prolongement dans l'un ou l'autre des pays avancés et si, au contraire, le prolétariat est repoussé partout et sur tous les fronts, alors il nous faudrait à coup sûr réviser notre conception de la présente époque et de ses forces motrices. Il ne s'agirait pas de savoir quelle étiquette coller sur l'URSS ou la clique stalinienne, mais de réévaluer les perspectives historiques mondiales pour des décennies, sinon, des siècles, à venir : sommes-nous entrés dans l'époque de la révolution sociale et de la société socialiste ou, au contraire, dans l'époque de la société décadente de la bureaucratie totalitaire ?

Ceux qui se contentent du schématisme, comme Hugo Urbahns et Bruno R., commettent une double erreur : premièrement, en proclamant que ce régime a déjà été instauré ; ensuite en décrivant ce régime comme une société de transition prolongée du capitalisme au socialisme. Cependant, il est tout à fait évident que si le prolétariat se révélait incapable de devenir le maître de la société, à la suite de l'expérience de notre époque entière et de la nouvelle guerre en cours, cela signifierait qu'il n'y aurait plus aucun espoir de voir une révolution socialiste, car on ne pourrait certainement pas imaginer des conditions plus favorables pour la révolution ; dans tous les cas, personne n'en prévoit pour l'instant ou est en mesure de décrire de telles conditions. Les marxistes n'ont pas le moindre droit (à moins de considérer le désenchantement et la lassitude comme un « droit ») de tirer la conclusion que le prolétariat a épuisé ses possibilités révolutionnaires et qu'il doit abandonner ses prétentions à conquérir l'hégémonie dans la toute prochaine période. À l'échelle de l'histoire, 25 années correspondent à une heure de la vie d'un homme quand de très profonds changements des systèmes économiques et culturels sont en jeu. Que vaut celui qui, après avoir subi quelques échecs pratiques pendant une heure ou une journée, abandonne le but qu'il s'était fixé à partir de l'expérience et de l'étude de toute sa vie antérieure ? Dans les années les plus sombres de la réaction russe (1907-1917), nous partions des possibilités qu'avait révélées le prolétariat russe en 1905. En ces années de réaction mondiale, nous devons aussi partir des possibilités qu'a révélées le prolétariat russe en 1917. La Quatrième Internationale ne s'est pas désignée par hasard comme le parti mondial de la révolution socialiste. Notre voie n'a pas à être changée. Nous nous tournons vers la révolution mondiale et, par là-même, vers la régénération de l'URSS comme un État ouvrier.

La politique extérieure est le prolongement de la politique intérieure

Que défendons-nous en URSS ? Pas ce qui la fait ressembler aux pays capitalistes, mais ce qui la distingue d'eux. En Allemagne, nous préconisons aussi de nous soulever contre la bureaucratie dirigeante, mais nous le faisons pour mettre fin immédiatement à la propriété capitaliste. En URSS, le renversement de la bureaucratie est indispensable pour préserver la propriété d'État. C'est seulement en ce sens que nous sommes partisans de la défense de l'URSS.

Aucun d'entre nous pense que les travailleurs soviétiques ne devraient pas défendre la propriété d'État non seulement contre le parasitisme de la bureaucratie, mais aussi contre les tendances vers la propriété privée, par exemple, dans les rangs de l'aristocratie kolkhozienne. Après tout, la politique extérieure est le prolongement de la politique intérieure. Si en politique intérieure nous lions la défense des conquêtes de la révolution d'Octobre à une lutte intransigeante contre la bureaucratie, nous devons avoir la même attitude en politique extérieure. Bruno R., il est vrai, partant du fait que le « collectivisme bureaucratique » a déjà triomphé sur toute la ligne, nous assure que personne ne menace la propriété d'État, car voyez-vous, Hitler (et Chamberlain ?) est aussi intéressé à la défendre que Staline. C'est triste à dire, mais les assurances de Bruno R. sont frivoles. S'il remportait la victoire, Hitler commencerait vraisemblablement par exiger que toutes les propriétés dont les capitalistes allemands ont été dépouillés leur soient rendues ; il s'assurerait ensuite qu'on restaure aussi la propriété des Anglais, des Français et des Belges afin de parvenir à un accord avec eux aux dépens de l'URSS ; finalement, il ferait de l'Allemagne le principal contractant des plus importantes entreprises d'État soviétiques pour en faire profiter la machine militaire allemande. Pour le moment, Hitler est l'allié et l'ami de Staline. Mais si, avec l'aide de Staline, il remportait la victoire sur le front occidental, il tournerait le lendemain ses armes contre l'URSS. Chamberlain ferait comme Hitler dans des circonstances semblables.

La défense de l'URSS et la lutte des classes

Les erreurs sur la question de la défense de l'URSS découlent le plus souvent d'une incompréhension des méthodes de « défense ». Défendre l'URSS ne signifie nullement se rapprocher de la bureaucratie du Kremlin, accepter sa politique ou s'accommoder de la politique de ses alliés. Sur ce point comme sur tous les autres, nous demeurons entièrement sur le terrain de la lutte des classes internationale.

La petite revue française *Que faire ?* a écrit récemment que, dans la mesure où les « trotskystes » sont défaitistes par rapport à la France et à l'Angleterre, ils sont donc aussi défaitistes par rapport à l'URSS. En d'autres termes : si vous voulez défendre l'URSS, vous devez cesser d'être défaitiste vis-à-vis de ses alliés impérialistes. En écrivant ces lignes, *Que faire ?* a présumé que les « démocraties » s'allieraient à l'URSS. Nous ne savons pas ce que diront ces sages maintenant. Mais cela importe peu, car c'est leur méthode même qui est pourrie. Renoncer au défaitisme par rapport au camp impérialiste auquel l'URSS adhère aujourd'hui ou pourrait adhérer demain, c'est pousser les travailleurs du camp opposé du côté de leur gouvernement ; c'est renoncer au défaitisme en général. Renoncer au défaitisme dans les conditions de la guerre impérialiste équivaut à rejeter la révolution socialiste ; c'est rejeter la révolution au nom de la « défense de l'URSS ». Cela condamnerait l'URSS à la décomposition finale et à la ruine.

« La défense de l'URSS », comme l'interprète l'Internationale communiste, tout comme sa « lutte contre le fascisme » d'hier, c'est renoncer à une politique de classe indépendante. Le prolétariat se transforme alors, pour des raisons variées dans des circonstances diverses, mais toujours et invariablement, en une force qui se contente d'appuyer un camp bourgeois contre l'autre. En contrepartie, certains de nos camarades affirment : « Étant donné que nous ne voulons pas nous transformer en instruments de Staline et de ses alliés, alors nous renonçons à défendre l'URSS. » De cette façon, ils ne font que montrer que leur conception de la « défense » correspond sur le fond à celle des opportunistes ; ils ne pensent pas du point de vue de l'indépendance politique du prolétariat. En réalité, nous défendons l'URSS comme nous défendons les colonies, comme nous résolvons tous nos problèmes, non pas en soutenant certains gouvernements impérialistes contre d'autres, mais par la méthode de la lutte des classes internationale dans les colonies comme dans les métropoles.

Nous ne sommes pas un parti gouvernemental, nous sommes le parti de l'opposition inébranlable, non seulement dans les pays capitalistes, mais aussi en URSS. Nous ne réalisons pas nos tâches, dont la « défense de l'URSS », par l'intermédiaire de gouvernements bourgeois ni par l'intermédiaire du gouvernement de l'URSS, mais exclusivement par l'éducation des masses, par l'agitation, en expliquant aux travailleurs ce qu'ils doivent défendre et ce qu'ils doivent rejeter. Une telle « défense » ne peut pas donner immédiatement des résultats mirobolants. Mais nous ne prétendons pas pouvoir faire des miracles. Nous ne sommes pour le moment qu'une minorité révolutionnaire. Nous devons orienter notre travail de telle façon que les travailleurs que nous influençons jugent correctement les événements, qu'ils ne se laissent pas prendre au dépourvu et qu'ils préparent l'opinion générale au sein de leur propre classe pour accomplir de manière révolutionnaire les tâches qui nous attendent.

Pour nous, défendre l'URSS, c'est préparer la révolution mondiale. Ne sont acceptables que les méthodes qui ne s'opposent pas aux intérêts de la révolution. La défense de l'URSS est liée à la révolution socialiste internationale comme une tactique est liée à une stratégie. Une tactique est subordonnée à un objectif stratégique et ne peut en aucun cas compromettre sa réalisation.

La question des territoires occupés

Au moment où j'écris ces lignes, le sort des territoires occupés par l'Armée rouge reste toujours obscur*. Les dépêches se contredisent, car les deux parties mentent à l'envi. Mais les véritables rapports sur le terrain demeurent sans aucun doute fort instables. La plupart des territoires occupés seront indubitablement incorporés à l'URSS. Sous quelle forme précisément ?

---

* Le 17 septembre 1939, deux semaines et demie après l'invasion de la Pologne par les troupes allemandes, les forces soviétiques envahirent et occupèrent la partie orientale du pays ; Moscou annexa officiellement le territoire occupé avant la fin de l'année. En septembre et octobre, les pays baltes (Estonie, Lettonie et Lituanie) furent contraints d'accepter la présence de bases soviétiques, entraînant ainsi leur occupation totale au milieu de 1940. Peu après, ces pays ont également été annexés.

Supposons un instant que, conformément au pacte conclu avec Hitler, le gouvernement de Moscou conserve intacts les droits à la propriété privée dans les territoires occupés et qu'il se contente de « contrôler » conformément au modèle fasciste. Une telle concession revêtirait une très grande signification sur le plan des principes et pourrait constituer le point de départ d'un nouveau chapitre de l'histoire du régime soviétique et, en ce qui nous concerne, le point de départ pour revoir notre appréciation de la nature de l'État soviétique.

Il est plus probable, cependant, que, dans les territoires appelés à faire partie de l'URSS, le gouvernement de Moscou procédera à l'expropriation des grands propriétaires fonciers et à l'étatisation des moyens de production. Ce qui rend cette variante très probable, ce n'est pas que la bureaucratie reste fidèle au programme socialiste, mais c'est plutôt que, dans les territoires occupés, elle ne veut ni ne peut partager le pouvoir, et les privilèges qui en découlent, avec les anciennes classes dirigeantes. Ici une analogie se présente d'elle-même. Le premier Bonaparte arrêta la révolution au moyen d'une dictature militaire. Toutefois, lorsque les troupes françaises envahirent la Pologne, Napoléon signa un décret stipulant : « Le servage est aboli. » Cette mesure n'était dictée ni par les sympathies de Napoléon pour les paysans ni par des principes démocratiques, mais par le fait que la dictature bonapartiste s'appuyait sur des rapports de propriété bourgeois et non féodaux. Étant donné que la dictature bonapartiste de Staline s'appuie sur la propriété d'État et non sur la propriété privée, l'invasion de la Pologne par l'Armée rouge doit, dans ces conditions, entraîner l'abolition de la propriété privée capitaliste afin d'harmoniser le régime des territoires occupés et celui de l'URSS.

Cette mesure, de nature révolutionnaire, « l'expropriation des expropriateurs », s'effectue dans ce cas de manière militaro-bureaucratique. Tout appel à une action indépendante des masses — sans lequel, même s'il est exprimé dans les termes les plus prudents, il est impossible d'établir un nouveau régime — sera sans nul doute étouffé le lendemain même par d'impitoyables mesures de police afin d'assurer la prépondérance de la bureaucratie sur les masses révolutionnaires qui s'éveillent. C'est là un aspect de la question. Mais il y en a un autre. Pour avoir la possibilité d'occuper la Pologne au moyen d'une alliance militaire avec Hitler, le Kremlin trompe depuis longtemps et continue de tromper les masses en URSS et dans le monde entier, entraînant ainsi une désorganisation complète des rangs de sa propre Internationale communiste. Le critère politique essentiel pour nous n'est pas la transformation des rapports de propriété dans cette région ou dans une autre, aussi importants que ces rapports de propriété puissent être en eux-mêmes, mais le changement dans la conscience et l'organisation du prolétariat mondial, l'accroissement de sa capacité à défendre les conquêtes antérieures et à en réaliser de nouvelles. De ce point de vue, le seul qui soit décisif, la politique de Moscou considérée globalement, conserve entièrement son caractère réactionnaire et demeure le principal obstacle sur la voie de la révolution mondiale.

Notre appréciation *générale* du Kremlin et de l'Internationale communiste ne modifie cependant pas le fait *particulier* que l'étatisation des formes de la propriété dans les territoires occupés constitue en soi une mesure progressiste. Il faut le reconnaître ouvertement. Si Hitler lançait demain ses armées à l'assaut de l'Est afin de rétablir l'« ordre » en Pologne orientale, les travailleurs d'avant-garde défendraient contre Hitler ces nouvelles formes de propriété établies par la bureaucratie bonapartiste soviétique.

Nous ne changeons pas d'orientation !

L'étatisation des moyens de production constitue, nous l'avons dit, une mesure progressiste. Mais son caractère progressiste est relatif ; son poids spécifique dépend de l'ensemble des autres facteurs. Nous devons donc, avant tout, établir clairement le fait que l'extension du territoire dominé par l'autocratie et le parasitisme bureaucratiques, dissimulés sous des mesures « socialistes », peut augmenter le prestige du Kremlin et engendrer des illusions sur la possibilité de remplacer la révolution prolétarienne par des manoeuvres bureaucratiques. Ce mal est beaucoup plus important que le contenu progressiste des réformes staliniennes en Pologne. Pour que la nationalisation de la propriété dans les territoires occupés, ainsi qu'en URSS même, devienne la base d'un développement réellement progressiste, c'est-à-dire d'un développement socialiste, il faut renverser la bureaucratie de Moscou. Notre programme conserve, par conséquent, toute sa force. Les événements ne nous ont pas pris au dépourvu. Il faut seulement les interpréter correctement. Il faut bien comprendre que la nature de l'URSS et sa situation internationale renferment des contradictions aigües. On ne peut échapper à ces contradictions à l'aide de tours de passe-passe terminologiques (« État ouvrier », « État non ouvrier »). Il faut partir des faits tels qu'ils sont. Il faut définir notre politique en prenant comme point de départ les véritables relations et contradictions.

Nous ne confions au Kremlin aucune mission historique. Nous étions et nous restons opposés à l'annexion de nouveaux territoires par le Kremlin. Nous sommes pour l'indépendance de l'Ukraine soviétique et, si c'est ce que les Biélorusses eux-mêmes veulent, pour l'indépendance de la Biélorussie soviétique. En même temps, dans les parties de la Pologne occupées par l'Armée rouge, les partisans de la Quatrième Internationale doivent jouer un rôle décisif dans l'expropriation des grands propriétaires fonciers et des capitalistes, le partage de la terre parmi les paysans, la création de soviets et de comités ouvriers, etc. Ce faisant, ils doivent préserver leur indépendance politique, ils doivent lutter, au cours des élections aux soviets et aux comités d'usines, pour la complète indépendance de ces derniers vis-à-vis de la bureaucratie et ils doivent mener une propagande révolutionnaire dans un esprit de méfiance à l'égard du Kremlin et de ses agences locales.

Mais supposons qu'Hitler pointe ses armes vers l'est et qu'il envahisse des territoires occupés par l'Armée rouge. Dans ces conditions, les partisans de la Quatrième Internationale, sans rien changer à leur attitude à l'égard de l'oligarchie du Kremlin, mettront la résistance militaire à Hitler au premier plan, comme la tâche la plus urgente du moment. Les travailleurs diront : « Nous ne pouvons laisser Hitler renverser Staline ; c'est *notre tâche.* » Pendant la lutte armée contre Hitler, les travailleurs révolutionnaires s'efforceront de nouer des contacts fraternels aussi étroits que possible avec les simples soldats de l'Armée rouge. Tandis que les armes à la main, ils porteront des coups à Hitler, les bolcheviks-léninistes mèneront en même temps une propagande révolutionnaire contre Staline afin de préparer son renversement à l'étape suivante et peut-être même très prochainement.

Une telle « défense de l'URSS » différera naturellement, comme le ciel et la terre, de la défense officielle qui se mène aujourd'hui sous le mot d'ordre : « Pour la patrie ! Pour

Staline ! » *Notre* défense de l'URSS se mène sous le mot d'ordre : « Pour le socialisme ! Pour la révolution mondiale ! Contre Staline ! » Afin qu'il n'y ait pas de confusion dans la conscience des masses entre ces deux variantes de « défense de l'URSS », il faut savoir formuler de façon claire et précise les mots d'ordre qui correspondent à la situation concrète. Mais avant tout, il faut établir clairement *ce que* nous défendons précisément, *comment* nous le défendons, contre *qui* nous le défendons. Nos mots d'ordre ne créeront de confusion dans les masses que si nous n'avons pas nous-mêmes une conception claire de nos tâches.

Conclusions

Nous n'avons aujourd'hui aucune raison de modifier notre position de principe à l'égard de l'URSS.

La guerre accélère les divers processus politiques. Elle peut accélérer le processus de la renaissance révolutionnaire de l'URSS. Mais elle peut aussi accélérer le processus de sa dégénérescence définitive. Nous devons donc suivre avec attention et sans préjugé les modifications que la guerre introduit dans la vie intérieure de l'URSS afin que nous puissions nous-mêmes en rendre compte à temps.

Nos tâches dans les territoires occupés demeurent fondamentalement les mêmes qu'en URSS. Mais comme les événements les posent de manière particulièrement aigüe, elles nous aident à clarifier nos tâches générales vis-à-vis de l'Union soviétique.

Nous devons formuler nos mots d'ordre de manière que les travailleurs voient clairement ce que nous défendons en URSS (la propriété d'État et l'économie planifiée) et contre qui nous luttons sans merci (la bureaucratie parasitaire et son Internationale communiste). Nous ne devons pas perdre de vue un instant le fait que la question de renverser la bureaucratie soviétique est pour nous subordonnée à la question de préserver la propriété étatique des moyens de production en URSS et que la question de préserver la propriété étatique des moyens de production en URSS est subordonnée pour nous à la révolution prolétarienne mondiale.

3

Lettre à Sherman Stanley[‡]

LE 8 OCTOBRE 1939

Cher camarade Stanley,

J'ai reçu votre lettre adressée à O'Brien à la veille de son départ. La lettre m'a fait une impression étrange, car, à l'opposé de vos très bons articles, elle est pleine de contradictions.

Je n'ai encore reçu aucun matériel concernant le plénum du Comité national et je ne sais rien ni de la résolution majoritaire ni de celle de M. S. [Max Shachtman], mais vous affirmez qu'elles ne sont pas inconciliables. En même temps, vous affirmez que le parti va au « désastre ». Pourquoi ? Même si les deux positions étaient *inconciliables*, ce ne serait pas un « désastre ». Cela signifierait seulement qu'il faut poursuivre la lutte politique jusqu'au bout. Mais, si les deux motions n'expriment que des nuances à propos d'un même point de vue concernant le programme de la Quatrième Internationale, comment une telle divergence, qui ne porte pas sur des principes, peut-elle (selon vous) provoquer une catastrophe ? Que la majorité préfère sa propre nuance (s'il ne s'agit que d'une nuance), c'est normal. Mais ce qui n'est pas du tout normal, c'est que la minorité déclare : « Puisque vous, qui êtes la majorité, préférez votre nuance à la nôtre, nous prédisons une catastrophe. » Pour lequel des deux côtés ? ? ?... Et vous affirmez que vous « examinez objectivement les différents regroupements ». Ce n'est pas du tout mon impression.

Vous écrivez à propos de mon article « qu'une page manquait *pour une raison ou pour une autre* ». Vous entretenez ainsi une suspicion des plus malveillantes à l'égard des camarades responsables. C'est par suite d'une regrettable nonchalance de notre bureau ici que cette page faisait défaut et nous avons déjà envoyé à la traduction un nouveau texte complet*.

Votre argumentation concernant « *l'empire* ouvrier » dégénéré ne me semble pas très heureuse. Dès les premiers jours de la révolution d'Octobre, on a accusé les bolcheviks d'adhérer à un « programme d'expansion tsariste ». Même un État ouvrier sain tendrait à une expansion dont les limites géographiques coïncideraient inévitablement avec celles de l'expansion tsariste car, d'ordinaire, les révolutions ne changent pas les conditions géographiques. Ce que nous reprochons à la bande du Kremlin n'est pas son expansion, pas plus que l'orientation géographique de cette expansion, mais bien les méthodes bureaucratiques et contrerévolutionnaires de cette expansion. Mais en même temps, en tant que marxistes, nous « examinons objectivement » les événements historiques et nous voyons bien que ni le tsar, ni Hitler, ni Chamberlain n'ont eu, ou n'ont encore, l'habitude d'abolir la propriété capitaliste dans les

---

* Le texte « L'URSS dans la guerre » était parvenu pendant le plénum du Comité national du Parti socialiste des travailleurs. Une page manquait. La majorité du Comité national approuva la ligne politique du document. La minorité souleva un tollé à propos de la page manquante, alléguant entre autres, qu'elle avait été délibérément supprimée.

pays occupés et que ce fait très progressiste dépend d'un autre fait, à savoir que la bureaucratie n'a pas définitivement détruit la révolution d'Octobre et qu'elle est forcée par sa position même d'adopter, dans des circonstances données, des mesures que nous devons défendre contre les ennemis impérialistes. Ces mesures progressistes sont, bien sûr, incomparablement moins importantes que l'activité générale contrerévolutionnaire de la bureaucratie : c'est pourquoi nous jugeons nécessaire de renverser la bureaucratie. [...]

Les camarades s'indignent beaucoup du pacte Staline-Hitler. C'est compréhensible. Ils veulent prendre leur revanche sur Staline. Très bien. Mais, aujourd'hui, nous sommes trop faibles et nous ne pouvons pas immédiatement renverser le Kremlin. Quelques camarades cherchent alors une satisfaction purement verbale : ils retirent à l'URSS le titre d'État ouvrier comme Staline prive un fonctionnaire en disgrâce de l'ordre de Lénine. Je trouve cela, cher ami, quelque peu puéril. La sociologie marxiste et l'hystérie sont absolument inconciliables.

En toute camaraderie,

Crux [Léon Trotsky]

4

Encore et encore sur la nature de l'URSS

LE 18 OCTOBRE 1939

Psychanalyse et marxisme

Certains camarades ou anciens camarades, comme Bruno R., ayant oublié les anciennes discussions et décisions de la Quatrième Internationale, recourent à la psychanalyse pour tenter d'expliquer le jugement que je porte sur le gouvernement soviétique : « Puisque Trotsky a pris part à la révolution russe, il lui est difficile de renoncer à l'idée de l'État ouvrier, dans la mesure où il lui faudrait alors renoncer à la cause de toute sa vie », etc. Je pense que le vieux Freud, qui était fort perspicace, aurait tiré les oreilles de tels psychanalystes. Bien entendu, moi-même, je ne m'aventurerais jamais dans une semblable entreprise. Mais j'ose néanmoins assurer mes critiques que subjectivité et sentimentalité ne sont pas de mon côté, mais du leur.

L'attitude de Moscou, qui a dépassé toutes les limites de l'abjection et du cynisme, suscite chez tout prolétaire révolutionnaire une réelle aversion. Et cette aversion engendre à son tour un besoin de rejet. Quand les forces susceptibles d'agir rapidement font défaut, les révolutionnaires impatients sont portés à recourir à des méthodes artificielles. C'est ainsi que naît, par exemple, la tactique de la terreur individuelle. Le plus souvent, on recourt à de gros mots, à des insultes et à des jurons. Dans notre cas particulier, certains camarades ont manifestement tendance à chercher à se dédommager par la terreur « terminologique ». Cependant, même de ce point de vue, il ne sert à rien de coller sur la bureaucratie l'étiquette de « classe ». Si la racaille bonapartiste constitue une classe, cela signifie qu'elle n'est pas un avorton, mais un enfant viable de l'histoire. Si son parasitisme pilleur constitue une « exploitation » au sens scientifique du terme, cela signifie que la bureaucratie a, devant elle, un avenir historique en tant que classe dirigeante indispensable dans le système économique en question. Voici à quoi mène l'indignation impatiente quand elle se libère de la discipline marxiste !

Quand un mécanicien émotif examine une auto qui, par exemple, a permis à des gangsters d'échapper à la police sur une route défoncée et qu'il découvre que le châssis de l'auto est déformé, ses roues tordues et son moteur partiellement détérioré, il est parfaitement en droit de dire : « Ce n'est pas une voiture, le diable sait ce que c'est. » Une telle opinion n'aurait aucune valeur technique ou scientifique, mais elle révélerait l'indignation légitime du mécanicien devant l'oeuvre des gangsters. Imaginons pourtant que ce même mécanicien soit appelé à remettre en état ce dont il avait dit : « le diable sait ce que c'est. » Dans ce cas, il devrait partir du fait que ce qu'il a devant lui est une voiture endommagée. Il commencerait le travail en déterminant quelles pièces sont encore bonnes et lesquelles sont irréparables. C'est l'attitude qu'adoptera un travailleur conscient vis-à-vis de l'URSS. Il est parfaitement en droit de dire que les gangsters de la bureaucratie ont transformé l'État ouvrier en « le diable sait ce que c'est ». Mais, quand il passe de cette explosion d'indignation à l'étude du problème politique, il est bien obligé de reconnaître qu'il a devant lui un État ouvrier endommagé, dont le moteur économique fonctionne mal, mais qui continue à tourner et pourrait être réparé complètement en remplaçant quelques pièces. Bien sûr, ce n'est qu'une analogie. Mais elle mérite qu'on y réfléchisse.

« Un État ouvrier contrerévolutionnaire »

Certaines voix s'élèvent pour dire : « Si l'on continue à voir dans l'URSS un État ouvrier, il faudra établir une nouvelle catégorie : l'État ouvrier contrerévolutionnaire. » Cet argument cherche à frapper notre imagination en opposant une bonne norme programmatique à une réalité pitoyable, funeste et même répugnante. Mais, n'avons-nous pas effectivement observé, jour après jour depuis 1923, que l'État soviétique joue un rôle de plus en plus contrerévolutionnaire dans l'arène internationale ? Avons-nous oublié l'expérience de la révolution chinoise, celle de la grève générale en Angleterre en 1926 et enfin l'expérience toute récente de la révolution espagnole* ? Il y a aujourd'hui deux internationales ouvrières

* Les écrits de Trotsky sur la révolution chinoise de 1925-1927 sont rassemblés dans *Leon Trotsky on China*, (Pathfinder, New York, 1976), et ceux sur la grève générale britannique de 1926, dans *Where Is Britain Going ?* (Pathfinder, New York, 1973).

totalement contrerévolutionnaires. Les critiques ont visiblement oublié l'existence de cette « catégorie ». Les syndicats en France, en Grande-Bretagne, aux États-Unis et dans les autres pays soutiennent à fond la politique contrerévolutionnaire de leur bourgeoisie. Cela ne nous empêche pas de les appeler des syndicats, de soutenir chaque pas progressiste qu'ils peuvent faire et de les défendre contre la bourgeoisie. Pourquoi ne pourrait-on pas appliquer la même méthode à l'égard d'un État ouvrier contrerévolutionnaire ? En dernière analyse, l'État ouvrier, c'est un syndicat qui s'est emparé du pouvoir. Nous abordons les syndicats et l'État ouvrier de manière différente pour la simple raison que les syndicats ont une longue histoire et que nous avons pris l'habitude de les considérer comme des réalités et non pas seulement comme des « catégories » de notre programme. En revanche, en ce qui concerne l'État ouvrier, nous n'arrivons pas à le voir comme un fait historique réel qui ne s'est pas subordonné à notre programme.

« Impérialisme » ?

Peut-on qualifier d'impérialisme la politique d'expansion actuelle du Kremlin ? Il faut d'abord préciser le contenu social que ce terme comprend. L'histoire a connu l'« impérialisme » de l'État romain fondé sur le travail des esclaves, l'impérialisme de la propriété terrienne féodale, l'impérialisme du capital commercial et industriel, l'impérialisme de la monarchie tsariste, etc. La force motrice de la bureaucratie soviétique réside, sans aucun doute, dans sa volonté d'accroître son pouvoir, son prestige, ses revenus. C'est l'élément d'« impérialisme », dans le sens le plus large du terme, qui était la marque spécifique de toutes les monarchies, oligarchies, castes dirigeantes, classes et états médiévaux. Cependant, dans la littérature politique contemporaine, du moins dans la littérature marxiste, on entend par impérialisme la *politique expansionniste du capital financier*, qui a un contenu économique parfaitement défini. Appliquer le terme « impérialisme » à la politique extérieure du Kremlin, sans clarifier précisément ce que l'on entend par-là, cela revient tout simplement à identifier la politique de la bureaucratie bonapartiste avec la politique du capitalisme monopoliste, en se fondant sur le fait que les deux utilisent la force militaire à des fins d'expansion. Une telle identification, propre seulement à semer la confusion, convient beaucoup plus à des démocrates petits-bourgeois qu'à des marxistes.

Continuation de la politique de l'impérialisme tsariste

Le Kremlin participe à un nouveau partage de la Pologne, le Kremlin s'empare des États baltes, le Kremlin menace les Balkans, la Perse et l'Afghanistan. En d'autres termes, le Kremlin continue la politique de l'impérialisme tsariste. Ne sommes-nous pas en droit, dans ces conditions, de qualifier d'impérialiste la politique même du Kremlin ? Cet argument historico-géographique n'est pas plus convaincant que tous les autres. La révolution prolétarienne, qui a eu lieu sur le territoire de l'empire tsariste, a cherché dès le début à s'emparer — et s'est emparée pour un temps — des pays baltes ; elle a essayé de pénétrer en Roumanie et en Perse et elle a amené à un certain moment ses armées jusqu'à Varsovie (en 1920). Les lignes de l'expansion révolutionnaire étaient les mêmes que sous le tsarisme, car la révolution ne change pas les conditions géographiques. C'est justement pourquoi, dès cette époque, les mencheviks parlaient d'un impérialisme bolchevique emprunté aux traditions de la diplomatie tsariste. La démocratie petite-bourgeoise utilise volontiers cet argument de nos jours. Nous n'avons, je le répète, aucune raison de l'imiter dans ce domaine.

Une agence de l'impérialisme ?

Pourtant, et indépendamment du jugement que l'on peut porter sur la politique expansionniste de l'URSS elle-même, la question subsiste de l'aide que Moscou apporte à la politique impérialiste de Berlin. Ici, il faut d'abord rendre clair que, dans certaines conditions — jusqu'à un certain point et d'une certaine manière — même un État ouvrier parfaitement sain pourrait être obligé de soutenir tel ou tel impérialisme, du fait de l'impossibilité pour lui de se libérer des chaînes des relations impérialistes internationales. Il ne fait aucun doute que le traité de Brest-Litovsk a renforcé provisoirement l'impérialisme allemand contre la France et l'Angleterre*. Un État ouvrier isolé ne peut éviter d'avoir à manoeuvrer entre les camps impérialistes hostiles. Manoeuvrer signifie soutenir provisoirement l'un d'entre eux contre l'autre. Savoir lequel des deux camps il est plus avantageux ou moins dangereux de soutenir à un moment donné n'est pas une question de principe, mais une question de calcul et de prévisions pratiques. L'inconvénient inévitable qu'entraîne le fait d'être forcé de soutenir un État bourgeois contre un autre est largement

* Le traité de paix de Brest-Litovsk a mis fin à la guerre de l'Allemagne contre le nouveau gouvernement soviétique en mars 1918. Lénine a expliqué que les conditions très défavorables imposées par les capitalistes allemands ont dû être acceptées car la poursuite de la guerre aurait provoqué la rupture de l'alliance entre les travailleurs et les paysans sur laquelle reposait l'État soviétique et dont dépendait sa capacité de se défendre.

compensé par le fait que l'État ouvrier isolé acquiert de cette façon la possibilité de survivre.

Mais, il y a manoeuvre et manoeuvre. À Brest-Litovsk, l'État soviétique a sacrifié l'indépendance nationale de l'Ukraine dans le but de sauver l'État ouvrier. Personne n'aurait pu parler de trahison à l'égard de l'Ukraine, car tous les travailleurs conscients comprenaient le caractère forcé de ce sacrifice. La question de la Pologne se présente d'une toute autre façon. Le Kremlin lui-même n'a, jamais et nulle part, présenté la question comme s'il avait été *contraint* de sacrifier la Pologne. Au contraire, il s'est vanté cyniquement de sa combinaison, qui constitue vraiment une injure aux sentiments démocratiques les plus élémentaires des classes et peuples opprimés de la terre entière et qui, par là-même, affaiblit considérablement la situation internationale de l'Union soviétique. Ce que ne peuvent compenser, même pour un dixième, les transformations économiques effectuées dans les régions occupées.

L'ensemble de la politique extérieure du Kremlin se fonde sur un enjolivement crapuleux de l'impérialisme « amical ». Elle sacrifie ainsi les intérêts fondamentaux du mouvement ouvrier mondial au profit d'avantages secondaires et instables. Après avoir abruti les travailleurs pendant cinq ans avec le mot d'ordre de « défense des démocraties », voici que Moscou se donne comme tâche de couvrir la politique de pillage de Hitler. Cela ne transforme pas encore l'URSS en un État impérialiste. Mais Staline et son Internationale communiste sont maintenant sans aucun doute les agents les plus précieux de l'impérialisme.

Si nous voulons définir précisément la politique extérieure du Kremlin, nous devons dire que c'est la politique de la *bureaucratie bonapartiste d'un État ouvrier dégénéré encerclé par l'impérialisme*. Cette définition n'a pas la brièveté sonore de l'expression « politique impérialiste », mais elle est beaucoup plus juste.

« Le moindre mal »

L'occupation de la Pologne orientale par l'Armée rouge est évidemment « un moindre mal », si on la compare à l'occupation de ce même territoire par les troupes nazies. Mais ce « moindre mal » a été obtenu parce que Hitler y a vu la garantie qu'il pourrait obtenir un mal plus grand. Si quelqu'un met le feu à une maison ou aide à y mettre le feu et qu'ensuite il sauve cinq des dix habitants de la maison pour en faire ses propres demi-esclaves, c'est certainement un mal qui est moindre que si les dix personnes avaient brûlé. Mais on peut douter que cet incendiaire mériterait une médaille pour le sauvetage. Si malgré tout, il recevait une médaille, il faudrait le fusiller tout de suite après la cérémonie, comme ce fut le cas pour un héros de l'un des romans de Victor Hugo.

« Missionnaires armés »

Robespierre a dit un jour que le peuple n'aime pas les missionnaires armés de baïonnettes. Il voulait simplement dire que par la violence militaire, il est impossible d'imposer des idées et des institutions révolutionnaires à d'autres peuples. Cette pensée juste ne signifie évidemment pas qu'il soit inadmissible d'intervenir militairement dans d'autres pays afin de coopérer avec une révolution. Mais une telle intervention, comme partie constituante d'une politique révolutionnaire internationale, doit être comprise par le prolétariat international et doit répondre aux voeux des masses laborieuses du pays sur le territoire duquel les troupes révolutionnaires pénètrent. Il va de soi que la théorie du socialisme dans un seul pays ne peut susciter la solidarité internationale active, qui seule peut préparer et justifier une intervention armée. Le Kremlin pose et résout la question de l'intervention armée, comme d'ailleurs tous les autres problèmes de sa politique, sans tenir le moindre compte des pensées et des sentiments de la classe ouvrière internationale. C'est pourquoi les derniers « succès » diplomatiques du Kremlin compromettent terriblement l'URSS et sèment une confusion extrême dans les rangs du prolétariat mondial.

Une insurrection sur deux fronts

Mais si c'est ainsi que se pose la question, disent certains camarades, est-il vraiment opportun de parler de la défense de l'URSS et des provinces occupées ? N'est-il pas plus judicieux d'appeler les travailleurs et paysans des deux parties de l'ancienne Pologne à se révolter contre Hitler ainsi que contre Staline ? Bien sûr, cela est très attrayant. Si la révolution éclatait en même temps en Allemagne et en URSS, y compris dans les provinces nouvellement occupées, cela résoudrait d'un seul coup la plupart des questions. Mais notre politique ne peut pas se fonder uniquement sur le concours de circonstances le plus favorable, le plus heureux. Il faut donc se demander : que faire si Hitler envahit l'Ukraine avant d'avoir été balayé par la révolution et avant que la révolution ait pu renverser Staline ? Les partisans de la Quatrième Internationale devraient-ils, dans ce cas, lutter contre les troupes de Hitler comme ils ont lutté en Espagne dans les rangs des troupes républicaines contre Franco ? Nous soutenons entièrement et de tout coeur une Ukraine soviétique indépendante (d'Hitler et de Staline). Mais que faire si, avant que cette indépendance soit acquise, Hitler cherche à s'emparer de la partie de l'Ukraine encore aux mains de la bureaucratie stalinienne ? La Quatrième Internationale répond : nous défendrons contre Hitler cette Ukraine asservie par Staline.

La « défense inconditionnelle de l'URSS »

Que signifie défendre l'URSS « inconditionnellement » ? Cela signifie que nous ne posons aucune condition à la bureaucratie. Cela signifie que, indépendamment des motifs et des causes de la guerre, nous défendons la base sociale de l'URSS quand elle est menacée par l'impérialisme.

Certains camarades disent : « Et si demain l'Armée rouge envahissait l'Inde et commençait à y réprimer un mouvement révolutionnaire, la soutiendrions-nous ? » Cette façon de poser la question est absurde. Par-dessus tout, que vient faire l'Inde ici ? N'est-il pas plus simple de demander : si l'Armée rouge menace des grèves ouvrières ou des protestations paysannes contre la bureaucratie en URSS, la soutiendrons-nous, oui ou non ? La politique extérieure est un prolongement de la politique intérieure. Nous n'avons jamais promis de soutenir *toutes* les actions de l'Armée rouge, qui est un instrument aux mains de la bureaucratie bonapartiste. Nous avons promis de défendre l'URSS uniquement en tant qu'État ouvrier et de défendre uniquement ce qui en son sein est caractéristique d'un État ouvrier.

Un casuiste habile pourrait dire : si, en Inde, les masses populaires insurgées battent l'Armée rouge, cela affaiblira l'URSS indépendamment du caractère du « travail » que l'Armée rouge y accomplit. À cela nous répondrons : l'écrasement d'un mouvement révolutionnaire en Inde avec la participation de l'Armée rouge représenterait un danger infiniment plus grand pour les fondements sociaux de l'URSS qu'une défaite épisodique des détachements contrerévolutionnaires de l'Armée rouge en Inde. Dans tous les cas, la Quatrième Internationale saura discerner où et quand l'Armée rouge intervient en tant qu'instrument de la réaction bonapartiste et où elle défend les fondements sociaux de l'URSS.

Un syndicat dirigé par des gredins réactionnaires lance un ordre de grève pour protester contre l'admission de Noirs dans une branche donnée de l'industrie. Soutiendrons-nous une grève aussi indigne ? Bien sûr que non. Mais, supposons maintenant que les patrons de l'entreprise profitent de cette grève pour tenter d'écraser le syndicat afin de rendre impossible toute défense organisée des travailleurs. Il est clair que, dans ce cas, nous défendrons le syndicat en question, malgré sa direction réactionnaire. Pourquoi cette même politique ne peut-elle s'appliquer à l'URSS ?

La règle fondamentale

La Quatrième Internationale a fermement établi le principe selon lequel, dans tous les pays impérialistes, qu'ils soient alliés à l'URSS ou qu'ils appartiennent au camp adverse, les partis prolétariens doivent développer la lutte de classe en temps de guerre dans le but de s'emparer du pouvoir. En même temps, le prolétariat des pays impérialistes doit garder à l'esprit l'importance de défendre l'URSS (ou des révolutions coloniales) et, en cas de nécessité absolue, de recourir aux actions les plus énergiques, par exemple, des grèves, des actes de sabotage, etc. Les différents regroupements de grandes puissances ont radicalement changé dans le monde depuis que la Quatrième Internationale a formulé cette directive, mais celle-ci garde toute sa valeur. Si demain l'Angleterre ou la France menaçait Léningrad ou Moscou, les travailleurs britanniques et français devraient prendre les mesures les plus radicales pour empêcher l'envoi de soldats et de munitions. Au contraire, si

Hitler se trouvait, par la force des choses, contraint à envoyer des munitions à Staline, les travailleurs allemands n'auraient, dans ce cas particulier, aucune raison de recourir à la grève ou au sabotage. Personne, j'espère, ne proposera d'autre solution.

« Révision du marxisme » ?

Certains camarades ont visiblement été surpris de me voir parler dans mon article (« L'URSS dans la guerre ») du système de « collectivisme bureaucratique » comme d'une possibilité théorique. Ils y ont même vu une révision complète du marxisme. Il y a là apparemment un malentendu. Le marxisme a une compréhension de la nécessité historique qui n'a rien de commun avec le fatalisme. Le socialisme ne se fait pas « tout seul », mais par une lutte entre des forces vives, des classes et leurs partis. Le prolétariat possède dans cette lutte un avantage essentiel du fait qu'il représente un progrès historique, alors que la bourgeoisie incarne la réaction et la décadence. C'est ce qui explique que nous soyons certains de vaincre. Mais nous avons parfaitement le droit de nous demander : quel caractère prendra la société si les forces de la réaction l'emportent.

Les marxistes ont maintes et maintes fois formulé l'alternative suivante : le socialisme ou le retour à la barbarie. Après l'« expérience » italienne, nous avons mille fois répété : le communisme ou le fascisme. Le véritable passage au socialisme est infiniment plus complexe, plus délicat et plus contradictoire que ne l'avait prévu le schéma historique général. Marx a parlé de la dictature du prolétariat et de son dépérissement ultérieur, mais il n'a rien dit d'une dégénérescence bureaucratique de la dictature. Nous sommes les premiers à observer et à analyser une telle dégénérescence par expérience. Est-ce là une révision du marxisme ?

Le cours des événements a déjà pu démontrer qu'un retard de la révolution socialiste engendre des phénomènes manifestes de barbarie : chômage chronique, paupérisation de la petite bourgeoisie, fascisme et enfin guerres d'extermination qui n'ouvrent aucune nouvelle voie. Quelles formes sociales et politiques peut prendre cette nouvelle « barbarie », en admettant théoriquement que l'humanité ne puisse pas parvenir au socialisme ? Nous pouvons nous exprimer sur ce sujet beaucoup plus concrètement que Marx. Le fascisme, d'une part, la dégénérescence de l'État soviétique, d'autre part, donnent une idée des formes sociales et politiques que revêtirait une nouvelle barbarie. Une alternative du genre socialisme ou esclavage totalitaire n'a pas seulement un intérêt théorique, mais elle est aussi très importante dans l'agitation, car elle illustre de façon particulièrement probante la nécessité de la révolution socialiste.

S'il y a ici une révision de Marx, c'est en fait celle des camarades qui prévoient un nouveau type d'État qui serait « non bourgeois » et « non ouvrier ». Comme l'alternative que j'ai exposée plus haut les pousse à tirer jusqu'au bout les conclusions logiques de leur propre théorie, certains de ces critiques, effrayés par les conclusions de leur propre théorie, m'accusent... de réviser le marxisme. Je veux croire qu'il ne s'agit que d'une plaisanterie amicale.

Le droit à l'optimisme révolutionnaire

Dans mon article « L'URSS dans la guerre », j'ai essayé de montrer que la perspective d'une société d'exploitation non ouvrière et non bourgeoise ou d'une société basée sur le « collectivisme bureaucratique » est une perspective de défaite et de déclin complet du prolétariat international, une perspective d'un profond pessimisme historique.

Y a-t-il des raisons concrètes qui justifient une telle perspective ? Il n'est pas inutile, à cet égard, de nous référer à nos ennemis de classe.

Le supplément hebdomadaire du journal parisien bien connu *Paris-Soir* du 31 août 1939 rapporte la conversation fort édifiante de l'ambassadeur français Coulondre et de Hitler en date du 25 août, lors de leur dernière entrevue. (Coulondre est vraisemblablement celui qui a transmis cette information.) Hitler fait le fanfaron et se vante du pacte qu'il vient de conclure avec Staline (un « pacte réaliste ») ; il « regrette » le fait que du sang français et allemand devra couler.

« Mais, rétorque Coulondre, Staline fait preuve d'une grande hypocrisie. Le grand vainqueur (en cas de guerre) sera Trotsky. Y avez-vous songé ? »

« Je sais, répond le Führer, mais pourquoi la France et l'Angleterre ont-elles donné une complète liberté d'action à la Pologne, » etc.

Ces messieurs adorent donner le nom d'une personne au spectre de la révolution. Mais bien entendu, ce n'est pas là que réside l'essentiel de ce dialogue dramatique au moment même où se rompaient les relations diplomatiques. « La guerre mènera inévitablement à la révolution », insinue ce représentant de la démocratie impérialiste pour effrayer son ennemi, alors qu'il est lui-même épouvanté jusqu'à la moelle des os.

« Je sais », répond Hitler, comme si la question avait été depuis longtemps résolue. « Je sais. » Dialogue étonnant !

Hitler et Coulondre représentent tous les deux la barbarie qui progresse en Europe. En même temps, aucun des deux ne doute un instant que la révolution socialiste l'emportera sur sa barbarie. Voilà le niveau de conscience qu'ont acquis les classes dirigeantes de tous les pays capitalistes du monde. Leur complète démoralisation est un des principaux éléments dans le rapport de force entre les classes. Le prolétariat a une direction révolutionnaire jeune et encore faible. Mais la direction de la bourgeoisie pourrit sur pied. En se lançant dans une guerre qu'ils n'ont pu éviter, ces messieurs sont persuadés d'avance de l'effondrement inéluctable de leur régime. Ce seul fait doit être pour nous une source intarissable d'optimisme révolutionnaire !

5

Le référendum et le centralisme démocratique

LE 21 OCTOBRE 1939

Nous demandons un référendum sur la question de la guerre parce que nous voulons paralyser ou affaiblir le centralisme de l'État impérialiste *. Mais, pouvons-nous admettre le référendum comme méthode normale pour trancher des différends au sein de notre parti ? Il est impossible de répondre à la question autrement que par la négative.

Quiconque se prononce pour un référendum reconnaît par là même qu'une décision du parti n'est que le total arithmétique de décisions locales, chaque section locale se limitant inévitablement à ses propres forces et à son expérience restreinte. Quiconque se prononce pour

* Dans le cadre de sa lutte factionnelle, la minorité a revendiqué la tenue d'un référendum sur les questions en litige à propos de l'URSS. La majorité s'y est opposée. Trotsky soutint le rejet du référendum par la majorité.

un référendum doit se prononcer aussi pour l'usage de mandats impératifs ; c'est-à-dire pour une procédure qui donne le droit à chaque section locale *d'obliger* ses représentants à un congrès du parti à voter d'une certaine façon. Quiconque admet les mandats impératifs refuse automatiquement aux congrès leur valeur d'instance la plus élevée du parti. Au lieu d'un congrès, il suffit de procéder au décompte des voix locales. Le parti cesse d'exister en tant que totalité centralisée. Si l'on accepte le référendum, l'influence des sections locales les plus avancées et celle des camarades les plus expérimentés et les plus conscients des principaux centres ou des centres industriels cèdent le pas à l'influence des secteurs les moins expérimentés, les plus arriérés, etc.

Naturellement, nous voulons que toutes les sections locales, toutes les cellules du parti étudient soigneusement les différents aspects de toutes les questions et qu'elles votent sur chacune d'elles. Mais en même temps, chaque délégué élu par une section locale doit avoir le droit de peser tous les arguments présentés au congrès à propos de la question en litige et le droit de voter comme son jugement politique le lui suggère. Si, lors du congrès, il vote contre la majorité qui l'a élu comme délégué et qu'après le congrès il n'est pas capable de convaincre son organisation de la justesse de son attitude, l'organisation locale peut alors lui retirer sa confiance politique. De tels cas sont inévitables. Mais ils représentent un mal incomparablement moindre que le système des référendums ou des mandats impératifs, qui tuent complètement le parti dans son ensemble.

COYOACÁN, D. F.

6

Lettre à Sherman Stanley‡

LE 22 OCTOBRE 1939

Cher camarade Stanley,

Je réponds avec quelque retard à votre lettre du 11 octobre.

1. Vous dites qu'« il ne peut pas y avoir de divergences ou de désaccords sérieux » à propos de la question russe. S'il en est ainsi, pourquoi sonne-t-on le tocsin dans le parti contre le Comité national, c'est-à-dire contre la majorité ? Vous ne devez pas substituer vos propres conceptions à celles des membres de la minorité du Comité national, qui ont jugé la question assez sérieuse et assez brûlante pour déclencher une discussion au seuil même de la guerre.

2. Je ne peux pas être d'accord avec vous quand vous dites que ma prise de position ne contredit pas celle du camarade M. S. Elle s'y oppose sur deux points fondamentaux :

(a) La nature de classe de l'URSS.

(b) La défense de l'URSS.

À la première question, le camarade M. S. répond par un point d'interrogation, ce qui veut dire qu'il rejette l'ancienne position et reporte l'échéance pour prendre une nouvelle décision. Un parti révolutionnaire ne peut vivre entre deux décisions : une première, annulée, une autre, pas encore énoncée. Sur la question de défendre l'URSS ou les territoires nouvellement occupés contre une attaque de Hitler (ou de la Grande-Bretagne), le camarade M. S. propose une révolution contre Staline et Hitler. Cette formule abstraite signifie refuser la défense dans une situation concrète. J'ai tenté d'analyser cette question dans un nouvel article envoyé hier au Comité national par courrier aérien.

3. Je conviens tout à fait avec vous que seule une discussion sérieuse peut clarifier la question, mais je ne crois pas que voter simultanément pour la déclaration de la majorité et celle du camarade M. S. puisse contribuer à la clarification nécessaire.

4. Vous déclarez dans votre lettre que la principale question n'est pas la question russe, mais le « régime interne » du parti. J'ai souvent entendu cette accusation, depuis presque les tout premiers jours de notre mouvement aux États-Unis. Les formules ont varié un peu, les regroupements aussi, mais un certain nombre de camarades sont restés en permanence dans l'opposition au « régime ». Ils étaient, par exemple, contre l'entrée dans le Parti socialiste (pour ne pas remonter plus haut dans le passé)*. Mais, on

* Au milieu de l'année 1936, les membres du Parti des travailleurs des États-Unis, prédécesseur du SWP, ont rejoint les rangs du Parti socialiste pour fusionner avec des travailleurs et des jeunes révolutionnaires qui adhéraient alors à ce parti en grand nombre. Après avoir rallié beaucoup de ces forces, les anciens membres du Parti des travailleurs et d'autres militants ont été exclus par la direction du PS au milieu de l'année 1937. Les membres ainsi exclus ont formé le Parti socialiste des travailleurs le 1er janvier 1938.

a alors découvert que le « principal problème » n'était pas l'entrée, mais le régime du parti. Voilà maintenant qu'on reprend la même formule à propos de la question russe.

5. Pour ma part, je crois que le passage dans le Parti socialiste a été une action salutaire pour le développement général de notre parti et que le « régime » (ou la direction) qui a assuré ce passage a eu raison contre l'opposition qui, à l'époque, représentait la tendance à la stagnation.

6. Aujourd'hui, au début de la guerre, une nouvelle opposition virulente émerge à propos de la question russe. Elle porte sur la justesse de notre programme, élaboré tout au long d'innombrables débats, polémiques et discussions, qui ont duré au moins dix ans. Nos décisions ne sont évidemment pas éternelles. Si quelque camarade, occupant un poste dirigeant, a des doutes et seulement des doutes, il est de son devoir à l'égard du parti de clarifier sa propre opinion par des études nouvelles et des discussions au sein des organismes dirigeants avant de lancer la question dans le parti, non sous la forme de décisions nouvelles élaborées, mais sous la forme de doutes. Il est certain que, en ce qui concerne les statuts du parti, chaque militant et même un membre du Comité politique, a le droit d'agir ainsi ; mais je ne crois pas que ce droit ait été utilisé d'une manière convenable, susceptible de contribuer à l'amélioration du régime du parti.

7. Souvent, dans le passé, j'ai entendu des accusations portées par certains camarades contre l'ensemble du Comité national à propos de son manque d'initiative et ainsi de suite. Je ne suis pas l'avocat du Comité national et je suis sûr que bien des choses ont été négligées qui n'auraient pas dû l'être. Mais, quand j'ai insisté pour que les accusations soient précisées, je me suis souvent rendu compte que ces camarades transformaient le mécontentement que leur inspirait leur propre activité locale, leur

propre manque d'initiative en une accusation contre le Comité national, supposé être omniscient, omniprésent et d'une bienveillance illimitée.

8. Dans le cas présent, on accuse le Comité national de « conservatisme ». Je crois que défendre les anciennes décisions programmatiques jusqu'à ce qu'elles soient remplacées par de nouvelles fait partie des devoirs élémentaires du Comité national. Je crois que ce « conservatisme » est un réflexe d'autodéfense du parti lui-même.

9. Ainsi, à propos des deux plus importantes questions discutées dans la dernière période, les camarades mécontents du « régime » ont eu, à mon avis, une attitude politique erronée. Le régime doit être l'instrument d'une juste politique et non d'une fausse. Lorsqu'il apparaît clairement qu'une politique est fausse, ceux qui la promeuvent sont souvent tentés d'affirmer qu'aucune question n'a un caractère décisif, sauf celle du régime. Tout au long de l'histoire de l'Opposition de gauche et de la Quatrième Internationale, nous avons lutté des centaines de fois contre de telles substitutions. Quand Vereecken ou Sneevliet ou même Molinier étaient battus sur toutes les questions où ils manifestaient des divergences, ils déclaraient que les vraies difficultés de la Quatrième Internationale ne venaient pas de telle ou telle décision, mais du mauvais régime.

10. Je n'entends pas faire la moindre analogie entre les dirigeants de l'actuelle opposition au sein de notre parti américain et les Vereecken, Sneevliet et consorts ; je sais très bien que les dirigeants de l'opposition sont des camarades de grande valeur et je souhaite sincèrement qu'ils continuent à travailler avec nous en toute fraternité. Mais, je ne peux pas m'empêcher de m'inquiéter de ce que certains d'entre eux répètent la même erreur à chaque nouvelle étape du développement du parti avec l'appui d'un

groupe d'amis personnels. Je crois qu'au cours de l'actuelle discussion, ce type de procédé doit être analysé et sévèrement condamné par l'opinion générale du parti qui a d'immenses tâches à accomplir aujourd'hui.

En toute camaraderie,

Crux [Léon Trotsky]

P.-S. – Puisque je parle dans cette lettre de la majorité et de la minorité du Comité national et, plus particulièrement, des camarades qui appuient la résolution de M. S., j'envoie une copie de la lettre aux camarades Cannon et Shachtman.

C.

7

Lettre à James P. Cannon[‡]

LE 28 OCTOBRE 1939

Cher Jim,

Ta lettre du 24 octobre m'a fait comprendre deux choses : (1) qu'une lutte idéologique très sérieuse est devenue inévitable et politiquement nécessaire ; (2) qu'il serait extrêmement préjudiciable, sinon fatal, de lier cette lutte idéologique à la perspective d'une scission, d'une purge, d'expulsions, etc.

J'ai entendu dire, par exemple, que le camarade Gould a dit dans une réunion des membres : « Vous voulez nous expulser. » Mais je ne sais pas comment l'autre côté a réagi. Pour ma part, je protesterais immédiatement et avec véhémence contre de tels soupçons. Je proposerais de créer une commission de contrôle spéciale afin de vérifier de telles affirmations et rumeurs. Si on découvrait que quelqu'un de la majorité laisse planer de telles menaces, je voterais, pour ma part, pour une censure ou un avertissement sévère.

Vous avez beaucoup de nouveaux et jeunes membres sans formation. Ils ont besoin d'une discussion formatrice sérieuse à la lumière des grands événements. S'ils sont tourmentés, dès le début, par la perspective d'une *déchéance* personnelle, comme une rétrogradation, une perte de prestige, une disqualification, une élimination du Comité central, etc., alors toute la discussion s'envenimera, ce qui compromettra l'autorité de la direction.

Par contre, si la direction engage une bataille sans merci contre des conceptions idéalistes et des préjugés organisationnels petits-bourgeois tout en offrant toutes les garanties nécessaires à la discussion elle-même et à la minorité, alors on en arrivera non seulement à une victoire idéologique mais à un renforcement important de l'autorité de la direction.

« Une conciliation et un compromis au sommet » sur les questions qui sont à l'origine de divergences serait évidemment un crime. Mais, quant à moi, je proposerais un accord aux membres de la minorité qui sont à la direction ou, si tu préfères, un compromis sur l'organisation de la discussion et, parallèlement, sur la collaboration politique. Par exemple, (a) les deux côtés écartent de la discussion toute menace, attaque personnelle, etc. ; (b) les deux côtés assument la responsabilité d'une collaboration loyale pendant la discussion ; (c) tout faux pas (menaces, rumeurs de menaces ou rumeurs d'une allégation de menaces, de démissions et ainsi de suite) doit faire l'objet d'une enquête spécifique par le Comité national ou par une commission spéciale et ne doit pas être lancé dans la discussion, etc.

Si la minorité accepte un tel accord, vous pourrez alors discuter de manière disciplinée et vous aurez aussi l'avantage d'avoir pris une bonne initiative. Si elle le rejette, vous pourrez présenter votre proposition écrite à la minorité, lors de chaque réunion des membres du parti.

Ce sera la meilleure façon de réfuter leurs doléances et un bon exemple de « notre régime ».

Il me semble que le dernier congrès a échoué à un bien mauvais moment (la situation n'était pas mûre), comme si, d'une certaine façon, il avait avorté*. La vraie discussion s'amorce quelque temps après le congrès. Cela signifie que vous ne pouvez éviter un nouveau congrès à Noël ou autour de Noël. L'idée d'un référendum est absurde. Cela ne ferait que faciliter une scission sur la base de lignes politiques élaborées au niveau local. Mais je crois que la majorité pourrait proposer à la minorité dans l'accord mentionné ci-haut un nouveau congrès sur la base de deux plateformes avec toutes les garanties organisationnelles pour la minorité.

Le congrès coûte cher mais je ne vois aucun autre moyen de conclure la discussion actuelle et de surmonter la crise du parti qu'elle a provoquée.

J. Hansen [Léon Trotsky]

P.-S. – Toute discussion sérieuse et claire peut évidemment conduire à quelques désertions, départs ou même expulsions. Mais le parti tout entier devrait être convaincu par la logique des faits qu'il s'agit là de résultats inévitables, qui se sont produits malgré les meilleures intentions de la direction, qui n'étaient ni l'objectif de la direction ni son intention et qui n'étaient pas le point de départ de toute la discussion. À mon avis, c'est l'élément décisif de toute la question.

J. H. [Léon Trotsky]

---

* Les premières escarmouches entre les deux futures fractions se sont engagées lors du Deuxième Congrès national du SWP, en juillet 1939, autour du rapport organisationnel et de la composition du nouveau Comité national.

8

Lettre à Max Shachtman ‡

LE 6 NOVEMBRE 1939

Cher camarade Shachtman,

J'ai bien reçu la transcription de votre discours du 15 octobre que vous m'avez envoyée * ; je l'ai évidemment lue avec toute l'attention qu'elle mérite. J'y ai trouvé une série d'excellentes idées et formulations qui m'ont semblé en plein accord avec nos positions communes, telles qu'on les retrouve dans les textes fondamentaux de la Quatrième Internationale. Mais, je n'ai pu y trouver une explication de votre attaque contre nos positions antérieures, que vous avez qualifiées « d'insuffisantes, d'inadéquates et de dépassées ».

Vous dites : « Ce sont les faits concrets qui, en différant de nos prédictions et hypothèses théoriques, changent

* Ce discours a été prononcé à l'occasion d'une assemblée des militants du Parti socialiste des travailleurs à New York. Il est reproduit dans le *Bulletin interne* du SWP, vol. 2, n° 3, daté du 14 novembre 1939.

la situation. » (p. 17) Malheureusement, vous parlez du « concret » en termes si abstraits que je ne peux voir en quoi ces faits changent la situation actuelle ni quelles en sont les conséquences pour notre politique. Vous citez quelques exemples du passé. Ainsi, selon vous, nous avons « vu et prévu » la dégénérescence de la Troisième Internationale (p. 18) ; mais ce n'est qu'après la victoire de Hitler que nous avons cru nécessaire de proclamer la Quatrième Internationale. Cet exemple n'est pas rapporté exactement. Nous avons prévu non seulement la dégénérescence de la Troisième Internationale, mais aussi la possibilité de sa régénérescence. Seule l'expérience allemande des années 1929-1933 nous a convaincus que le Comintern était condamné et que rien ne pourrait le régénérer. Et, dès lors, nous avons changé notre politique fondamentalement : à la Troisième Internationale, nous avons opposé la Quatrième Internationale.

Mais, nous n'avons pas tiré les mêmes conclusions à propos de l'État soviétique. Pourquoi ? La Troisième Internationale était un parti, c'est-à-dire des personnes regroupées sur la base d'idées et de méthodes. Ce regroupement est devenu si fondamentalement opposé au marxisme que nous avons été obligés d'abandonner tout espoir de le régénérer. Mais, l'État soviétique n'est pas seulement le résultat d'une sélection idéologique ; c'est un ensemble complexe d'institutions sociales qui continuent d'exister en dépit du fait que les idées de la bureaucratie sont maintenant presque opposées à celles de la révolution d'Octobre. C'est pourquoi nous n'avons pas renoncé à la possibilité de régénérer l'État soviétique par une révolution politique. Croyez-vous que nous devrions maintenant changer d'attitude ? Sinon, et je suis sûr que vous ne proposez rien de semblable, où réside le changement fondamental provoqué par les faits « concrets » ?

À ce propos, vous citez le mot d'ordre de l'*Ukraine soviétique indépendante* que, je le constate avec satisfaction, vous acceptez. Mais vous ajoutez : « Telle que je l'ai comprise, notre position fondamentale a toujours été de nous opposer aux tendances séparatistes à l'intérieur de la République soviétique fédérée. » (p. 19) Et vous voyez là, un « changement de politique » fondamental. Mais : 1) Le mot d'ordre pour une Ukraine soviétique indépendante a été proposé avant le pacte Hitler-Staline *. 2) Ce mot d'ordre n'est qu'une application, sur le terrain de la question nationale, de notre mot d'ordre général pour le renversement révolutionnaire de la bureaucratie. Vous seriez aussi justifié de dire : « Telle que je l'ai comprise, notre position fondamentale a toujours été de nous opposer à tout acte de rébellion contre le gouvernement soviétique. » Bien entendu, mais nous avons modifié cette position fondamentale il y a plusieurs années. Je ne vois vraiment pas quel nouveau changement vous proposez maintenant à ce propos.

Vous mentionnez la marche de l'Armée rouge en Pologne et en Géorgie au cours de l'année 1920 et vous ajoutez : « Si, aujourd'hui, il n'y a rien de nouveau dans la situation, pourquoi la majorité ne nous propose-t-elle pas d'acclamer l'avance de l'Armée rouge en Pologne, dans les pays baltes, en Finlande ? » (p. 20) Dans ce passage décisif de votre discours, vous démontrez que « la situation a changé » de 1920 à 1939. C'est évident ! Ce qui est

---

* Trotsky avait soulevé cette perspective de lutte pour une Ukraine soviétique indépendante au début de 1939. Voir *Writings of Leon Trotsky [1938–39]*, « The Ukrainian question » (22 avril 1939) ; et *Writings of Leon Trotsky [1939–40]*, « Independence of the Ukraine and sectarian muddleheads » (30 juillet 1939), « Democratic feudalists and the independence of the Ukraine » (5 août 1939) et « The war and the Ukrainian question » (6 septembre 1939).

nouveau dans la situation, c'est la faillite de la Troisième Internationale, la dégénérescence de l'État soviétique, le développement de l'Opposition de gauche et la création de la Quatrième Internationale. Ces « faits concrets » sont précisément survenus entre 1920 et 1939. Et ces événements expliquent suffisamment pourquoi nous avons radicalement changé de position à l'égard de la politique du Kremlin, y compris de sa politique militaire.

Il semble que vous oubliez quelque peu qu'en 1920 nous soutenions les actes non seulement de l'Armée rouge, mais aussi du GPU. Selon notre appréciation de l'État, il n'y a pas de différence de principe entre l'Armée rouge et le GPU. Dans leurs activités, non seulement ils collaborent étroitement, mais ils sont indissociables. Nous pouvons aussi dire qu'en 1918 et dans les années suivantes nous avons acclamé la Tchéka dans sa lutte contre les contrerévolutionnaires russes et les espions étrangers ; mais en 1927, quand le GPU a commencé à arrêter, à exiler et à exécuter les vrais bolcheviks, nous avons modifié notre appréciation de l'institution. Ce changement concret est survenu 11 ans avant le pacte germano-soviétique. Aussi suis-je plutôt stupéfait de voir que vous parlez de manière sarcastique du « fait que la majorité refuse même (!) d'adopter aujourd'hui la position que nous avons tous prise en 1920 ». (p. 20) Nous avons commencé à modifier cette position en 1923. Nous avons procédé par étapes, plus ou moins conformément aux développements objectifs. Le moment décisif de cette évolution a eu lieu pour nous en 1933-1934. Si nous n'arrivons pas à voir exactement quels changements fondamentaux vous proposez d'apporter à notre orientation, cela ne veut pas dire que nous revenons à 1920 !

Vous insistez particulièrement sur la nécessité d'abandonner le mot d'ordre de défense inconditionnelle de l'URSS, que vous interprétez comme s'il avait signifié dans le passé notre soutien inconditionnel à chaque action militaire ou diplomatique du Kremlin, c'est-à-dire à la politique de Staline. Non, mon cher Shachtman, cette présentation des choses ne correspond pas aux « faits concrets ». En 1927 déjà, nous proclamions devant le Comité central : « Pour la patrie socialiste ? Oui ! Pour le cours stalinien ? Non ! »* Alors vous semblez oublier ce qu'on a appelé la « thèse Clemenceau », qui signifiait que, dans l'intérêt de la défense authentique de l'URSS, l'avant-garde prolétarienne pourrait être obligée d'éliminer le gouvernement stalinien et de le remplacer par son propre gouvernement. Cette thèse a été proclamée en 1927 !† Cinq ans plus tard, nous avons expliqué aux travailleurs que ce changement de gouvernement ne peut s'effectuer que par une révolution politique. Ainsi, nous avons séparé fondamentalement notre défense de l'URSS en tant qu'État ouvrier de la défense de l'URSS par la bureaucratie. Et vous interprétez notre politique antérieure comme un soutien inconditionnel aux activités diplomatiques et militaires de Staline ! Permettez-moi de dire qu'il s'agit là d'une horrible déformation de l'ensemble de notre position, non seulement

---

* Repris de Trotsky, *The Stalin School of Falsification*, Pathfinder, New York, 2004, tirage de 2017, « The war danger — the defense policy and the Opposition », p. 213.

† La thèse Clemenceau est une analogie utilisée par Trotsky en 1927 pour expliquer pourquoi l'opposition bolchevique-léniniste ne devait pas renoncer à la lutte pour changer la ligne du Parti communiste en temps de guerre ou de danger de guerre. Georges Clemenceau avait vivement critiqué les politiques inefficaces du gouvernement capitaliste français pendant la Première Guerre mondiale. Il est ensuite devenu le chef du gouvernement en 1917 lorsqu'il est apparu clairement qu'il était son meilleur défenseur.

depuis la création de la Quatrième Internationale, mais aussi depuis le tout début de l'Opposition de gauche.

La défense inconditionnelle de l'URSS signifie en substance que notre politique ne dépend pas des actes, des manoeuvres ou des crimes de la bureaucratie du Kremlin, mais uniquement de notre conception des intérêts de l'État soviétique et de la révolution mondiale.

À la fin de votre discours, vous citez la formule de Trotsky concernant la nécessité de subordonner la défense de la propriété nationalisée en URSS aux intérêts de la révolution mondiale et vous poursuivez en ajoutant : « Actuellement, je croyais qu'autrefois notre position signifiait que nous niions avec véhémence tout conflit possible entre les deux. [...] Je n'ai jamais compris qu'autrefois notre position signifiait que nous *subordonnions* l'un à l'autre. Si je comprends bien l'anglais, le terme implique soit qu'il y a un conflit entre les deux, soit qu'un tel conflit est possible. » (p. 37) Et de cela, vous concluez qu'il est impossible de maintenir le slogan de la défense inconditionnelle de l'Union soviétique.

Cet argument est basé sur au moins deux malentendus. Comment et pourquoi les avantages de maintenir la propriété nationalisée pourraient-ils être en « conflit » avec les intérêts de la révolution mondiale ? Vous en déduisez tacitement que la politique de défense *du Kremlin* (et non la nôtre) peut entrer en conflit avec les intérêts de la révolution mondiale. Bien sûr ! À chaque étape ! À tous les égards ! Cependant, la politique du Kremlin ne définit pas notre politique. C'est le premier malentendu. Mais, demandez-vous, s'il n'y a pas de conflit, pourquoi la subordination est-elle nécessaire ? Voilà le deuxième malentendu. Nous devons subordonner la défense de l'URSS à la révolution mondiale dans la mesure où nous subordonnons *une partie au tout*. En 1918, lors de la polémique avec Boukharine, qui recommandait vivement une guerre révolutionnaire contre l'Allemagne, Lénine a répondu approximativement : « S'il devait y avoir une révolution en Allemagne maintenant, alors il serait de notre devoir de faire la guerre même au risque de perdre. La révolution allemande est plus importante que la nôtre et nous devrions si nécessaire sacrifier le pouvoir soviétique en Russie (pour un temps) afin d'aider à l'établir en Allemagne. » Une grève à Chicago en ce moment pourrait en elle-même être déraisonnable, mais s'il s'agissait d'aider une grève générale à l'échelle nationale, les travailleurs de Chicago devraient subordonner leurs intérêts à ceux de leur classe et appeler à la grève. Si l'URSS était impliquée dans la guerre aux côtés de l'Allemagne, la révolution allemande pourrait certainement menacer les intérêts immédiats de la défense de l'URSS. Conseillerions-nous aux travailleurs allemands de ne pas agir ? L'Internationale communiste leur donnerait sûrement un tel conseil, mais pas nous. Nous dirions : « Nous devons subordonner les intérêts de la défense de l'URSS aux intérêts de la révolution mondiale. »

Il me semble que certains de vos arguments trouvent une réponse dans le plus récent article de Trotsky, « Encore et encore sur la nature de l'URSS », qui a été écrit avant que je reçoive la transcription de votre discours.

Vous avez des centaines et des centaines de nouveaux membres qui ne sont pas passés par notre expérience commune. Je crains que votre présentation puisse les induire en erreur et leur faire croire que nous soutenions le Kremlin inconditionnellement, au moins sur le terrain international, que nous n'avons pas prévu la possibilité d'une telle collaboration Staline-Hitler, que nous avons été pris de court par les événements et que nous devons changer fondamentalement notre position. Ce n'est pas vrai ! Et indépendamment de toutes les autres questions que vous soulevez ou que vous effleurez à peine dans votre discours (direction, conservatisme, régime du parti, etc.) nous devons, à mon avis, revoir notre position sur la question russe avec toute la prudence nécessaire dans l'intérêt de la section américaine et de celui de la Quatrième Internationale dans son ensemble.

Le vrai danger aujourd'hui n'est pas la défense « inconditionnelle » de ce qui est digne d'être défendu, mais l'aide directe ou indirecte au courant politique qui essaie d'identifier l'URSS avec les États fascistes pour le bénéfice des démocraties ou au courant qui lui est associé et qui essaie de mettre toutes les tendances dans le même pot afin de discréditer le bolchevisme ou le marxisme en l'associant au stalinisme. Nous sommes le seul parti qui ait réellement prévu les événements, non pas dans tous leurs aspects concrets, bien sûr, mais dans leur tendance générale. Notre force consiste dans le fait que nous n'avons pas besoin de changer d'orientation lorsque la guerre commence. Et je trouve qu'il est complètement erroné, de la part de certains de nos camarades mus par la lutte de faction pour un « bon régime » (qu'ils n'ont, à ma connaissance, jamais défini), de continuer à crier : « Nous avons été pris au dépourvu ! Notre orientation s'est révélée fausse ! Nous devons improviser une nouvelle ligne ! Et ainsi de suite. » Cela me semble tout à fait incorrect et dangereux.

Avec mes plus chaleureuses salutations de camarade,

Lund [Léon Trotsky]

CC : J. P. Cannon

P.-S. – Les formulations de cette lettre sont loin d'être parfaites, car il ne s'agit pas d'un article élaboré, mais seulement d'une lettre que j'ai dictée en anglais et que mon collaborateur a corrigée pendant la dictée.

L.

9

Lettre à James P. Cannon[‡]

LE 15 DÉCEMBRE 1939

Cher camarade Cannon,

Les dirigeants de l'opposition n'ont pas accepté, jusqu'ici, la lutte sur le terrain des principes et ils tenteront sans doute de l'éviter encore à l'avenir. Il n'est donc pas difficile de deviner ce qu'ils diront de l'article ci-joint : « Il y a beaucoup de vérités élémentaires dans cet article ; nous ne les rejetons pas du tout, mais l'article ne répond pas aux questions "concrètes" brûlantes. Trotsky est trop loin du parti pour pouvoir juger correctement. Les petits bourgeois ne sont pas tous dans l'opposition, tout comme les travailleurs ne soutiennent pas tous la majorité. » Quelques-uns d'entre eux ajouteront sûrement que l'article leur « attribue » des opinions qu'ils n'ont jamais appuyées, etc.

En guise de réponse aux questions « concrètes », les opposants veulent des recettes tirées d'un livre de cuisine pour l'époque des guerres impérialistes. Je n'ai pas l'intention d'écrire un tel livre de recettes. Mais, avec notre façon d'aborder les questions fondamentales en tenant compte des principes, nous serons toujours à même de résoudre correctement toute question concrète, aussi compliquée soit-elle. Dans le cas précis de la question finlandaise, l'opposition a démontré son incapacité à répondre à des questions concrètes.

Il n'y a jamais de tendance dont la composition soit chimiquement pure. On trouvera toujours des éléments petits-bourgeois dans tout parti et toute faction de travailleurs. La seule question, c'est de savoir qui donne le ton. Dans l'opposition, ce sont les éléments petits-bourgeois qui le font.

L'accusation inévitable selon laquelle cet article attribue à l'opposition des idées qu'elle n'a jamais appuyées s'explique par le caractère vague et contradictoire des idées de l'opposition, dont aucune ne peut supporter la moindre analyse critique. L'article n'« attribue » rien aux dirigeants de l'opposition, il ne fait que développer leurs idées jusqu'au bout. Je ne peux naturellement voir le développement de la lutte que depuis la ligne de touche. Mais c'est souvent de la ligne de touche que l'on peut le mieux observer les traits généraux d'une bataille.

Je vous sers chaleureusement la main,

L. Trotsky
COYOACÁN, D. F.

10

Une opposition petite-bourgeoise dans le Parti socialiste des travailleurs

LE 15 DÉCEMBRE 1939

Il faut appeler les choses par leur nom. Maintenant que les positions des deux fractions en lutte sont définies avec la plus grande clarté, il faut dire que la minorité du Comité central dirige une tendance petite-bourgeoise typique. Comme tout groupement petit-bourgeois dans le mouvement socialiste, l'opposition actuelle se caractérise par les traits suivants : une attitude méprisante à l'égard de la théorie et une tendance à l'éclectisme ; un manque de respect pour la tradition de sa propre organisation ; un grand désir d'« indépendance » individuelle plutôt qu'une soif de vérité objective ; la fébrilité au lieu d'un esprit de suite ; la promptitude à passer d'une position à une autre ; l'incompréhension du centralisme démocratique et une hostilité envers lui ; et enfin une tendance à remplacer la discipline de parti par les liens de groupe et les attachements personnels. Bien entendu, ces traits ne se manifestent pas avec une force égale chez tous les membres de l'opposition. Mais comme toujours dans un groupe hétérogène, la teinte dominante provient des éléments les plus éloignés du marxisme et de la politique prolétarienne. La lutte s'annonce indubitablement longue et difficile. Dans cet article, je ne me propose certes pas d'épuiser la question, mais j'entends brosser un tableau de ses traits généraux.

Scepticisme et éclectisme théoriques

Un long article des camarades Burnham et Shachtman, « Intellectuels en retraite », est paru dans le numéro de janvier 1939 de *New International*. Cet article, qui comprend de nombreuses idées justes et des caractérisations politiques appropriées, souffre d'un défaut ou vice fondamental : polémiquant contre des adversaires qui se considèrent, sans raisons suffisantes, surtout comme des partisans de « théorie », l'article n'a volontairement pas élevé la question à un niveau théorique. Il était indispensable d'expliquer pourquoi les intellectuels américains « radicaux » acceptent le marxisme sans la dialectique (la montre sans le ressort). Il est facile de percer ce secret. Nulle part la lutte de classe n'a été aussi décriée qu'au pays des « possibilités illimitées ». Refuser d'admettre que les contradictions sociales sont la force motrice du développement a conduit, dans le royaume de la pensée théorique, à rejeter la dialectique comme logique des contradictions. De même qu'en politique on a cru possible de convaincre tout le monde de la valeur d'un programme « juste » à l'aide de quelques syllogismes astucieux et de transformer peu à peu la société par des mesures « rationnelles », de même, dans le domaine de la théorie, on a considéré comme un fait démontré que la logique aristotélicienne, abaissée au niveau du « sens commun », suffit pour résoudre toutes les questions.

Le pragmatisme, mélange de rationalisme et d'empirisme, est devenu la philosophie nationale des États-Unis. La méthodologie théorique de Max Eastman ne diffère pas fondamentalement de celle d'Henry Ford : tous deux observent la société vivante du point de vue de l'ingénieur (Eastman, platoniquement). Historiquement, le mépris actuel pour la dialectique s'explique tout simplement par le fait que les grands-pères et les arrière-grands-mères de Max Eastman et d'autres comme lui n'avaient pas besoin de la dialectique pour conquérir de nouveaux territoires et s'enrichir. Mais les temps ont changé et la philosophie pragmatique est entrée dans une période de faillite, tout comme le capitalisme américain.

Les auteurs de l'article n'ont pas montré, ils n'ont pas pu et n'ont pas voulu montrer ce lien interne entre la philosophie et le développement matériel de la société ; et ils ont ouvertement expliqué pourquoi.

« Les deux auteurs de cet article », ont-ils écrit en parlant d'eux-mêmes, « diffèrent radicalement d'opinion à propos de la théorie du matérialisme dialectique en général : l'un d'eux l'accepte, l'autre la rejette. […] Il n'y a là rien d'anormal. Bien qu'on ne puisse douter une seconde que la théorie soit toujours liée à la pratique, d'une manière ou d'une autre, ce lien n'est pas toujours direct et immédiat ; de plus, comme nous avons déjà eu l'occasion de le constater, les êtres humains agissent souvent de manière inconséquente. Chacun des deux auteurs croit que l'autre manque de cohérence au niveau de sa "théorie philosophique" et de son activité politique, ce qui pourrait parfois entraîner des divergences politiques concrètes importantes. Mais ce n'est pas le cas maintenant et personne n'a encore pu prouver qu'être en accord ou en désaccord sur les propositions les plus abstraites du matérialisme dialectique affecte nécessairement les questions politiques concrètes d'aujourd'hui ou de demain. C'est pourtant autour de telles questions concrètes que se fondent les partis politiques, les programmes et les luttes. Nous pouvons tous espérer qu'en poursuivant notre chemin et lorsque nous en aurons le loisir, nous pourrons en arriver à un accord sur les questions les plus abstraites. Mais pour l'instant, il y a la guerre, le fascisme et le chômage. »

Que signifie ce raisonnement franchement stupéfiant ? Puisque, à l'aide d'une mauvaise méthode, *certains* aboutissent *parfois* à des conclusions justes et puisque, à l'aide d'une méthode juste, *certains* aboutissent *peu rarement* à des conclusions erronées, c'est donc... que la méthode est sans importance. Un jour, quand nous en aurons le loisir, nous penserons à la méthode, mais pour l'instant nous avons autre chose à faire. Imaginez comment réagirait un travailleur qui, en se plaignant à son contremaître d'avoir de mauvais outils, entendrait celui-ci lui répondre que l'on peut faire du bon travail avec de mauvais outils et que beaucoup ne font que du gâchis avec de bons outils. Je crains que le travailleur, surtout s'il travaille aux pièces, répondrait de manière fort peu académique. Le travailleur est confronté à des matériaux réfractaires, qui lui opposent une résistance et le forcent à apprécier les outils de bonne qualité ; alors que, hélas, l'intellectuel petit-bourgeois utilise comme outils des observations hâtives et des généralisations superficielles, jusqu'à ce que de grands événements lui assènent un bon coup sur la tête.

Exiger de chaque membre du parti qu'il se livre à l'étude de la philosophie de la dialectique serait bien entendu de la pédanterie stérile. Mais un travailleur qui est passé par l'école de la lutte des classes a acquis par sa propre expérience un penchant pour la pensée dialectique. Même s'il ignore ce terme, il assimile facilement la méthode et ses conclusions. Il n'en est pas de même pour un petit-bourgeois.

Il est vrai que certains petits-bourgeois liés organiquement à des travailleurs adopteront le point de vue prolétarien sans révolution intérieure. Mais ils constituent une minorité insignifiante. Il en va tout autrement pour les petits-bourgeois issus du milieu universitaire. Leurs préjugés théoriques ont acquis une forme définitive sur les bancs d'école. Ayant assimilé toutes sortes de connaissances, utiles ou inutiles, sans le secours de la dialectique, ils s'imaginent qu'ils pourront parfaitement réussir dans la vie sans elle. En réalité, ils ne se passent de la dialectique que dans la mesure où ils ne vérifient pas, n'améliorent pas et ne perfectionnent pas théoriquement leurs outils de pensée, que dans la mesure où ils n'arrivent pas à rompre en pratique avec le cercle étroit de leurs relations quotidiennes. Lorsque confrontés à de grands événements, ils sont facilement perdus et ils retombent dans les ornières du mode de pensée petit-bourgeois.

Faire appel à l'« incohérence » pour justifier un regroupement théorique sans principes, c'est se disqualifier en tant que marxiste. L'incohérence n'est pas le fruit du hasard et en politique elle n'apparaît pas uniquement comme un symptôme individuel. L'incohérence remplit habituellement une fonction sociale. Il y a des groupes sociaux qui ne peuvent être conséquents. Les éléments petits-bourgeois qui ne se sont pas complètement dépouillés de leurs vieilles tendances petites-bourgeoises sont systématiquement contraints de recourir à l'intérieur d'un parti de travailleurs à des compromis théoriques avec leur propre conscience.

L'attitude du camarade Shachtman envers la méthode dialectique, telle qu'exprimée dans l'argumentation citée plus haut, ne peut être qualifiée que de scepticisme éclectique. Il est clair que ce n'est pas à l'école de Marx que Shachtman a contracté cette attitude, mais chez les intellectuels petits-bourgeois, qui considèrent adéquates toutes les variantes de scepticisme.

Avertissement et vérification

Cet article m'a tellement surpris, que j'ai immédiatement écrit au camarade Shachtman : « Je viens de lire l'article que vous avez écrit avec Burnham sur les intellectuels. De nombreux passages sont excellents. Néanmoins, la partie qui porte sur la dialectique représente le plus mauvais coup que vous, personnellement, en tant que rédacteur de *New International*, auriez pu porter à la théorie marxiste. Le camarade Burnham dit : "Je ne reconnais pas la dialectique." C'est clair, chacun se le tient pour dit. Mais vous dites : "Je reconnais la dialectique, mais qu'importe, cela n'a pas la moindre importance." Relisez ce que vous avez écrit. Ce passage est particulièrement désorientant pour les lecteurs de *New International*. Il est le plus précieux cadeau qu'on puisse faire à tous les Eastman de ce monde. Très bien ! Nous en reparlerons publiquement. »

J'ai écrit cette lettre le 20 janvier, quelques mois avant la discussion actuelle. Shachtman ne m'a répondu que le 5 mars, en me disant en fait qu'il ne comprenait pas pourquoi j'en faisait toute une histoire. Le 9 mars, je lui ai répondu : « Je ne nie pas du tout la possibilité de collaborer avec des antidialecticiens, mais je crois qu'il n'est pas sage d'écrire avec eux des articles dans lesquels la question de la dialectique joue ou devrait jouer un rôle très important. La polémique se fait à deux niveaux : politique et théorique. Votre critique politique est valable. Votre critique théorique est insuffisante : elle s'arrête au moment où elle devrait devenir plus agressive. Il s'agit précisément de montrer que leurs erreurs (dans la mesure où il s'agit d'erreurs *théoriques*) découlent de leur incapacité et de leur réticence à penser dialectiquement. On pourrait accomplir cette tâche en remportant un grand succès sur le plan pédagogique. Vous affirmez plutôt que la dialectique est une affaire personnelle et qu'on peut être un très brave type sans être dialecticien. » En se liant à l'antidialecticien Burnham sur *cette* question, Shachtman s'est privé de la possibilité de montrer pourquoi Eastman, Hook et bien d'autres ont commencé avec une lutte philosophique contre la dialectique et ont fini avec une lutte politique contre la révolution socialiste. C'est pourtant là le noeud de la question.

L'actuelle discussion politique au sein du parti a confirmé mes appréhensions et mes avertissements de manière beaucoup plus nette que ce que j'espérais ou plus correctement, que ce que je craignais. Le scepticisme méthodologique de Shachtman a porté ses fruits déplorables sur la question de la nature de l'État soviétique. Il y a un certain temps, sur la base de ses impressions immédiates, Burnham a commencé à édifier, tout-à-fait empiriquement, un État non prolétarien et non bourgeois, liquidant en chemin la théorie marxiste de l'État comme instrument de la domination d'une classe. Contre toute attente, Shachtman a pris une position évasive sur cette question : « Cette question, voyez-vous, mérite réflexion » ; de plus, la définition sociologique de l'URSS n'a pas une importance directe et immédiate pour nos « tâches politiques », un point sur lequel Shachtman est pleinement d'accord avec Burnham. Que les lecteurs relisent une fois encore ce que ces camarades ont écrit concernant la dialectique. Burnham rejette la dialectique, Shachtman semble l'accepter, mais… le don providentiel d'« incohérence » leur permet de partager les mêmes conclusions politiques. *Chacun d'eux adopte une position sur la nature de l'État soviétique qui reproduit, point par point, sa position sur la dialectique.*

Dans les deux cas Burnham joue le rôle dirigeant. Ce n'est pas surprenant, car il *possède* une méthode : le pragmatisme. Shachtman n'a aucune méthode. Il s'adapte à Burnham. Sans assumer toute la responsabilité pour les conceptions antimarxistes de Burnham, il défend son alliance avec lui pour attaquer les conceptions marxistes dans le domaine de la philosophie comme dans celui de la sociologie. Dans chaque cas, Burnham apparaît comme un pragmatiste et Shachtman, comme un éclectique. Cet exemple a le précieux avantage que le parallélisme parfait entre les positions de Burnham et celles de Shachtman, à deux niveaux de pensée différents et sur deux questions de la plus haute importance, sautera aux yeux même des camarades qui n'ont aucune expérience de raisonnement purement théorique. La méthode de pensée peut être dialectique ou vulgaire, consciente ou inconsciente, mais elle existe et se laisse reconnaître.

En janvier dernier, nous avons entendu nos auteurs dire : « Mais ce n'est pas le cas en ce moment et personne n'a encore pu prouver que le fait d'être en accord ou en désaccord sur les propositions les plus abstraites du matérialisme dialectique affecte nécessairement les questions politiques concrètes d'aujourd'hui ou de demain. » Personne ne l'a encore démontré ! Il a suffi d'à peine quelques mois pour que Burnham et Shachtman démontrent eux-mêmes comment leur position sur une « abstraction » comme le matérialisme dialectique s'est manifestée très précisément dans leur attitude face à l'État soviétique.

Il faut reconnaître que ces deux questions sont très différentes, mais la différence, aussi importante soit-elle, est de caractère politique et non théorique. Dans chaque cas, Burnham et Shachtman font bloc sur la base d'un rejet et d'un semi-rejet de la dialectique. Mais dans le premier cas, le bloc décochait ses flèches contre les adversaires du parti prolétarien. Dans le second cas, il s'est formé pour attaquer l'aile marxiste de son parti. Les opérations militaires se sont, pour ainsi dire, déplacées, mais l'arme est restée la même.

Les gens, en vérité, agissent souvent de manière inconséquente. Mais, la conscience humaine recherche néanmoins une certaine cohésion. La philosophie et la logique doivent compter sur cette cohésion de la conscience humaine et non sur son manque de cohésion, c'est-à-dire son incohérence. Burnham ne reconnaît pas la dialectique, mais la dialectique, elle, reconnaît Burnham, c'est-à-dire étend jusqu'à lui le champ de son influence. Shachtman considère que la dialectique n'a pas importance pour tirer des conclusions politiques, mais nous trouvons les fruits amers de son rejet de la dialectique dans ses propres conclusions politiques. Il faudrait citer cet exemple dans tous les manuels de matérialisme dialectique.

L'année dernière, j'ai reçu la visite d'un jeune Anglais, professeur d'économie politique et sympathisant de la Quatrième Internationale. Alors que nous discutions des voies et des moyens de réaliser le socialisme, il manifesta aussitôt ses tendances à l'utilitarisme britannique, dans l'esprit de Keynes et consorts : « Il faut se fixer un but économique clair, choisir les moyens les plus rationnels pour le réaliser », etc. Je lui ai dit : « Vous semblez être contre la dialectique ? » Non sans surprise, il m'a répondu : « Oui, je ne la trouve d'aucune utilité. » « Cependant, lui ai-je rétorqué, la dialectique m'a permis de déterminer immédiatement à quelle catégorie de pensée philosophique vous vous rattachez, à partir de vos quelques remarques sur des questions économiques : c'est déjà là un inestimable service rendu par la dialectique. » Bien que je n'aie plus entendu parler de mon visiteur, je suis pratiquement certain que ce professeur antidialectique est aujourd'hui d'avis que l'URSS n'est pas un État ouvrier, que la « défense inconditionnelle de l'URSS » est une position « dépassée », que nos méthodes organisationnelles sont mauvaises, etc. Si, d'après la façon dont un individu aborde des questions pratiques particulières, on peut déterminer le type général de pensée auquel il se rattache, on peut aussi, connaissant son type général de pensée, prévoir approximativement comment cet individu abordera telle ou telle question pratique. Telle est l'incomparable valeur éducative de la méthode de pensée dialectique.

L'ABC de la dialectique matérialiste

Les sceptiques gangreneux comme Souvarine croient que « personne ne sait » ce qu'est la dialectique. Il y a des « marxistes » qui font des courbettes révérencieuses devant Souvarine et qui espèrent apprendre quelque chose de lui. Et ces marxistes ne se cachent pas seulement dans *Modern Monthly*. Il y a aussi, hélas, un courant souvarinien dans l'actuelle opposition au sein du SWP. Il faut absolument mettre en garde les jeunes camarades : attention à cette infection maligne !

La dialectique n'est ni de la fiction ni du mysticisme. Elle est une science des formes de notre pensée, quand cette pensée ne se limite pas aux soucis de la vie quotidienne mais tente d'appréhender des processus plus étendus et plus complexes. La dialectique est à la logique formelle un peu comme ce que les mathématiques supérieures sont aux mathématiques élémentaires.

Je vais tenter ici de cerner l'essentiel de la question de manière très concise. Dans la logique aristotélicienne, le syllogisme simple part de l'idée que « A » est égal à « A ». On accepte ce postulat, comme on accepte un axiome, pour une multitude d'actions pratiques humaines et pour des généralisations élémentaires. Mais en réalité, « A » n'est pas égal à « A ». C'est facile à démontrer en regardant simplement ces deux lettres à la loupe : elles diffèrent sensiblement. Mais, quelqu'un pourrait objecter qu'il ne s'agit pas ici de la grandeur ou de la forme de ces lettres, puisqu'elles ne sont que des symboles représentant deux quantités égales, par exemple, une livre de sucre. L'objection passe à côté du point ; dans la réalité, une livre de sucre n'est jamais égale à une livre de sucre : une balance plus précise décèlera toujours une différence. Encore là, quelqu'un pourrait rétorquer : pourtant une livre de sucre est bien égale à elle-même. Cela non plus n'est pas vrai : tous les corps changent constamment de dimension, de poids, de couleurs, etc. Ils ne sont jamais égaux à eux-mêmes. Un sophiste répliquera alors qu'une livre de sucre est égale à elle-même « à un instant donné ». Mise à part la valeur pratique très douteuse d'un tel « axiome », il ne résiste pas non plus à la critique théorique. Comment en effet définir le mot « instant » ? S'il s'agit d'une fraction de temps infinitésimale, la livre de sucre subira inévitablement des changements pendant cet « instant ». Ou bien l'instant n'est-il qu'une pure abstraction mathématique, c'est-à-dire qu'il représente un temps nul ? Mais tout existe dans le temps ; et l'existence elle-même n'est qu'un processus ininterrompu de transformation ; le temps est donc l'élément fondamental de l'existence. Et l'axiome « A » est égal à « A » signifie que toute chose est égale à elle-même si elle ne change pas, c'est-à-dire si elle n'existe pas.

Au premier abord, de telles « subtilités » pourraient sembler inutiles. En réalité elles sont très importantes. L'axiome « A » est égal à « A » semble, d'une part, être la source de tout notre savoir, mais d'autre part, il est également la source de tous les aspects erronés de nos connaissances. On ne peut manier impunément l'axiome « A » est égal à « A » qu'à l'intérieur de limites restreintes. Quand les changements quantitatifs de « A » sont négligeables pour la tâche qui nous intéresse, alors nous pouvons admettre que « A » est égal à « A ». C'est ainsi, par exemple, que le vendeur et l'acheteur voient une livre de sucre. C'est ainsi que nous considérons la température du soleil. C'est ainsi que nous considérions le pouvoir d'achat du dollar jusqu'à tout récemment. Mais des changements quantitatifs, au-delà d'une certaine limite, deviennent des changements qualitatifs. La livre de sucre arrosée d'eau ou d'essence cesse d'être une livre de sucre. Le dollar, sous l'action d'un président, cesse d'être un dollar. Dans tous les domaines de la connaissance, y compris la sociologie, une des tâches les plus importantes et les plus difficiles consiste à saisir à temps l'instant critique où la quantité se change en qualité.

Tout travailleur sait qu'il est impossible de faire deux objets absolument identiques. Pour l'usinage des cônes de roulement à bille on admet un certain écart inévitable, mais qui doit rester dans certaines limites (c'est ce qu'on appelle la tolérance). Tant qu'on se tient à l'intérieur des limites de la tolérance, les cônes sont considérés comme égaux (« A » est égal à « A »). Si on franchit ces limites, la quantité se transforme en qualité ; autrement dit, les cônes perdent de leur valeur ou deviennent complètement inutilisables.

Notre pensée scientifique n'est qu'une partie de notre activité pratique générale, y compris de nos techniques. Pour les concepts aussi il y a des « tolérances », établies non par la logique formelle, pour qui « A » est égal à « A », mais par la logique issue de l'axiome selon lequel tout change constamment. Le « sens commun » se caractérise par le fait qu'il franchit systématiquement la « tolérance » dialectique.

La pensée vulgaire opère avec des concepts tels que le capitalisme, la morale, la liberté, l'État ouvrier, etc., qu'elle considère comme des abstractions immuables, en présumant que le capitalisme est identique au capitalisme, que la morale est identique à la morale, etc. La pensée dialectique examine toutes les choses et tous les phénomènes dans leur perpétuel changement, en déterminant, à partir des conditions matérielles de ces changements, le point critique au-delà duquel « A » cesse d'être « A », un État ouvrier cesse d'être un État ouvrier.

La principale lacune de la pensée vulgaire, c'est qu'elle cherche à se satisfaire de l'empreinte inerte d'une réalité qui, elle, est en perpétuel mouvement. En précisant, en corrigeant, en concrétisant constamment les concepts, la pensée dialectique leur confère une grande richesse et une grande souplesse ; j'irais même jusqu'à dire, qu'elle leur donne une saveur qui les rapproche des phénomènes vivants. Non pas le capitalisme en général, mais un certain capitalisme, à un stade déterminé de développement. Non pas un État ouvrier en général, mais un État ouvrier bien précis, dans un pays arriéré encerclé par l'impérialisme, etc.

La pensée dialectique est à la pensée vulgaire ce que le cinéma est à la photographie. Le cinéma ne rejette pas la photo, mais en combine une série selon les lois du mouvement. La dialectique ne rejette pas le syllogisme, mais nous enseigne à combiner les syllogismes de façon à nous aider à mieux comprendre la réalité éternellement changeante. Dans sa *Logique,* Hegel a établi une série de lois : le changement de la quantité en qualité, le progrès à travers les contradictions, le conflit entre la forme et le contenu, l'interruption de la continuité, le passage du possible à l'inévitable, etc., qui sont aussi importantes pour la pensée théorique que le simple syllogisme pour des tâches plus élémentaires.

Hegel a écrit avant Darwin et avant Marx. Grâce à l'impulsion puissante que la Révolution française a donnée à la pensée, Hegel a anticipé en philosophie le mouvement général de la science. Mais précisément parce qu'il s'agissait d'une *anticipation*, elle a pris chez Hegel un caractère idéaliste, même si elle venait d'un génie. Hegel opérait avec des ombres idéologiques, comme si elles étaient la réalité suprême. Marx a montré que le mouvement de ces ombres idéologiques ne reflétait rien d'autre que le mouvement de corps matériels.

Nous disons de notre dialectique qu'elle est matérialiste, parce que ses racines ne sont ni dans les cieux ni dans les profondeurs de notre « libre arbitre », mais dans la réalité objective, dans la nature. La conscience est née de l'inconscient, la psychologie de la physiologie, le monde organique de l'inorganique, le système solaire des nébuleuses. À tous les échelons de cette échelle du développement, les changements quantitatifs se sont transformés en changements qualitatifs. Notre pensée, y compris notre pensée dialectique, n'est qu'une des manifestations de la matière changeante. Dans ce système, il n'y a place ni pour Dieu, ni pour le diable, ni pour l'âme immortelle, ni pour les normes éternelles du droit et de la morale. La dialectique de la pensée ayant surgi de la dialectique de la nature, elle a par conséquent un caractère entièrement matérialiste.

Le darwinisme, qui a expliqué l'origine des espèces par le fait que des transformations d'abord quantitatives sont devenues qualitatives, a constitué le plus grand triomphe de la dialectique dans tout le domaine de la matière organique. Un autre grand triomphe fut la découverte du tableau périodique des éléments, puis celle de la transformation d'un élément en un autre.

La question de la classification, qui est aussi importante dans les sciences naturelles que dans les sciences sociales, est étroitement liée à ces transformations (des espèces, des éléments, etc.). Le système de Linné (18e siècle), prenant comme point de départ l'immutabilité des espèces, se limitait à décrire et à classifier les plantes à partir de leur aspect extérieur. L'enfance de la botanique a été semblable à celle de la logique, car les formes de notre pensée se développent, comme tout ce qui vit. Ce n'est qu'en rejetant de manière décisive l'idée que les espèces sont immuables et qu'en étudiant l'histoire de l'évolution des plantes et de leur anatomie, qu'on a pu créer les fondations d'une classification réellement scientifique.

Marx, qui à la différence de Darwin, était un dialecticien conscient, a découvert la base d'une classification scientifique des sociétés humaines dans le développement des forces productives et la structure des relations de propriété, qui constituent l'anatomie d'une société. Le marxisme a substitué la classification matérialiste dialectique à la classification descriptive vulgaire des sociétés et des États, qui, aujourd'hui encore, continue de fleurir dans les universités. Ce n'est qu'en utilisant la méthode de Marx qu'on peut définir correctement aussi bien le concept d'État ouvrier que le moment de sa chute.

Dans tout cela, nous le voyons, il n'y a rien de « métaphysique » ou de « scolastique », comme l'affirme l'ignorance vaniteuse. La logique dialectique exprime les lois du mouvement dans la pensée scientifique contemporaine. Au contraire, la lutte contre la dialectique matérialiste reflète un lointain passé, le conservatisme de la petite bourgeoisie, l'arrogance des universitaires routiniers et... un soupçon d'espoir qu'il existe un au-delà.

La nature de l'URSS

La définition de l'URSS que donne le camarade Burnham, « un État non ouvrier, non bourgeois », est purement négative, détachée de la chaîne du développement historique, suspendue en l'air, sans le moindre élément de sociologie. Elle constitue tout simplement une capitulation théorique du pragmatisme face à un phénomène historique *contradictoire*.

Si Burnham avait été un matérialiste dialectique, il aurait exploré les trois questions suivantes : 1) Quelle est l'origine historique de l'URSS ? 2) Quels changements a subis cet État au cours de son existence ? 3) Ces changements sont-ils passés du stade quantitatif au stade qualitatif, autrement dit, ont-ils créé les conditions pour que la domination d'une nouvelle classe exploiteuse devienne historiquement nécessaire ? En répondant à ces questions, Burnham aurait été contraint de tirer l'unique conclusion possible : l'URSS est toujours un État ouvrier dégénéré.

La dialectique n'est pas un passe-partout magique pour toutes les questions. Elle ne remplace pas l'analyse scientifique concrète. Mais elle oriente cette analyse dans la bonne voie, lui évite d'errer vainement dans le désert du subjectivisme et de la scolastique.

Bruno R. range le régime soviétique et les régimes fascistes dans une même catégorie, le « collectivisme bureaucratique », parce que l'URSS, l'Italie et l'Allemagne sont gouvernées par des bureaucraties ; on y trouve ici et là des éléments de planification ; dans un cas la propriété privée est liquidée, dans l'autre, elle est limitée, etc. Ainsi, sur la base d'une similitude *relative* de *certaines* caractéristiques extérieures d'origine *différente*, d'un poids spécifique *différent*, d'une signification de classe *différente*, on établit *l'identité* fondamentale de deux régimes sociaux, exactement dans l'esprit des professeurs bourgeois qui conçoivent des catégories comme l'« économie contrôlée », l'« État centralisé », sans se soucier le moindrement de la nature de classe de l'un et de l'autre. En ce qui concerne la classification sociale, Bruno R. et ceux qui partagent ses vues ou qui les partagent à moitié, comme Burnham, se cantonnent au mieux dans le cadre d'une classification du niveau de Linné qui, rappelons-le, avait cependant l'excuse d'avoir vécu avant Hegel, Darwin et Marx.

Encore pires et plus dangereux peut-être sont les éclectiques qui déclarent que le caractère de classe de l'État soviétique « n'importe pas » et qu'il faut définir l'axe de notre politique en fonction du « caractère de la guerre ». Comme si la guerre était d'une nature indépendante, suprasociale ; comme si le caractère de la guerre n'était pas déterminé par le caractère de la classe dirigeante, c'est-à-dire par le même facteur social qui détermine également le caractère de l'État. Il est étonnant de voir avec quelle facilité certains camarades oublient l'ABC du marxisme, sous le coup des événements !

Il n'est pas étonnant que les théoriciens de l'opposition, qui refusent de penser dialectiquement, capitulent lamentablement devant la nature contradictoire de l'URSS. Pourtant la contradiction entre les fondements socialistes établis par la révolution et le caractère de la caste, qui est issue de la dégénérescence de la révolution, est non seulement un fait historique indiscutable, mais encore un élément moteur. C'est sur cette contradiction que nous nous appuyons dans notre lutte pour renverser la bureaucratie. Pendant ce temps quelques gauchistes en sont venus à émettre des absurdités absolues, comme l'idée que, pour renverser l'oligarchie bonapartiste, il faut sacrifier les fondements sociaux de l'URSS. Il ne leur vient pas à l'esprit que l'URSS moins les fondements sociaux issus de la révolution d'Octobre, ce serait un régime fasciste.

Évolution et dialectique

Le camarade Burnham protestera sans doute que, comme évolutionniste, il ne s'intéresse pas moins que nous, dialecticiens, au développement des formes de société et d'État. Nous ne nierons pas cela. Depuis Darwin, tout homme cultivé se targue d'être « évolutionniste ». Mais le véritable évolutionniste doit appliquer l'idée de l'évolution à ses propres formes de pensée. La logique élémentaire, fondée à l'époque où l'idée même d'évolution était à peu près inexistante, est évidemment insuffisante pour analyser des processus évolutifs. La logique de Hegel est la logique de l'évolution.

Mais il faut se rappeler que le concept même d'« évolution » a été complètement déformé et mutilé par les professeurs d'université et les auteurs libéraux, qui l'utilisent pour parler de « progrès » pacifique. Celui qui a compris que l'évolution procède à travers la lutte de forces antagonistes ; qu'une lente accumulation de changements en arrive au point de faire éclater la vieille coquille et provoque une catastrophe, une révolution ; celui qui a appris enfin à appliquer les lois générales de l'évolution à la pensée elle-même, celui-là est un dialecticien, à la différence des vulgaires évolutionnistes. L'entraînement dialectique de l'esprit, qui est aussi nécessaire à un combattant révolutionnaire que les gammes le sont à un pianiste, exige qu'on aborde toutes les questions comme des *processus* et non comme des *catégories immuables*. Cependant les évolutionnistes vulgaires, qui n'admettent généralement l'évolution que dans certains domaines, se contentent pour tout le reste des banalités du « sens commun ».

Le libéral américain, qui a fini par accepter l'existence de l'URSS ou plus exactement de la bureaucratie de Moscou, considère ou au moins considérait jusqu'au pacte germano-soviétique que le régime soviétique dans son ensemble est un « fait progressiste », que les traits négatifs de la bureaucratie (« Ils existent bien évidemment ! ») se résorberont progressivement et qu'ainsi un « progrès » pacifique et indolore est assuré.

Un vulgaire petit-bourgeois radical ressemble au « progressiste » libéral en ceci qu'il prend l'URSS comme un tout, sans comprendre sa dynamique et ses contradictions internes. Quand Staline a conclu une alliance avec Hitler, quand il a envahi la Pologne et maintenant la Finlande, les vulgaires radicaux ont triomphé : les méthodes du stalinisme et du fascisme se révélaient identiques ! Ils se sont cependant trouvés en difficulté quand le nouveau pouvoir a appelé la population à exproprier les propriétaires terriens et les capitalistes : ils n'avaient aucunement envisagé cette éventualité ! Cependant les mesures sociales révolutionnaires, appliquées par des méthodes bureaucratiques et militaires, non seulement n'ont pas remis en cause *notre* définition dialectique de l'URSS comme État ouvrier dégénéré, mais au contraire l'ont confirmée de la manière la plus irréfutable. Au lieu d'utiliser ce triomphe de l'analyse marxiste pour mener un travail persévérant d'agitation, les opposants petits-bourgeois se sont mis à crier avec une légèreté vraiment criminelle que les événements avaient réfuté notre pronostic, que les vieux schémas ne s'appliquaient plus, qu'il fallait trouver de nouveaux mots. Quels mots ? Voilà ce qu'ils n'ont pas encore eux-mêmes décidé.

La défense de l'URSS

Nous avons commencé par la philosophie, puis nous sommes passés à la sociologie. Il est apparu que, dans ces deux domaines, les deux dirigeants les plus en vue de l'opposition ont adopté, dans un cas, une position antimarxiste, dans l'autre, une position éclectique. Si nous en venons à la politique, plus précisément à la question de la défense de l'URSS, nous irons aussi de surprise en surprise.

L'opposition a découvert que notre formule de « défense inconditionnelle de l'URSS », la formule de notre programme, est « vague, abstraite et dépassée (!?) ». Malheureusement elle n'explique pas dans quelles « conditions » futures elle sera prête à défendre les conquêtes de la révolution. Pour que sa nouvelle formule soit un peu sensée, l'opposition tente de représenter les choses comme si, jusqu'à présent, nous avions « inconditionnellement » défendu la politique internationale du gouvernement du Kremlin, avec son Armée rouge et son GPU. Tout est sens dessus dessous ! En réalité, il y a longtemps que nous ne défendons plus la politique internationale du Kremlin, même conditionnellement, et cela est particulièrement vrai depuis que nous proclamons ouvertement la nécessité de renverser l'oligarchie du Kremlin par une insurrection ! Une orientation erronée non seulement dénature les tâches actuelles mais oblige aussi à projeter un éclairage trompeur sur son propre passé.

Dans l'article déjà cité de *New International*, en parlant d'un groupe d'intellectuels désenchantés, Burnham et Shachtman l'ont appelé avec esprit « la Ligue des espoirs abandonnés ». Et ils ont demandé avec insistance quelle serait la position de cette malheureuse ligue en cas de conflit militaire entre un pays capitaliste et l'Union soviétique. « Nous saisissons cette occasion, ont-ils écrit, pour exiger de Hook, de Eastman et de Lyons qu'ils se prononcent *sans équivoque* sur la question de la défense de l'URSS contre une attaque lancée par Hitler, le Japon ou même… l'Angleterre. » Burnham et Shachtman n'ont mis aucune « condition », ils n'ont défini aucune circonstance « concrète » et ils ont exigé en même temps une réponse « sans équivoque ». « La Ligue des espoirs abandonnés s'abstiendrait-elle aussi de prendre position ou se déclarerait-elle neutre ? ont-ils ajouté. En un mot est-elle pour la défense de l'Union soviétique contre l'agression impérialiste, *indépendamment et en dépit du régime stalinien* ? » (Souligné par moi.) Précieuse citation ! C'est précisément ce que dit notre programme. En janvier 1939, Burnham et Shachtman étaient pour la défense inconditionnelle de l'URSS et définissaient très justement ce que cela signifie : « indépendamment et en dépit du régime stalinien ». Et pourtant, lorsque cet article a été écrit, nous avions déjà tiré jusqu'au bout toutes les leçons de la révolution espagnole. Le camarade Cannon a parfaitement raison de dire que le stalinisme a joué en Espagne un rôle infiniment plus criminel qu'en Pologne ou en Finlande. Dans le premier cas, la bureaucratie a étranglé la révolution socialiste en employant des méthodes de bourreau. Dans le second, elle a impulsé la révolution socialiste par des méthodes bureaucratiques. Pourquoi, Burnham et Shachtman se sont-ils eux-mêmes rapprochés de manière tellement inattendue des positions de la « Ligue des espoirs abandonnés » ? Pourquoi ? Nous ne pouvons concevoir les références prodigieusement abstraites de Shachtman aux « faits concrets » comme une quelconque explication. Pourtant, tout cela n'est pas difficile à expliquer. La participation du Kremlin au camp républicain avait le soutien de la démocratie bourgeoise du monde entier. L'activité de Staline en Pologne et en Finlande suscite la ferme réprobation de cette même démocratie. En dépit de toutes ses formules tapageuses, l'opposition n'est qu'un reflet, au sein du Parti socialiste des travailleurs, de l'humeur de la petite-bourgeoisie « de gauche ». Ce fait est, malheureusement, irréfutable.

« Ces messieurs », ont écrit Burnham et Shachtman au sujet de la Ligue des espoirs abandonnés, « sont très fiers de penser qu'ils apportent quelque chose de "nouveau", qu'ils "réévaluent la question à la lumière de nouvelles expériences", qu'ils ne sont pas des "dogmatistes" (conservateurs ? — L. T.) qui refusent de mettre en question leurs "positions fondamentales", etc. Comme ils se dupent eux-mêmes misérablement ! Aucun d'entre eux n'a mis en lumière des faits nouveaux, aucun n'a aidé à mieux comprendre le présent ou le futur. » Citation étonnante ! Ne devrions-nous pas ajouter un chapitre à leur article « Intellectuels en retraite » ? J'offre ma collaboration à Shachtman...

Comment se peut-il que des gens de valeur comme Burnham et Shachtman, indubitablement dévoués à la cause du prolétariat, puissent en arriver à craindre à ce point ces messieurs de la Ligue des espoirs abandonnés, qui ne sont pourtant pas du tout terrifiants ? Sur le plan purement théorique, la réponse réside dans la méthode erronée utilisée par Burnham et le rejet de toute méthode par Shachtman. Une bonne méthode non seulement aide à obtenir des résultats exacts, mais, en liant chaque nouvelle conclusion aux précédentes par une chaîne continue, elle fait aussi entrer ce résultat dans la mémoire. Si on tire des conclusions politiques de manière empirique, si on proclame que l'incohérence est un avantage, alors, inévitablement, le système politique marxiste cède la place à l'impressionnisme si caractéristique des intellectuels petits-bourgeois. Chaque nouvelle tournure des événements prend au dépourvu l'impressionniste empirique, le contraint à oublier ce qu'il a écrit la veille et suscite chez lui le désir d'employer de nouvelles formules avant que de nouvelles idées surgissent dans sa tête.

La guerre entre la Finlande et l'URSS *

La résolution de l'opposition sur la guerre entre la Finlande et l'URSS est un texte qu'auraient pu signer,

---

* Les troupes soviétiques ont attaqué la Finlande le 30 novembre 1939. L'invasion s'enlisa face à une forte résistance initiale. En mars 1940, un traité fut signé cédant des parties du sud-est de la Finlande à l'Union Soviétique.

peut-être avec quelques petits changements, les bordiguistes, Vereecken, Sneevliet, Fenner Brockway, Marceau Pivert et leurs semblables, mais en aucun cas des bolcheviks-léninistes. Fondée exclusivement sur les caractéristiques de la bureaucratie soviétique et sur le fait qu'il y a eu une « invasion », la résolution est totalement vide de tout contenu social. Elle place la Finlande et l'URSS sur le même plan et, sans la moindre ambigüité, elle « condamne, rejette et fustige *les deux* gouvernements et leurs armées ». Cependant, comme si quelque chose n'allait pas, la résolution, de manière inattendue et sans aucun lien avec le reste du texte, ajoute : « En appliquant cette perspective [!], la Quatrième Internationale bien entendu [ce « bien entendu » est une pure merveille !] tiendra compte [!] du fait que les relations économiques ne sont pas les mêmes en Finlande et en Russie. » Chaque mot est une perle. Par circonstances « concrètes », nos amateurs de faits « concrets » parlent d'abord de la situation militaire et des besoins des masses et seulement en troisième lieu des régimes économiques différents. La résolution n'explique d'aucune manière comment précisément on « tiendra compte » de ces trois circonstances « concrètes ». Si, par rapport à la guerre, l'opposition condamne également « les deux gouvernements et leurs armées », on ne voit pas comment elle « tiendra compte » des différences dans la situation militaire et les régimes sociaux. Décidément, tout cela demeure incompréhensible.

Afin de mieux punir les staliniens pour leurs incontestables crimes, la résolution, suivant en cela les démocrates petits-bourgeois de toutes nuances, ne souffle mot du fait que l'Armée rouge exproprie les grands propriétaires terriens en Finlande et qu'elle y introduit le contrôle ouvrier, préparant ainsi l'expropriation des capitalistes.

Demain les staliniens étrangleront les travailleurs finlandais. Mais aujourd'hui ils donnent — ils sont contraints de le faire — une formidable impulsion à la lutte de classe sous sa forme la plus aigüe. Les chefs de l'opposition fondent leur politique non sur le processus « concret », tel qu'il se développe en Finlande, mais sur des abstractions démocratiques et de nobles sentiments.

À la guerre entre la Finlande et l'URSS commence apparemment à s'ajouter une guerre civile, dans laquelle l'Armée rouge se retrouve pour l'instant dans le même camp que les petits paysans et travailleurs finlandais, tandis que l'armée finlandaise bénéficie du soutien des classes possédantes, de la bureaucratie syndicale conservatrice et des impérialistes anglo-saxons. Les espoirs qu'éveille l'Armée rouge chez les masses pauvres finlandaises ne seront, en l'absence de révolution internationale, qu'une illusion ; la collaboration de l'Armée rouge avec les masses exploitées sera temporaire ; le Kremlin retournera bientôt ses armes contre les travailleurs et les paysans finlandais. Nous savons tout cela d'avance et nous le disons ouvertement, en guise d'avertissement. Mais dans cette guerre civile « concrète » qui se déroule en Finlande, quelle position « concrète » doivent prendre les partisans de la Quatrième Internationale ? Si, en Espagne, ils se sont battus dans le camp républicain, en dépit du fait que les staliniens étouffaient la révolution socialiste, à plus forte raison, en Finlande, doivent-ils se trouver dans le camp où les staliniens sont forcés de soutenir l'expropriation des capitalistes.

Nos novateurs dissimulent les lacunes dans leur position en employant des expressions violentes. Ils qualifient d'« impérialiste » la politique de l'URSS en Finlande. Quel enrichissement pour la science ! À partir de maintenant, il faudra qualifier d'« impérialistes » aussi bien la politique extérieure du capital financier que la politique consistant à exproprier le capital financier. Voilà qui facilitera considérablement la compréhension et la formation de classe des travailleurs ! Mais en même temps, s'écriera notre, disons, bouillant Stanley, le Kremlin soutient la politique du capital financier en Allemagne ! Cette objection consiste à remplacer une question par une autre, en dissolvant le concret dans l'abstrait (l'erreur habituelle de la pensée vulgaire).

Si demain Hitler est obligé de fournir des armes aux Indiens insurrectionnels, les travailleurs révolutionnaires allemands devront-ils s'opposer à cette action concrète par des grèves ou du sabotage ? Au contraire, ils devront s'assurer que les insurgés recevront ces armes le plus rapidement possible. Espérons que *cela* est clair pour Stanley. Mais cet exemple est purement hypothétique. Nous l'utilisons pour montrer que, dans certaines conditions, même un gouvernement fasciste du capital financier peut être contraint de soutenir un mouvement révolutionnaire national (pour mieux l'étrangler le lendemain). Hitler ne soutiendrait une révolution prolétarienne, par exemple en France, dans aucune circonstance. Quant au Kremlin, il est aujourd'hui obligé de provoquer un mouvement social révolutionnaire en Finlande (pour tenter demain de l'étrangler politiquement). Dans ce cas, c'est une situation qui n'est pas hypothétique, mais bien réelle. Employer le terme général d'impérialisme pour décrire un mouvement révolutionnaire social particulier pour la seule raison qu'il est suscité, mutilé et en même temps étranglé par le Kremlin, c'est faire preuve d'indigence théorique et politique.

Il faut ajouter qu'accorder au concept d'impérialisme un sens qu'il n'a pas n'a même pas l'attrait de la nouveauté. Aujourd'hui, les « démocrates », tout comme la bourgeoisie des pays démocratiques, qualifient la politique soviétique d'impérialiste. Le but de la bourgeoisie est évident : faire disparaître les contradictions sociales entre l'expansion capitaliste et l'expansion soviétique, dissimuler la question de la propriété et par là même aider le véritable impérialisme. Quel but Shachtman et les autres poursuivent-ils ? Ils ne le savent pas eux-mêmes. Leurs innovations terminologiques ne les mènent objectivement qu'à s'éloigner du vocabulaire marxiste de la Quatrième Internationale et à se rapprocher du vocabulaire des « démocrates ». Ce fait, hélas, témoigne une fois de plus de l'extrême sensibilité de l'opposition à la pression de l'opinion publique petite-bourgeoise.

La « question de l'organisation »

Dans les rangs de l'opposition, on entend de plus en plus souvent : « La question russe n'a pas en soi une grande importance ; ce qui est le plus important, c'est de changer le régime du parti. » Il faut comprendre que changer le régime du parti signifie changer sa direction ou plus exactement éliminer Cannon et ses collaborateurs les plus proches des postes de direction. Ces voix tonitruantes montrent que la tendance à lutter contre la « fraction de Cannon » a précédé les « événements concrets » que mentionnent Shachtman et les autres pour expliquer leur changement d'attitude. En même temps, ces voix nous rappellent toute une série de groupuscules d'opposition qui ont entrepris des luttes à différentes occasions, mais qui, lorsque les fondements de leurs principes ont commencé à s'affaisser sous leurs pieds, ont concentré toute leur attention sur la prétendue « question de l'organisation ». C'est exactement ce qui est arrivé avec Molinier, Sneevliet, Vereecken et bien d'autres. Si désagréables que ces précédents puissent paraître, on ne peut les passer sous silence.

Il serait pourtant faux de croire que ce déplacement de la lutte vers la « question de l'organisation » n'est qu'une simple « manoeuvre » dans la lutte fractionnelle. Non, l'opposition ressent profondément, quoique confusément, que les questions en litige ne se limitent pas à la « question russe », mais qu'elles touchent plutôt toute leur approche aux questions politiques en général, y compris les méthodes pour construire le parti. Et c'est vrai, en un certain sens.

Nous aussi avons tenté de démontrer ci-dessus que la discussion ne porte pas seulement sur la question russe, mais encore davantage sur le mode de pensée de l'opposition, qui a ses racines sociales. L'opposition est sous l'emprise des humeurs et des tendances de la petite-bourgeoisie. Voilà le coeur de la question.

Nous avons très clairement vu l'influence idéologique d'une autre classe dans les cas de Burnham (pragmatisme) et de Shachtman (éclectisme). Nous n'avons pas considéré d'autres dirigeants, comme le camarade Abern, parce qu'en règle générale il ne participe pas aux discussions de fond, se limitant au domaine de la « question de l'organisation ». Cela ne signifie pourtant pas qu'Abern soit sans importance. Au contraire, on peut dire que Burnham et Shachtman ne sont que les amateurs de l'opposition, alors qu'Abern en est l'expert incontestable. Abern est le seul à avoir son propre groupe traditionnel, qui est né dans le vieux Parti communiste et qui s'est cimenté dans la première période de l'existence indépendante de l'« Opposition de gauche ». Tous ceux qui ont des motifs divers de critique et de mécontentement s'accrochent à ce groupe.

Toute lutte de fraction sérieuse dans un parti est toujours, en dernière analyse, un reflet de la lutte des classes. La fraction majoritaire a démontré dès le début que l'opposition dépend idéologiquement de la démocratie bourgeoise.

L'opposition quant à elle, en raison précisément de son caractère petit-bourgeois, ne tente même pas de chercher les racines sociales du camp adverse.

L'opposition a engagé une dure lutte de fraction qui paralyse le parti à un moment extrêmement critique. Pour qu'une telle lutte soit justifiée, et non impitoyablement condamnée, il faudrait qu'elle ait des fondements très sérieux et très profonds. Pour un marxiste, ces fondements ne peuvent avoir qu'un caractère de *classe*. Avant d'entreprendre leur lutte acharnée, les dirigeants de l'opposition étaient tenus de se poser la question suivante : de quelle classe non prolétarienne la majorité du Comité national subit-elle l'influence ? Pourtant, l'opposition n'a jamais rien tenté pour en arriver à évaluer ainsi le contenu de classe des divergences. Elle n'a vu que du « conservatisme », des « erreurs », de « mauvaises méthodes » et d'autres lacunes psychologiques, intellectuelles et techniques. L'opposition ne s'intéresse pas à la nature de classe de la fraction adverse, pas plus qu'elle ne s'intéresse à la nature de classe de l'URSS. Ce fait suffit à lui seul à dévoiler le caractère petit-bourgeois de l'opposition, avec ses éléments de pédantisme académique et de subjectivisme journalistique.

Pour arriver à comprendre quelles classes ou couches se reflètent dans une lutte de fraction, il faut étudier la lutte entre les deux fractions d'un point de vue historique. Les membres de l'opposition qui affirment qu'il n'y a « rien de commun » entre l'actuelle lutte de fraction et celles qui l'ont précédée manifestent un fois de plus leur attitude superficielle envers la vie de leur propre parti. Le noyau central de l'opposition est celui qui s'était regroupé autour de Muste et de Spector il y a trois ans. Le noyau central de la majorité est celui qui s'était regroupé autour de Cannon. Parmi les dirigeants, seuls Shachtman et Burnham ont changé de camp. Mais ces changements individuels, aussi importants qu'ils puissent être, ne modifient pas le caractère général de chacun des deux groupes. Je ne m'étendrai pourtant pas sur l'évolution historique de la lutte de fraction. Je renvoie le lecteur à l'article excellent à tous égards de Joseph Hansen, « Méthodes d'organisation et principes politiques » *.

Si l'on fait abstraction de tout ce qui est fortuit, personnel ou épisodique, si l'on réduit les regroupements actuels en lutte à leurs caractéristiques fondamentales, il est indiscutable que la lutte la plus conséquente est celle du camarade Abern contre le camarade Cannon. Abern représente dans cette lutte un groupe propagandiste, petit-bourgeois par sa composition, uni par des liens personnels anciens et qui a un caractère presque familial. Cannon représente le parti prolétarien en formation. Le droit historique dans cette lutte est entièrement du côté de Cannon, indépendamment de quelles fautes ou erreurs ont pu être commises.

Quand les représentants de l'opposition lancent à cors et à cris que « la direction a fait faillite », que « les pronostics n'ont pas été vérifiés », que « les événements nous ont pris au dépourvu », qu'« il faut changer de mots d'ordre », tout cela sans faire le moindre effort pour réfléchir sérieusement à la question, ils agissent fondamentalement comme des défaitistes du parti. Cette conduite déplorable s'explique par l'irritation et la peur que ressent le vieux groupe propagandiste face aux nouvelles tâches et aux rapports nouveaux dans le parti. La sentimentalité des liens personnels ne veut pas faire place au sens du devoir et à la discipline. Le parti a maintenant comme tâche de rompre les vieux liens de groupe et d'intégrer les

---

* L'article « Organizational Methods and Political Principles » est paru en anglais dans Joseph Hansen, *The Abern Clique*, Pathfinder, New York, 1972.

meilleurs éléments du passé propagandiste dans le parti prolétarien. Il s'agit d'inspirer un esprit de parti tel que personne n'osera dire : « Ce qui est réellement en jeu, ce n'est pas tant la question russe, mais le fait que nous nous sentons mieux, plus à l'aise, sous la direction d'Abern que sous celle de Cannon. »

Je ne suis pas arrivé à cette conclusion hier. Je l'ai exprimée des dizaines et des centaines de fois dans mes conversations avec des camarades du groupe de Abern. J'ai invariablement souligné la composition petite-bourgeoise de ce groupe. J'ai proposé instamment et fréquemment que les compagnons de route petits-bourgeois qui ont démontré qu'ils sont incapables de recruter des travailleurs pour le parti perdent leur statut de membre pour passer à celui de stagiaire. Les lettres personnelles, les conversations et les mises en garde n'ont servi à rien, comme l'ont montré les événements ultérieurs ; on apprend rarement de l'expérience d'autrui. L'antagonisme entre deux couches du parti et deux époques de son développement a alors surgi et a pris le caractère d'une lutte de fraction acharnée. Il ne reste plus qu'à donner une opinion claire et nette à tout le parti américain et à toute l'Internationale. « L'amitié, c'est l'amitié, mais le devoir, c'est le devoir », dit un proverbe russe.

On peut se poser la question suivante : si l'opposition est une tendance petite-bourgeoise, cela signifie-t-il que l'unité du parti est impossible ? Car comment réconcilier une tendance petite-bourgeoise et une tendance prolétarienne ? Poser ainsi la question, c'est porter un jugement unilatéral, non dialectique et par conséquent faux. Dans cette discussion, l'opposition a clairement manifesté ses caractéristiques petites-bourgeoises. Cela ne signifie pas qu'elle n'ait pas d'autres caractéristiques. La majorité des membres de l'opposition sont profondément dévoués à la cause du prolétariat et capables d'apprendre. Liés aujourd'hui à un milieu petit-bourgeois, ils peuvent demain se lier au prolétariat. En acquérant plus d'expérience, ceux qui sont inconséquents peuvent devenir plus conséquents. Quand le parti attirera des milliers de travailleurs, même les professionnels de la lutte de factions pourront se rééduquer dans l'esprit de la discipline prolétarienne. Il faut leur en laisser le temps. Voilà pourquoi la proposition du camarade Cannon de laisser la discussion libre de toute menace de scission, d'exclusion etc., était tout à fait juste et opportune.

Il n'en est pas moins certain que si le parti dans son ensemble prenait le chemin de l'opposition, il pourrait être complètement détruit. L'opposition en tant que telle n'est pas capable de donner au parti une direction marxiste. L'actuelle majorité du Comité national exprime d'une façon infiniment plus conséquente, plus sérieuse, plus profonde, les tâches prolétariennes du parti que la minorité. C'est précisément pourquoi la majorité n'a strictement aucun intérêt à mener la lutte jusqu'à la scission : les idées justes triompheront. Mais les éléments sains de l'opposition ne peuvent pas non plus souhaiter la scission : le passé a très clairement montré que tous les groupes improvisés qui ont rompu avec la Quatrième Internationale se sont condamnés eux-mêmes à la stérilité et à la décomposition. Voilà pourquoi on peut entrevoir le prochain congrès du parti sans crainte aucune. Il rejettera les nouveautés antimarxistes de l'opposition et assurera l'unité du parti.

11

Lettre à John G. Wright‡

LE 19 DÉCEMBRE 1939

Cher ami,

J'ai lu votre lettre à Joe. Je partage entièrement votre opinion sur la nécessité d'un combat théorique et politique ferme et même implacable contre les tendances petites-bourgeoises de l'opposition. Vous verrez en lisant mon plus récent article, qui vous sera posté par avion demain, que je caractérise les divergences de l'opposition plus sévèrement même que ne l'a fait la majorité. Mais, en même temps, je crois que le combat idéologique implacable devrait aller de pair avec des tactiques organisationnelles très prudentes et sages. Vous n'avez pas le moindre intérêt à une scission, même si l'opposition devait, par accident, devenir la majorité lors du prochain congrès. Vous n'avez pas la moindre raison de fournir un prétexte de scission à l'armée hétérogène et déséquilibrée de l'opposition. Même si vous deveniez une minorité, vous devriez, selon moi, rester disciplinés et loyaux envers le parti dans son ensemble. Ceci est très important pour enseigner un véritable patriotisme de parti, dont Cannon m'a un jour décrit très correctement la nécessité dans une lettre.

Une majorité constituée de cette opposition ne durerait pas plus de quelques mois. Ensuite, la tendance prolétarienne du parti deviendrait de nouveau majoritaire, avec une autorité formidablement accrue. Soyez extrêmement fermes, mais restez calmes ; cela s'applique maintenant plus que jamais à la stratégie de l'aile prolétarienne du parti.

Avec mes voeux et mes souhaits les plus fraternels.

Bien à vous,

Léon Trotsky
COYOACÁN, D. F.

P.-S. – Les problèmes sont venus : 1) d'une mauvaise composition sociale, en particulier de la section de New York, la plus importante ; 2) du manque d'expérience, spécialement des membres venus du Parti socialiste (Jeunesse). Surmonter ces difficultés héritées du passé ne peut se faire par des mesures exceptionnelles. La fermeté et la patience sont de rigueur.

L. T.

12

Lettre à Max Shachtman[‡]

LE 20 DÉCEMBRE 1939

Cher camarade Shachtman,

Je vous envoie un exemplaire de mon plus récent article*. Ma polémique vous permettra de voir que je considère les divergences comme décisives. Mon cher ami, je crois que vous êtes du mauvais côté des barricades. Par vos positions, vous encouragez tous les éléments petits-bourgeois et anti-marxistes à combattre notre doctrine, notre programme et notre tradition. Je n'espère pas vous convaincre par ces lignes, mais je prédis que si vous refusez maintenant de chercher une façon de collaborer avec l'aile marxiste contre les révisionnistes petits-bourgeois, vous déplorerez inévitablement pendant des années et des années la plus grande erreur de votre vie.

---

* Il s'agit de l'article « Une opposition petite-bourgeoise dans le Parti socialiste des travailleurs ».

Si j'en avais la possibilité, je prendrais tout de suite un avion pour New-York afin de discuter avec vous pendant deux ou trois jours entiers, sans interruption. Je regrette beaucoup que vous ne ressentiez pas, dans cette situation, le besoin de venir ici discuter ces questions avec moi. Ou peut-être le désirez-vous ? J'en serais content…

L. Trotsky

COYOACÁN, D. F.

13

Quatre lettres à la majorité du Comité national‡

(1) LE 26 DÉCEMBRE 1939

Chers amis,

J'étais jusqu'ici favorable à la publication de la discussion dans le *Socialist Appeal* et *New International,* mais je dois reconnaître que vos arguments sont très sérieux, surtout par rapport à ceux du camarade Burnham *.

New International et *Socialist Appeal* ne sont pas des instruments d'une discussion sous le contrôle d'un comité spécial de discussion ; ce sont plutôt des instruments du parti et de son Comité national. L'opposition peut demander à bénéficier des mêmes droits que la majorité dans le bulletin de discussion ; mais les publications officielles du parti ont le devoir de défendre le point de vue du parti et

* La minorité du Comité national a exigé que la discussion soit menée dans le *Socialist Appeal,* l'hebdomadaire du SWP, et dans *New International,* le magazine théorique mensuel du parti. Cette proposition a été rejetée par la majorité.

de la Quatrième Internationale, jusqu'à ce qu'il soit changé. C'est d'une telle évidence qu'il est inutile d'argumenter.

L'idée de garanties juridiques permanentes pour la minorité ne vient sûrement pas de l'expérience bolchevique. Mais, le camarade Burnham n'est pas non plus celui qui l'a inventée ; le Parti socialiste français a donné pendant longtemps à ses membres de telles garanties statutaires qui correspondent entièrement à l'état d'esprit de cliques littéraires et parlementaires rancunières. Mais de telles garanties n'empêchent jamais les travailleurs d'être subjugués par la collusion de ces cliques.

La structure organisationnelle de l'avant-garde prolétarienne doit correspondre aux véritables exigences du combat révolutionnaire et non pas servir de garanties contre sa propre dégénérescence. Si le parti ne répond pas aux exigences de la révolution socialiste, il dégénérera en dépit des clauses juridiques les plus sagaces. Dans le domaine organisationnel, Burnham fait preuve d'un manque de conception révolutionnaire du parti aussi total que dans le domaine politique, comme il le démontra lorsque se posa la question, minime mais très significative, du comité Dies*. Dans les deux cas, il propose une attitude purement négative, tout comme il n'a fourni qu'une définition purement négative dans la question de l'État soviétique. Il ne suffit pas de détester la société capitaliste (attitude négative), il faut encore accepter toutes les conclusions

---

* Le Comité de la Chambres des représentants sur les activités antiaméricaines (HUAC) était alors dirigé par le député Martin Dies. En octobre 1939, Trotsky avait été invité à témoigner devant la commission. Burnham avait alors présenté une motion au sein du Comité politique, demandant instamment à Trotsky de rejeter l'invitation et appelant le SWP à le critiquer publiquement s'il acceptait. La motion fut rejetée. Voir « Why I Consented to Appear before the Dies Committee », dans *Writings of Leon Trotsky [1939–40]*.

pratiques d'une conception sociale révolutionnaire. Hélas, ce n'est pas le cas du camarade Burnham.

Mes conclusions pratiques ?

Premièrement, il faut condamner officiellement dans le parti la tentative d'oblitérer la ligne du parti en plaçant le programme du parti au même niveau que n'importe quelle innovation que le parti n'a pas encore acceptée.

Deuxièmement, si le Comité national juge nécessaire de consacrer un numéro de *New International* à la discussion (je ne le propose pas pour le moment), il faudrait le faire de telle façon que le lecteur puisse voir où se trouve la position du parti et où se trouve la tentative de révision, mais aussi de telle façon que le dernier mot revienne à la majorité et non à l'opposition.

Troisièmement, si les bulletins internes ne suffisaient pas, il serait possible de publier un recueil spécial des articles traitant des questions qui figurent à l'ordre du jour du congrès.

La plus grande loyauté dans la discussion, mais pas la plus petite concession à l'esprit petit-bourgeois, anarchiste.

W. Rork [Léon Trotsky]
COYOACÁN, D. F.

(2) LE 27 DÉCEMBRE 1939

Chers amis,

Je dois avouer que j'ai été de prime abord surpris par votre message décrivant comment les camarades Burnham et Shachtman insistent pour que soient publiés des articles controversés dans *New International* et *Socialist Appeal*. Je me suis demandé quelle pouvait bien en être la raison. Ce n'est certainement pas parce qu'ils se sentent très sûrs de leur position. Leurs arguments sont de nature très primitive, les contradictions entre eux sont aigües et ils ne peuvent s'empêcher de ressentir que la majorité représente la tradition et la doctrine marxistes. Ils ne peuvent espérer sortir victorieux d'un combat théorique : Burnham, tout comme Shachtman et Abern, doivent certainement le comprendre. Alors, pourquoi tiennent-ils tellement à cette publicité ? L'explication est simple : ils sont impatients de se justifier devant l'opinion publique démocratique, de crier à tous les Eastman, Hook et autres que ceux, comme eux, qui constituent l'opposition, ne sont pas aussi mauvais que nous. Burnham doit ressentir cette nécessité interne de manière particulièrement impérative. Il s'agit du même genre de capitulation intérieure que nous avons pu observer chez Zinoviev et Kamenev à la veille de la révolution d'Octobre et chez beaucoup « d'internationalistes » soumis à la pression de la vague patriotique de la guerre. Si nous faisons abstraction de toutes les particularités personnelles, des accidents ou des malentendus, des erreurs, nous sommes devant la première déviation sociale-patriotique de notre parti. Vous avez correctement souligné ce fait dès le début, mais il ne m'apparaît en pleine clarté que maintenant, alors que nos opposants viennent de proclamer leurs désirs d'annoncer — comme l'ont fait les partisans du POUM, ceux de Pivert et tant d'autres — qu'ils ne sont pas aussi mauvais que les « trotskystes ».

Cette considération est un argument supplémentaire contre toute concession dans ce domaine. Compte tenu des conditions actuelles, nous avons pleinement le droit de leur dire : vous devez attendre le verdict du parti et ne pas faire appel aux juges démocrates patriotiques avant que ce verdict soit rendu.

Jusqu'ici, j'ai jugé la question de façon trop abstraite, c'est-à-dire seulement du point de vue de la lutte théorique et, sur ce point, je suis complètement d'accord avec le camarade Goldman que nous ne pouvons que l'emporter. Mais, des critères politiques plus larges montrent que nous devrions éliminer l'intervention prématurée du facteur démocratique-patriotique dans la bataille au sein du parti ; dans cette discussion, l'opposition ne doit compter que sur ses propres forces, comme le fait la majorité. Dans de telles conditions, la mise à l'épreuve et la sélection des différentes composantes de l'opposition seront plus efficaces et les résultats, plus favorables au parti.

Engels a parlé quelque part de l'état d'esprit des petits-bourgeois furieux. Il me semble que l'on peut trouver des traces de cet état d'esprit dans les rangs de l'opposition. Hier, beaucoup d'entre eux étaient fascinés par la tradition bolchevique. Ils ne l'ont jamais intimement assimilée, mais ils n'ont pas osé s'y opposer ouvertement. Mais, Shachtman et Abern leur ont donné ce genre de courage et, désormais, ils jouissent ouvertement des états d'âme de la petite-bourgeoisie furieuse. Telle est, par exemple, l'impression que j'ai eue à la lecture des derniers articles et des dernières lettres de Stanley. Il a totalement perdu tout esprit autocritique et il croit sincèrement que toute idée qui lui traverse l'esprit est digne d'être proclamée et imprimée, pourvu qu'elle soit dirigée contre le programme et la tradition du parti. Le crime de Shachtman et d'Abern réside justement dans le fait qu'ils ont provoqué cette explosion d'autosatisfaction petite-bourgeoise.

W. Rork [Léon Trotsky]

P.-S. – Il est absolument certain que les agents staliniens travaillent parmi nous dans le but d'envenimer la discussion et de provoquer une scission. Il serait nécessaire d'observer attentivement de nombreux « combattants » fractionnels sous ce jour particulier.

W. R.
COYOACÁN, D. F.

(3) LE 3 JANVIER 1940

Chers amis,

J'ai reçu les deux textes de l'opposition [*] ; j'ai étudié celui qui a trait au conservatisme bureaucratique et j'étudie maintenant celui qui traite de la question russe. Quels écrits lamentables ! Il est difficile de trouver une phrase qui contienne une idée juste ou qui place une idée juste au bon endroit. Des gens intelligents et même talentueux ont adopté une position manifestement fausse et s'engagent de plus en plus dans une impasse.

La phrase d'Abern sur la « scission » peut avoir deux sens : ou bien il cherche à vous effrayer par la perspective d'une scission comme il l'a fait pendant la discussion sur l'entrisme [†] ; ou bien, il veut vraiment se suicider politiquement. Dans la première hypothèse, il ne nous empêchera évidemment pas d'apprécier la politique de l'opposition d'un point de vue marxiste. Dans la seconde, il n'y a rien à faire ; si un adulte veut se suicider, il est difficile de l'en empêcher.

---

* Il s'agit de « The War and Bureaucratic Conservatism », qui est paru dans *The Struggle for a Proletarian Party*, et « What Is at Issue in the Dispute on the Russian Question ».

† Au cours des premiers mois de 1936, le Parti des travailleurs des États-Unis a discuté d'effectuer une entrée dans le Parti socialiste, à laquelle Abern était fermement opposé.

La réaction de Burnham défie impitoyablement tous les marxistes. Si la dialectique est une religion et s'il est vrai que la religion est l'opium du peuple, comment pourrait-il refuser de lutter pour libérer son propre parti de ce poison ? J'écris en ce moment une lettre ouverte à Burnham sur cette question. Je ne crois pas que l'opinion publique de la Quatrième Internationale permettrait au directeur d'un périodique théorique marxiste de se borner à des aphorismes plutôt cyniques sur les fondements du socialisme scientifique. En tout cas, je ne m'arrêterai que lorsque les conceptions antimarxistes de Burnham seront complètement dévoilées devant le parti et l'Internationale. J'espère envoyer cette lettre ouverte après-demain, au moins dans sa version russe.

En même temps, j'écris une analyse des deux textes. Je trouve qu'ils expliquent très clairement pourquoi ils sont d'accord pour être en désaccord sur la question russe.

Perdre mon temps à lire des textes totalement éculés me fait grincer des dents. Les erreurs qu'ils contiennent sont si élémentaires qu'il faut faire un effort pour se rappeler dans l'ABC du marxisme les contre-arguments nécessaires.

W. Rork [Léon Trotsky]
COYOACÁN, D. F.

(4) LE 4 JANVIER 1940

Chers amis,

Je joins à cette lettre une copie de la lettre que j'ai envoyée à Shachtman voici plus de deux semaines*. Shachtman ne s'est même pas donné la peine de me répondre. Cela montre dans quel état d'esprit son combat sans principes

* Voir la lettre du 20 décembre 1939, page 143.

l'a fait sombrer. Il fait bloc avec l'antimarxiste Burnham et refuse de répondre à ma lettre qui traite de ce bloc. En lui-même, le fait n'a bien entendu qu'une importance secondaire, mais il est hautement symptomatique. Voilà pourquoi je vous envoie la copie de ma lettre à Shachtman.

Avec mes meilleurs souhaits,

L. Trotsky
COYOACÁN, D. F.

14

Lettre à Joseph Hansen[‡]

LE 5 JANVIER 1940

Cher Joe,

Merci pour cette intéressante information. Si cela devient nécessaire ou souhaitable, Jim pourrait publier notre correspondance et celle avec Wright à propos de la scission. Cette correspondance montre notre ferme désir de préserver l'unité du parti en dépit de l'intense lutte de fraction. Je mentionnais dans ma lettre à Wright* que, selon moi, même en tant que minorité, l'aile bolchevique du parti devrait rester disciplinée et Jim m'a répondu qu'il était parfaitement d'accord. Ces deux citations sont, au demeurant, décisives.

En ce qui concerne mes remarques sur la Finlande dans l'article sur l'opposition petite-bourgeoise, je ne dirai ici que quelques mots. Oui ou non, y a-t-il une différence de

---

* Cette lettre se trouve à la page 146 de ce livre.

principe entre la Finlande et la Pologne ? L'intervention de l'Armée rouge en Pologne fut-elle accompagnée d'une guerre civile, oui ou non ? La presse des mencheviks, qui sont très bien informés grâce à leur sympathie pour le Bund et les émigrés du PPS [Parti socialiste polonais], dit ouvertement que l'avance de l'Armée rouge a été accompagnée d'une vague révolutionnaire. Et pas seulement en Pologne, mais aussi en Roumanie.

Le Kremlin a créé le gouvernement Kuusinen dans l'intention évidente d'adjoindre une guerre civile à la guerre. Il y a eu des informations sur le début de création d'une Armée rouge finlandaise, sur l'« enthousiasme » des paysans pauvres dans les régions occupées où les grandes propriétés terriennes ont été confisquées et ainsi de suite. Qu'est-ce que cela, si ce n'est le début d'une guerre civile ?

Le développement futur de la guerre civile dépendait complètement de l'avance de l'Armée rouge. L'« enthousiasme » du peuple n'était évidemment pas assez bouillonnant pour provoquer des insurrections indépendantes de paysans et de travailleurs vivant sous le glaive du bourreau Mannerheim. La retraite de l'Armée rouge a nécessairement mis fin à ces germes de guerre civile dès leur début.

Si les impérialistes aidaient efficacement la bourgeoisie finlandaise à défendre le régime capitaliste, la guerre civile en Finlande deviendrait impossible dans la prochaine période. Mais si, comme cela est plus probable, le renforcement des détachements de l'Armée rouge leur permet de pénétrer plus efficacement dans le pays, alors, nous verrons immanquablement la guerre civile se développer parallèlement à l'invasion.

Nous ne pouvons prévoir tous les épisodes militaires, les hauts et les bas de portée purement tactique ; mais, ils ne changent en rien la ligne « stratégique » générale des événements. Dans ce cas comme dans tous les autres, l'opposition adopte une politique purement conjoncturelle et impressionniste au lieu d'agir selon les principes.

(Il n'est pas nécessaire de répéter que la guerre civile en Finlande, comme ce fut le cas en Pologne, aurait un caractère limité, à demi étouffé, et qu'elle pourrait, à l'étape suivante, se transformer en une guerre civile entre les masses finlandaises et la bureaucratie de Moscou. Nous savons cela au moins aussi clairement que l'opposition et nous avertissons ouvertement les masses. Mais nous analysons le processus tel qu'il est et nous n'identifions pas la première étape avec la seconde.)

Avec mes salutations et mes voeux chaleureux pour tous les amis,

L. Trotsky
COYOACÁN, D. F.

15

Lettre ouverte au camarade Burnham

LE 7 JANVIER 1940

Cher camarade,

À propos de mon article sur l'opposition petite-bourgeoise, vous avez expliqué, m'a-t-on dit, que vous n'aviez pas l'intention de discuter avec moi de la dialectique, mais seulement de « questions concrètes ». « J'ai cessé depuis longtemps de discuter de questions religieuses », avez-vous ajouté ironiquement. J'ai entendu une fois Max Eastman exprimer le même sentiment.

Est-il logique d'identifier la logique avec la religion ?

Si je vous comprends bien, vous semblez suggérer que la dialectique de Marx, d'Engels et de Lénine appartient au domaine de la religion. Que veut dire cette assertion ? La dialectique, permettez-moi de le rappeler une fois de plus, est la *logique de l'évolution*. De même que l'atelier d'usinage d'une usine fournit en outils tous les secteurs de l'entreprise, de même la logique est indispensable pour tous les domaines de la connaissance humaine. Si vous ne considérez pas la logique en général comme un préjugé religieux (malheureusement les écrits contradictoires de l'opposition mènent de plus en plus à cette idée lamentable), alors quelle logique acceptez-vous ? Je connais deux systèmes de logique dignes d'attention : la logique d'Aristote (logique formelle) et la logique de Hegel (la dialectique). La logique aristotélicienne prend comme point de départ des objets et des phénomènes immuables. La pensée scientifique de notre époque étudie tous les phénomènes dans leur origine, leur changement et leur désintégration. Croyez-vous que le progrès des sciences, y compris le darwinisme, le marxisme, la chimie et la physique modernes, etc., n'a aucunement influencé les formes de notre pensée ? En d'autres termes, croyez-vous que dans un monde où tout change, le syllogisme seul reste immuable et éternel ? L'Évangile selon saint Jean commence par ces mots : « Au commencement était le Verbe », c'est-à-dire qu'au commencement était la Raison ou le Verbe (la raison exprimée dans le verbe, c'est-à-dire le syllogisme). Pour saint Jean, le syllogisme est l'un des pseudonymes littéraires de Dieu. Si vous considérez que le syllogisme est immuable, c'est-à-dire qu'il ne possède ni origine ni évolution, cela signifie que pour vous aussi il est le produit de la révélation divine. Mais si vous reconnaissez que les formes logiques de notre pensée se développent dans le processus de notre adaptation à la nature, veuillez donc nous dire précisément qui, depuis Aristote, a analysé et systématisé les progrès ultérieurs de la logique. Tant que vous n'aurez pas clarifié ce point, je me permets d'affirmer qu'identifier la logique (la dialectique) à la religion, c'est faire preuve d'une ignorance et d'une futilité absolues sur les questions fondamentales de la pensée humaine.

Le révolutionnaire ne doit-il pas lutter contre la religion ?

Admettons cependant que votre insinuation plus que présomptueuse soit juste. Cela n'améliore pas votre situation. La religion, j'espère que vous serez d'accord, détourne l'attention du savoir réel vers un savoir fictif, de la lutte pour une vie meilleure vers de faux espoirs d'une récompense dans l'Au-delà. La religion est l'opium du peuple. Celui qui ne lutte pas contre la religion est indigne du nom de révolutionnaire. De quel droit refusez-vous alors de lutter contre la dialectique si vous la considérez comme une variété de religion ?

Vous dites que vous avez cessé de vous préoccuper de la question de la religion il y a longtemps. Mais vous n'avez cessé *que pour vous-même*. Mais il n'y a pas que vous, il y a aussi tous les autres. Et il y en a beaucoup. Nous, les révolutionnaires, nous ne « cessons » jamais de nous préoccuper des questions de religion, dans la mesure où notre tâche consiste à émanciper non seulement nous-mêmes, mais aussi les masses, de l'influence de la religion. Si la dialectique est une religion, comment peut-on alors renoncer à combattre cet opium à l'intérieur de son propre parti ?

Ou peut-être voulez-vous dire que la religion n'a aucune importance politique ? Qu'il est possible d'être en même temps un homme religieux et un communiste conséquent, un combattant révolutionnaire ? Vous n'oserez probablement pas proférer une affirmation aussi inconsidérée. Évidemment, nous maintenons une attitude des plus attentionnées envers les préjugés religieux d'un travailleur arriéré. S'il désirait combattre pour notre programme, nous l'accepterions comme membre du parti. Mais en même temps, notre parti l'éduquerait avec persévérance dans l'esprit du matérialisme et de l'athéisme. Si vous êtes d'accord avec cela, comment pouvez-vous refuser de lutter contre une religion que pratiquent, à ma connaissance, l'écrasante majorité des membres de votre propre parti qui s'intéressent aux questions théoriques ? Vous avez évidemment négligé cet aspect essentiel de la question.

Au sein de la bourgeoisie instruite, beaucoup ont rompu individuellement avec la religion, mais gardent leur athéisme exclusivement pour leur consommation personnelle. Ils gardent de telles pensées pour eux-mêmes, mais ils disent souvent en public qu'il est bon que le peuple ait une religion. Est-il possible que vous partagiez un tel point de vue à l'égard de votre propre parti ? Est-il possible que cela explique votre refus de discuter avec nous des fondements philosophiques du marxisme ? Si tel est le cas, votre rejet de la dialectique laisse deviner du mépris envers votre parti.

De grâce ! Ne m'objectez pas que je me suis appuyé sur une phrase que vous avez dite au cours d'une conversation privée et que vous n'êtes pas intéressé à réfuter publiquement le matérialisme dialectique. Cela n'est pas vrai. Votre phrase prononcée à l'improviste ne sert que d'illustration. Chaque fois que vous en avez eu l'occasion, vous avez proclamé, pour diverses raisons, votre ferme opposition à la doctrine qui constitue le fondement théorique de notre programme. Tous le savent au sein du parti. Dans l'article « Intellectuels en retraite », que vous avez écrit en collaboration avec Shachtman et qui a été publié dans l'organe théorique du parti, vous avez affirmé catégoriquement que vous rejetez le matérialisme dialectique. Le parti n'a-t-il pas, après tout, le droit de savoir précisément pourquoi ? Pensez-vous que, dans la Quatrième Internationale, le rédacteur d'un organe théorique puisse se limiter à cette pure et simple déclaration : « Je rejette catégoriquement le matérialisme dialectique », comme si, quand on vous offre une cigarette, vous répondiez banalement : « Non merci, je ne fume pas. » La question d'une doctrine philosophique correcte, c'est-à-dire d'une méthode de pensée correcte, a une signification décisive pour un parti révolutionnaire, tout comme un bon atelier d'usinage a une importance décisive pour la production. On peut toujours défendre la vieille société avec les méthodes matérielles et intellectuelles héritées du passé. Mais il est absolument impensable que l'on puisse renverser cette vieille société et en édifier une nouvelle sans une analyse critique préalable des méthodes utilisées jusqu'alors. Si le parti se trompe au niveau des fondements mêmes de sa pensée, votre devoir élémentaire est de lui montrer le juste chemin. Sinon votre attitude sera inévitablement interprétée comme l'attitude cavalière d'un académicien à l'endroit d'une organisation prolétarienne qui, après tout, est incapable de concevoir une véritable doctrine « scientifique ». Que peut-il y avoir de pire que cela ?

Des exemples instructifs

Quiconque connaît l'histoire des luttes de tendance à l'intérieur des partis de travailleurs sait que ceux qui sont passés dans le camp de l'opportunisme et même dans le camp de la réaction bourgeoise ont souvent abouti sur cette voie après avoir d'abord rejeté la dialectique. Les intellectuels petits-bourgeois considèrent la dialectique comme le point le plus vulnérable du marxisme et ils profitent du fait qu'il est beaucoup plus difficile pour les travailleurs de saisir les divergences philosophiques que les divergences politiques. Toute l'expérience du passé confirme ce fait connu depuis très longtemps. De plus, il est inadmissible de ne pas tenir compte d'un fait plus important encore : tous les grands et éminents révolutionnaires — avant tout Marx, Engels,

Lénine, Rosa Luxemburg, Franz Mehring — se sont placés sur le terrain du matérialisme dialectique. Doit-on en déduire qu'ils étaient tous incapables de distinguer entre la science et la religion ? N'y a-t-il pas là trop de présomption de votre part, camarade Burnham ? Les exemples de Bernstein, Kautsky et Franz Mehring sont extrêmement instructifs. Bernstein a rejeté catégoriquement la dialectique comme de la « scolastique » et du « mysticisme ». Kautsky est demeuré indifférent à l'égard de la question de la dialectique, un peu comme le camarade Shachtman. Mehring était un propagandiste et un défenseur inlassable du matérialisme dialectique. Pendant des décennies, il suivit toutes les innovations de la philosophie et de la littérature et dénonça avec une ardeur infatigable l'essence réactionnaire de l'idéalisme, du néokantisme, de l'utilitarisme, de toutes les formes du mysticisme, etc. Le destin politique de ces trois hommes est bien connu. Bernstein acheva sa vie en démocrate petit-bourgeois obtus. Kautsky le centriste se transforma en un vulgaire opportuniste. Quant à Mehring, il mourut comme un communiste révolutionnaire.

En Russie, trois universitaires marxistes fort connus, Strouvé, Boulgakov et Berdiaev, commencèrent par rejeter la doctrine philosophique du marxisme et finirent dans le camp de la réaction et de l'Église orthodoxe. Aux États-Unis, Max Eastman, Sidney Hook et leurs amis utilisèrent leur opposition à la dialectique comme couverture pour leur transformation de compagnons de route du prolétariat en compagnons de route de la bourgeoisie. On peut trouver des dizaines d'exemples similaires dans d'autres pays. L'exemple de Plékhanov, qui semble être une exception, ne fait en réalité que confirmer la règle. Plékhanov fut un remarquable propagandiste du matérialisme dialectique mais, de toute sa vie, il n'eut jamais l'occasion de participer à la lutte des classes réelle. Sa pensée était divorcée de sa pratique. La révolution de 1905 et ensuite la guerre mondiale le jetèrent dans le camp de la démocratie petite-bourgeoise et le contraignirent à renoncer au matérialisme dialectique. Pendant la guerre mondiale, Plékhanov se fit ouvertement le propagandiste de l'Impératif catégorique kantien dans le domaine des relations internationales : « Ne faites pas aux autres ce que vous ne voulez pas qu'ils vous fassent. » L'exemple de Plékhanov prouve seulement que le matérialisme dialectique *en tant que tel* ne suffit pas pour faire un révolutionnaire d'un homme.

Shachtman, de son côté, s'appuie sur le fait que Liebknecht laissa une oeuvre posthume contre le matérialisme dialectique, écrite en prison. Toutes sortes d'idées passent par la tête d'un homme en prison qu'il ne peut pas vérifier en communiquant avec d'autres hommes. Liebknecht, que personne et lui-même en particulier ne considérait comme un théoricien, est devenu un symbole d'héroïsme pour le mouvement ouvrier international. Si l'un des opposants américains à la dialectique fait preuve d'autant d'indépendance à l'égard du patriotisme et d'esprit de sacrifice en cas de guerre, nous lui rendrons ce qui lui est dû en tant que révolutionnaire. Mais cela ne résoudra pas pour autant la question de la méthode dialectique.

Il est impossible de savoir ce que les conclusions ultimes de Liebknecht auraient été s'il était demeuré en liberté. De toute façon, avant de publier son travail, il l'aurait sans aucun doute montré à ses amis plus compétents, à savoir Franz Mehring et Rosa Luxemburg. Il est fort probable qu'après les avoir consultés, il aurait tout simplement jeté son manuscrit au feu. Supposons toutefois que, contre l'avis de camarades qui le dépassaient de cent coudées dans le domaine de la théorie, il ait décidé de publier son travail. Dans ce cas, Mehring, Rosa Luxemburg,

Lénine et les autres n'auraient évidemment pas proposé qu'il soit exclu du parti ; au contraire, ils seraient intervenus vigoureusement pour le défendre si quelqu'un avait fait une proposition aussi stupide. Mais en même temps, ils n'auraient pas formé un bloc philosophique avec lui et ils se seraient fermement opposés à ses erreurs théoriques.

La conduite du camarade Shachtman est, nous le voyons, tout à fait différente. « Vous remarquerez », dit-il, comme s'il s'agissait d'un point à enseigner aux jeunes, « que Plékhanov fut un théoricien éminent du matérialisme dialectique, mais qu'il finit en opportuniste ; que Liebknecht était un révolutionnaire remarquable, mais qu'il doutait du matérialisme dialectique ». Cet argument, s'il a une quelconque signification, signifie que le matérialisme dialectique n'est absolument pas nécessaire à un révolutionnaire. Avec ces exemples de Liebknecht et de Plékhanov, sortis artificiellement de l'histoire, Shachtman renforce et « approfondit » l'idée contenue dans son article de l'an dernier : la politique ne dépend pas de la méthode, cette dernière étant séparée de la politique par l'intervention divine de l'inconséquence. En interprétant de façon erronée deux « exceptions », Shachtman entend renverser la règle. Si c'est ainsi qu'argumente un « défenseur » du marxisme, que pouvons-nous attendre d'un adversaire ? La révision du marxisme mène ici à sa liquidation totale, à la liquidation de toute doctrine et de toute méthode.

Que proposez-vous en contrepartie ?

Le matérialisme dialectique n'est évidemment pas une philosophie éternelle ni immuable. Penser autrement contredirait l'esprit de la dialectique. Le développement de la pensée scientifique créera sans nul doute une doctrine plus profonde dans laquelle le matérialisme dialectique entrera simplement comme un élément structurel.

Rien cependant ne permet de penser que cette révolution philosophique s'accomplira sous le régime bourgeois pourrissant, sans compter que des Marx ne naissent pas tous les ans ni toutes les décennies. La tâche vitale qui attend le prolétariat aujourd'hui ne consiste pas à *réinterpréter* le monde, mais à le *transformer* de fond en comble. Dans la prochaine période, nous pouvons nous attendre à ce qu'émergent de grands révolutionnaires d'action, mais pas de nouveaux Marx. Ce n'est que sur la base de la culture socialiste que l'humanité ressentira le besoin de remettre en question l'héritage idéologique du passé et qu'elle nous dépassera sans aucun doute de très loin, non seulement dans le domaine de l'économie mais aussi dans celui de la création intellectuelle. Le régime de la bureaucratie bonapartiste en URSS est criminel non seulement parce qu'il crée une inégalité sans cesse croissante dans tous les domaines de la vie, mais aussi parce qu'il abaisse l'activité intellectuelle du pays au niveau des imbéciles déchaînés du GPU.

Admettons toutefois que, contrairement à notre supposition, le prolétariat ait la chance, en cette époque de guerres et de révolutions, de produire un nouveau théoricien ou une nouvelle pléiade de théoriciens qui dépasseraient le marxisme et qui, en particulier, élèveraient la logique au-dessus du matérialisme dialectique. Bien entendu, tous les travailleurs d'avant-garde iraient apprendre chez ces nouveaux maîtres et les anciens devraient se recycler. Mais cela demeure de la musique du futur. Ou me tromperais-je ? Vous me montrerez peut-être des oeuvres qui devraient supplanter le système du matérialisme dialectique pour le prolétariat. Si vous les aviez sous la main, vous ne refuseriez certainement pas de mener la lutte contre l'opium de la dialectique. Mais ces oeuvres n'existent pas. Tout en essayant de discréditer la philosophie du marxisme, vous ne proposez rien pour la remplacer.

Imaginez un jeune médecin du dimanche qui entreprendrait d'expliquer à un chirurgien utilisant un scalpel que l'anatomie, la neurologie modernes, etc., ne valent rien, qu'il y a dans ces disciplines beaucoup d'aspects obscurs, imprécis et que seuls des « bureaucrates conservateurs » peuvent manier le scalpel en s'appuyant sur ces pseudo-sciences. Je crois que le chirurgien demanderait à son collègue irresponsable de quitter la salle d'opération. Camarade Burnham, nous ne pouvons pas non plus nous contenter de railleries à bon marché sur la philosophie du socialisme scientifique. Bien au contraire, puisque dans le cours de la lutte fractionnelle la question a été posée à brûle-pourpoint, nous dirons, en nous adressant à tous les membres du parti et particulièrement aux jeunes : prenez garde à l'introduction du scepticisme bourgeois dans vos rangs. Rappelez-vous qu'à ce jour le socialisme n'a pas trouvé d'expression scientifique plus élevée que le marxisme. Rappelez-vous que la méthode du socialisme scientifique est le matérialisme dialectique. Prenez le temps d'étudier sérieusement. Étudiez Marx, Engels, Plékhanov, Lénine et Franz Mehring. C'est 100 fois plus important pour vous que l'étude des traités tendancieux, stériles et quelque peu risibles sur le conservatisme de Cannon. Que la discussion actuelle produise au moins ce résultat positif : que les jeunes essaient d'acquérir des fondations théoriques sérieuses pour le combat révolutionnaire !

Faux « réalisme » politique

Dans votre cas, cependant, la discussion ne porte pas uniquement sur la dialectique. Vous avez noté dans votre résolution que vous ne demandez pas maintenant que le parti tranche la question de la nature de l'État soviétique. Cette remarque signifie en réalité que vous *posez* cette question, sinon juridiquement, du moins théoriquement et politiquement. Seuls des gamins pourraient ne pas le comprendre. Cette affirmation a elle-même une autre signification, bien plus pernicieuse et nuisible. Elle signifie que vous séparez la politique de la sociologie marxiste. Et pourtant, pour nous le noeud de la question se trouve précisément là. S'il est possible de donner une définition correcte de l'État sans utiliser la méthode du matérialisme dialectique, s'il est possible de définir une politique correcte sans donner une analyse de classe de l'État, alors la question se pose : a-t-on réellement besoin du marxisme ?

Incapables de s'entendre entre eux sur la nature de classe de l'État soviétique, les dirigeants de l'opposition s'accordent sur un point : la politique extérieure du Kremlin doit être qualifiée d'« impérialiste » et l'on ne peut soutenir l'URSS « inconditionnellement ». (Plateforme remarquablement large !) Et quand la « clique » adverse soulève à brûle-pourpoint au congrès la question de la nature de l'État soviétique (quel crime !), vous vous êtes entendus au préalable… pour ne pas être d'accord entre vous, c'est-à-dire pour voter différemment. On a déjà vu ce précédent dans le gouvernement « national » britannique, lorsque des ministres se sont entendus pour « être en désaccord », c'est-à-dire pour voter différemment. Mais les ministres de Sa Majesté avaient au moins l'avantage de fort bien connaître la nature de *leur* État et ils pouvaient s'offrir le luxe de désaccords sur des questions *secondaires*. Les dirigeants de l'opposition sont dans une situation beaucoup moins favorable. Ils se permettent le luxe d'être en désaccord sur les questions fondamentales pour être d'accord sur des questions secondaires. Si c'est du marxisme, si c'est une politique de principe, alors je ne sais plus ce que veut dire une combinaison sans principe.

Vous semblez apparemment considérer qu'en refusant de discuter le matérialisme dialectique et la nature de classe de l'État soviétique et en vous concentrant sur des questions « concrètes » vous agissez en homme politique réaliste. Cette illusion découle de votre connaissance insuffisante de l'histoire des 50 dernières années de luttes de fractions dans le mouvement ouvrier. Dans chaque conflit sur les principes, sans aucune exception, les marxistes se sont invariablement efforcés de pousser le parti à faire directement face aux questions fondamentales de doctrine et de programme, considérant que c'est seulement dans ces conditions que les questions « concrètes » trouvent leur place et leur importance véritables. Au contraire, les opportunistes de toutes nuances et particulièrement ceux qui avaient déjà subi quelques défaites au cours de discussions portant des questions de principe opposaient invariablement à l'analyse de classe marxiste des évaluations conjoncturelles « concrètes », qu'ils formulaient invariablement sous la pression de la démocratie bourgeoise. Cette division des rôles s'est perpétuée pendant des décennies de luttes entre fractions. L'opposition, je vous l'assure, n'a rien inventé. Elle maintient la tradition du révisionnisme dans la théorie et de l'opportunisme dans la politique.

Vers la fin du siècle dernier, les tentatives révisionnistes de Bernstein, qui passa en Angleterre sous l'influence de l'empirisme et de l'utilitarisme anglo-saxon — la plus misérable de toutes les philosophies ! — furent impitoyablement repoussées. Après quoi, les opportunistes allemands se sont subitement éloignés de la philosophie et de la sociologie. Dans les congrès et dans la presse, ils n'ont pas cessé de s'élever contre les « pédants » marxistes qui substituaient aux « questions politiques concrètes » des considérations générales sur les principes. Relisez les documents de la social-démocratie allemande de la fin du siècle dernier et du début de celui-ci et vous serez vous-mêmes étonnés de voir à quel point, comme on le dit en français, le mort saisit le vif.

Vous n'êtes pas sans savoir quel rôle énorme a joué l'*Iskra* dans le développement du marxisme russe. L'*Iskra* commença par lutter contre ce qu'on appelait l'« économisme » dans le mouvement ouvrier et contre les narodniks (le Parti des socialistes-révolutionnaires). La principale objection des « économistes » contre l'*Iskra* était que ce journal voguait dans les sphères de la théorie pendant qu'eux, les « économistes », se proposaient de diriger le mouvement ouvrier concret. L'argument principal des socialistes-révolutionnaires était le suivant : l'*Iskra* veut fonder une école de matérialisme dialectique tandis que nous voulons renverser l'autocratie tsariste. Il faut dire que les narodniks étaient des terroristes qui prenaient leurs propres propos très au sérieux : la bombe à la main, ils sacrifiaient leur vie. Nous leur rétorquions : « Dans certaines circonstances, une bombe est une excellente chose, mais il faut avant tout faire régner la clarté dans notre tête. » L'expérience historique a montré que la plus grande révolution de l'histoire ne fut pas dirigée par le parti qui commença par des bombes, mais par celui qui commença par le matérialisme dialectique.

Quand les bolcheviks et les mencheviks étaient encore membres du même parti, les périodes précongrès et les congrès eux-mêmes étaient invariablement marqués de furieuses batailles à propos de l'ordre du jour. Comme premiers points à l'ordre du jour, Lénine avait l'habitude de proposer des questions telles que la clarification de la nature de la monarchie tsariste, l'analyse du caractère de classe de la révolution, l'évaluation des étapes de la révolution par lesquelles nous passions, etc. Martov et Dan, les dirigeants mencheviks, répondaient invariablement : nous ne sommes pas un club de sociologie, mais un parti politique ; nous devons nous mettre d'accord non pas sur la nature de classe de la monarchie tsariste, mais sur les « tâches politiques concrètes ». Je cite ici de mémoire, mais je ne cours aucun risque de me tromper étant donné que ces batailles se répétaient chaque année et qu'elles prirent un caractère stéréotypé. J'ajouterai que j'ai moi-même commis pas mal de péchés dans ce domaine. Mais depuis lors, j'ai appris quelque chose.

Lénine expliquait aux amateurs de « questions politiques concrètes » que notre politique n'a pas un caractère conjoncturel mais principiel ; que les tactiques sont subordonnées à la stratégie ; que, pour nous, chaque campagne politique a pour objectif fondamental de faire cheminer les travailleurs des questions particulières vers les questions générales, c'est-à-dire de les amener à comprendre la société moderne et le caractère de ses forces fondamentales. Au sein de leur agglomérat instable, les mencheviks sentaient toujours le besoin pressant d'escamoter les divergences de principe en demeurant évasifs, alors que Lénine, au contraire, posait carrément les questions de principe. L'argumentation actuelle de l'opposition contre la philosophie et la sociologie en faveur des « questions politiques concrètes » n'est qu'une répétition tardive des arguments de Dan. Pas un seul mot nouveau ! Il est vraiment triste que Shachtman ne respecte les principes politiques du marxisme que lorsqu'ils ont suffisamment vieilli pour figurer dans les archives.

L'appel à laisser de côté la théorie marxiste au profit de « questions politiques concrètes » est particulièrement maladroit et déplacé venant de vous, camarade Burnham, car ce n'est pas moi, mais c'est vous qui avez soulevé la question de la nature de l'URSS et qui m'avez ainsi contraint à poser la question de la méthode par laquelle on peut déterminer la nature de classe d'un État. Il est vrai que vous avez retiré votre résolution. Mais cette manoeuvre fractionnelle n'a aucune signification objective. Vous tirez vos conclusions *politiques* de vos prémices *sociologiques,* même si vous avez temporairement caché ces dernières dans votre serviette. Shachtman tire exactement la même conclusion politique de l'absence de prémices sociologiques : il s'adapte à vous. Abern tente d'utiliser de la même façon les prémices cachées de l'un et l'absence de prémices de l'autre pour ses combinaisons « organisationnelles ». Telle est la situation *réelle* et non diplomatique dans le camp de l'opposition. Vous procédez en antimarxiste ; Shachtman et Abern en marxistes *platoniques.* Il n'est pas facile de dire qui est le pire.

La dialectique de la discussion actuelle

Face à un front diplomatique qui cherche à dissimuler les prémices cachées ou l'absence de prémices de nos opposants, nous, les « conservateurs », nous répondons naturellement : une discussion fructueuse sur les « questions concrètes » n'est possible que si vous spécifiez clairement de quelles prémices de classe vous partez. Nous ne sommes pas obligés de nous en tenir aux thèmes de discussion que vous avez sélectionnés artificiellement. Si quelqu'un me propose de discuter, comme question « concrète », de l'invasion de la Suisse par la flotte soviétique ou de la longueur de la queue d'une sorcière du Bronx, j'ai le droit de poser les questions préalables : La Suisse a-t-elle accès à la mer ? Les sorcières existent-elles vraiment ?

Toute discussion sérieuse se développe en partant du particulier et même de l'accidentel pour aller vers le général et le fondamental. Le plus souvent, les causes et les motifs immédiats d'une discussion n'ont d'intérêt que de manière symptomatique. Les questions qui ont une signification politique réelle sont celles que la discussion fait surgir en s'approfondissant. Pour certains intellectuels, désireux de dénoncer le « bureaucratisme conservateur » et de mettre en valeur leur « esprit dynamique », il peut sembler que les questions touchant à la dialectique, le marxisme, la nature de l'État, le centralisme, sont soulevées « artificiellement » et que la direction s'est engagée dans une direction « fausse ». Mais le coeur de la question, c'est justement le fait que la discussion a sa propre logique objective qui ne coïncide pas du tout avec la logique subjective d'individus et de groupes isolés. Le caractère *dialectique* de la discussion découle du fait que son cours objectif est déterminé par le conflit vivant de tendances opposées et non pas d'un plan logique préconçu. La base *matérialiste* de la discussion réside dans le fait qu'elle reflète la pression de différentes classes. Ainsi la discussion actuelle dans le SWP, tout comme le processus historique dans sa totalité, se développe avec ou sans notre permission, camarade Burnham, selon les lois du matérialisme dialectique. On ne peut échapper à ces lois.

La « science » contre le marxisme et les « expériences » contre le programme

En accusant vos adversaires de « conservatisme bureaucratique » (une pure abstraction psychologique dans la mesure où il n'y a pas d'intérêts sociaux spécifiques étayant ce « conservatisme »), vous réclamez dans votre texte de remplacer la politique conservatrice par « une politique critique et expérimentale, en un mot par une politique scientifique » (p. 32). Cette phrase, au premier regard innocente et sans grande signification, malgré toute sa grandiloquence, est très révélatrice. Vous ne parlez pas de politique marxiste. Vous ne parlez pas de politique prolétarienne. Vous parlez de politique « expérimentale », « critique », « scientifique ». Pourquoi cette terminologie prétentieuse et délibérément obscure, si inhabituelle dans nos rangs ? Je vais vous le dire. Elle résulte, camarade Burnham, de votre adaptation à l'opinion publique bourgeoise et de l'adaptation de Shachtman et d'Abern à votre adaptation. Le marxisme est passé de mode dans de larges cercles d'intellectuels bourgeois. Si quelqu'un mentionnait le marxisme, Dieu lui pardonne, il pourrait être pris pour un matérialiste dialectique. Il vaut mieux éviter ce mot compromettant. Par quoi le remplacer ? Par la science, bien sûr, et même par la Science avec une majuscule. Et la science, comme tous le savent, se base sur la « critique » et sur les « expériences ». Cela sonne bien : si solide, si tolérant, tellement non sectaire, tellement professoral ! Avec cette formule, on peut faire son entrée dans n'importe quel salon démocratique.

Relisez, s'il vous plaît, une fois de plus votre propre phrase : « À la place d'une politique conservatrice nous devons promouvoir une politique audacieuse, souple, critique et expérimentale, en un mot, une politique scientifique ». Vous n'auriez pas pu mieux dire. Mais c'est précisément la formule que tous les empiristes petits-bourgeois, tous les révisionnistes et, les derniers mais non les moindres, tous les aventuriers politiques opposent au marxisme « étroit », « limité », « dogmatique » et « conservateur ».

Buffon a dit un jour : Le style est l'homme. La terminologie politique n'est pas seulement l'homme, elle est aussi le parti. La terminologie est un des éléments de la lutte des classes. Seuls des pédants inertes peuvent avoir de la difficulté à comprendre cela. Dans votre texte, vous faites soigneusement disparaître — oui, personne d'autre que vous, camarade Burnham — non seulement des termes comme dialectique et matérialisme, mais aussi marxisme. Vous êtes au-dessus de cela ! Vous êtes l'homme d'une science « critique » et « expérimentale ». Vous avez choisi pour la même raison d'utiliser l'étiquette « impérialisme » pour décrire la politique extérieure du Kremlin. Cette innovation vous permet de vous démarquer de la terminologie trop gênante de la Quatrième Internationale en créant des formules moins « sectaires », moins « religieuses », moins rigoureuses, plus libres, que vous avez en commun — heureux hasard ! — avec la démocratie bourgeoise.

Vous voulez expérimenter ? Permettez-moi cependant de vous rappeler que le mouvement ouvrier a une longue histoire, qui ne manque ni d'expérience ni, si vous préférez, d'expérimentations. Cette expérience, acquise à un prix élevé, s'est cristallisée sous la forme d'une doctrine bien précise, ce même marxisme dont vous évitez soigneusement le nom. Avant de vous donner le droit de faire des expériences, le parti a le droit de vous demander quelle méthode vous utiliserez. Henry Ford permettrait difficilement qu'un homme se livre à des expériences dans son usine sans avoir au préalable assimilé les importantes leçons venant du développement antérieur de l'industrie et des innombrables expériences déjà effectuées. En outre, les laboratoires de recherche des entreprises sont soigneusement séparés de la production de masse. Les expériences faites par des guérisseurs sur le mouvement ouvrier sont infiniment moins admissibles, même lorsqu'elles sont effectuées sous la bannière d'une « science » anonyme. Pour nous, le marxisme est la science du mouvement ouvrier. Nous laissons la science sociale anonyme, la Science avec une majuscule, à la pleine et entière disposition d'Eastman et de ses semblables.

Je sais que vous avez polémiqué contre Eastman et, sur certains points, vous l'avez très bien fait. Mais vous avez débattu avec lui comme un représentant de votre propre milieu et non comme un agent de l'ennemi de classe. C'est ce qu'a clairement montré l'article que vous avez écrit avec Shachtman et que vous avez conclu inopinément en invitant Eastman, Hook, Lyons et les autres à promulguer leurs positions dans les colonnes de *New International.* Vous ne vous êtes même pas souciés qu'ils puissent poser la question de la dialectique et ainsi vous obliger à rompre votre silence diplomatique.

Dans une lettre adressée au camarade Shachtman le 20 janvier de l'année passée, donc bien avant cette discussion, j'ai insisté sur l'urgente nécessité de suivre attentivement ce qui se passait au sein du parti stalinien : « Ce serait mille fois plus important que d'inviter Eastman, Lyons et les autres à présenter leurs élucubrations personnelles. J'ai été un peu étonné de voir la place que vous avez donnée au dernier article arrogant et insignifiant d'Eastman. Il a à sa disposition le *Harper's Magazine,* le *Modern Monthly,* le *Common Sense,* etc. Mais je suis absolument stupéfait que vous *invitiez* personnellement ces messieurs à souiller les pages (si peu nombreuses !) de *New International.* La poursuite de cette polémique peut intéresser quelques *intellectuels petits-bourgeois,* mais pas des éléments révolutionnaires. Je suis profondément convaincu qu'une certaine réorganisation de *New International* et de *Socialist Appeal* est indispensable : prendre nos distances d'Eastman, de Lyons, etc. ; nous rapprocher des travailleurs et, en ce sens, du parti stalinien. »

Comme toujours en de pareilles occasions, Shachtman me répondit de façon distraite et nonchalante. La question fut réglée dans la pratique quand les ennemis du marxisme que vous aviez invités ont refusé votre invitation. L'épisode mérite cependant une plus grande attention. D'un côté, camarade Burnham, vous invitez, avec le soutien de Shachtman, des démocrates bourgeois à s'expliquer amicalement dans les colonnes de l'organe du parti. D'un autre côté, toujours avec le soutien de

Shachtman, vous refusez de vous engager dans une discussion avec moi sur la question de la dialectique et de la nature de classe de l'État soviétique. Cela ne signifie-t-il pas qu'avec votre allié Shachtman vous vous tournez vers des demi-adversaires bourgeois tout en tournant le dos à votre propre parti ? Abern a conclu il y a longtemps que le marxisme est une doctrine tout à fait respectable, mais qu'une bonne combinaison oppositionnelle est beaucoup plus importante. Pendant ce temps, Shachtman glisse et s'embourbe, en se consolant par des plaisanteries. Je suppose cependant qu'il a le coeur un peu lourd. Lorsqu'il aura atteint un certain point, Shachtman se ressaisira et remontera la pente, du moins je l'espère. C'est notre seul espoir que sa politique fractionnelle « expérimentale » finisse par profiter à la « Science ».

Un « dialecticien inconscient »

On m'a dit que Shachtman, reprenant ma remarque sur Darwin comme si elle venait de lui, a dit à votre sujet que vous êtes un « dialecticien inconscient ». Ce compliment ambigu contient un grain de vérité. Tout individu est un dialecticien, *à un niveau plus ou moins grand,* et un dialecticien inconscient, dans la plupart des cas. Toute ménagère sait qu'une certaine quantité de sel donne un goût agréable au potage et qu'une quantité plus grande le rend immangeable. La paysanne inculte se conduit vis-à-vis de son potage en obéissant à la loi hégélienne de la transformation de la quantité en qualité. On peut tirer une quantité innombrable d'exemples de ce type dans la réalité quotidienne. Même les animaux établissent leurs conclusions pratiques non seulement sur la base du syllogisme aristotélicien mais aussi sur la base de la dialectique hégélienne. C'est ainsi que le renard sait que les quadrupèdes et les oiseaux sont nourrissants et délicieux. À la vue d'un lièvre, d'un lapin, d'une poule, le renard réfléchit : cette créature particulière est du type nourrissant et délicieux. Et il donne la chasse à sa victime. Nous avons là un syllogisme complet, bien qu'on puisse supposer que le renard n'a jamais lu Aristote. Cependant lorsque le même renard tombe pour la première fois sur un animal aux dimensions plus grandes que les siennes, par exemple, sur un loup, il conclut rapidement que la quantité s'est changée en qualité et il s'enfuit. Une chose est claire : les pattes du renard ont des tendances hégéliennes, même si elles ne sont pas pleinement conscientes. Tout cela montre, en passant, que nos méthodes de pensée, que ce soit la logique formelle ou la dialectique, ne sont pas des constructions arbitraires de notre raison, mais plutôt le reflet de relations réelles dans la nature même. En ce sens l'univers tout entier est imprégné de dialectique « inconsciente ». Mais la nature ne s'est pas arrêtée là. Il aura fallu que de grands bouleversements se produisent avant que les relations au sein de la nature ne finissent par se convertir dans le langage de la conscience du renard et de l'homme et que l'homme puisse généraliser ces formes de conscience et les transformer en catégories logiques (dialectiques), nous donnant par là-même la possibilité d'explorer plus profondément le monde qui nous entoure.

Jusqu'à ce jour, ce sont Hegel et Marx qui ont donné leur expression la plus achevée aux lois de la dialectique qui règnent dans la nature et dans la société. Bien que Darwin n'ait pas cherché à vérifier ses méthodes logiques, son empirisme dans le domaine des sciences de la nature, l'empirisme d'un génie, s'est hissé jusqu'aux plus hautes généralisations dialectiques. En ce sens, comme je l'ai dit dans mon autre article, Darwin était un « dialecticien inconscient ». Cependant, ce qui nous plaît chez Darwin, ce n'est pas le fait qu'il n'a pas réussi à se hisser jusqu'à la dialectique. Nous l'apprécions au contraire pour avoir réussi, malgré son retard philosophique, à nous expliquer l'origine des espèces. Soit dit en passant, l'empirisme étroit de la méthode darwinienne exaspérait Engels, bien qu'il eût immédiatement compris, tout comme Marx, la grandeur de la théorie de la sélection naturelle. Au contraire, jusqu'à la fin de sa vie, Darwin n'a malheureusement pas compris le sens de la sociologie de Marx. S'il s'était aventuré à dénoncer par écrit la dialectique ou le matérialisme, Marx et Engels l'auraient attaqué avec vigueur pour éviter que son prestige ne serve à couvrir la réaction idéologique.

Dans la déclaration avocassière de Shachtman, suivant laquelle vous êtes un « dialecticien inconscient », il faut mettre l'accent sur le mot *inconscient.* Shachtman a ainsi pour objectif (partiellement aussi inconscient) de défendre son bloc avec vous en rabaissant le matérialisme dialectique. Ce que dit Shachtman en réalité, c'est que la différence entre un dialecticien « conscient » et un dialecticien « inconscient » n'est pas importante au point qu'il faille se battre à ce sujet. Voilà pourquoi Shachtman s'efforce de discréditer la méthode marxiste.

Mais le problème est encore plus profond. Il y a énormément de dialecticiens inconscients ou semi-inconscients dans le monde. Quelques-uns d'entre eux appliquent admirablement le matérialisme dialectique à la politique, bien qu'ils ne se soient jamais occupés des questions de méthode. S'en prendre à ces camarades serait vraiment faire preuve de stupidité pédante. Il en va tout autrement avec vous, camarade Burnham. Vous êtes un rédacteur d'une revue théorique dont la tâche consiste à éduquer le parti dans l'esprit de la méthode marxiste. Vous êtes pourtant un *adversaire conscient de la dialectique*, pas du tout un *dialecticien inconscient.* Même si vous aviez utilisé la dialectique avec succès dans les questions politiques, comme le prétend Shachtman, c'est-à-dire même si vous aviez possédé un « instinct » dialectique, nous serions toujours obligés d'engager le combat contre vous, parce qu'on ne peut pas transmettre à d'autres votre instinct dialectique ainsi que d'autres qualités individuelles, alors qu'on peut rendre la méthode dialectique consciente accessible à l'ensemble du parti, à un degré plus ou moins grand.

La dialectique et monsieur Dies

Même si vous avez un instinct dialectique — et je n'entreprendrai pas de porter un jugement là-dessus — la routine académique et la morgue intellectuelle l'étouffent presque toujours. Ce que nous appelons l'instinct de classe d'un travailleur accepte avec une relative facilité la manière dialectique d'aborder les questions. On ne peut parler d'un pareil instinct chez un intellectuel bourgeois. Ce n'est qu'en surmontant *consciemment* son esprit petit-bourgeois qu'un intellectuel isolé du prolétariat peut se hisser jusqu'à la politique marxiste. Par malheur, Shachtman et Abern font tout ce qu'ils peuvent pour vous empêcher d'y arriver. En vous soutenant, ils vous rendent un bien mauvais service, camarade Burnham.

Avec le soutien de votre bloc, qu'on pourrait appeler la *Ligue de la capitulation fractionnelle,* vous commettez une erreur après l'autre en philosophie, en sociologie, en politique, dans le domaine de l'organisation. Vos erreurs ne sont pas le fruit du hasard. Vous abordez chaque question en l'isolant, en coupant son lien avec d'autres questions, son rapport avec d'autres facteurs sociaux, et vous le faites... sans tenir compte de l'expérience internationale. Vous rejetez la méthode dialectique. Malgré votre culture, vous intervenez dans la politique comme un guérisseur.

Vous vous êtes embrouillé sur la question du comité Dies de façon tout aussi éclatante que sur celle de la Finlande. À mes arguments pour utiliser cet organisme parlementaire, vous avez répondu qu'il faudrait régler la question sur la base, non pas de considérations de principe, mais de circonstances particulières, que vous étiez le seul à connaître et que vous vous êtes bien gardé de révéler. Permettez-moi tout de même de vous dire quelles étaient ces circonstances : votre dépendance idéologique vis-à-vis de l'opinion publique bourgeoise. Bien que tous les secteurs de la démocratie bourgeoise, y compris le comité Dies, partagent la pleine responsabilité pour le régime capitaliste, ils sont contraints, dans les intérêts de ce même capitalisme, de chercher pudiquement à détourner l'attention des organismes de ce régime qui sont trop révélateurs. Pure et simple division du travail ! Vieille supercherie qui continue cependant d'être efficace. En ce qui concerne les travailleurs auxquels vous faites vaguement allusion, une partie d'entre eux, en fait une partie considérable, se trouve comme vous sous l'influence de la démocratie bourgeoise. Et pourtant le travailleur moyen, qui n'est pas infecté par les préjugés de l'aristocratie ouvrière, saluerait avec joie toute parole audacieuse et révolutionnaire jetée à la face de l'ennemi de classe. Et plus est réactionnaire l'institution dans laquelle se produit l'affrontement, plus le travailleur sera satisfait. Toute l'expérience historique le démontre. Dies lui-même, en prenant peur et en reculant à temps, a démontré à quel point votre position était fausse. Il vaut toujours mieux contraindre l'adversaire à reculer que de se cacher sans combattre.

Mais ici j'aperçois le visage indigné de Shachtman, qui s'efforce de m'arrêter d'un geste de protestation : « L'opposition n'est pas responsable de l'opinion de Burnham sur le comité Dies ; cette question n'a pas acquis un caractère fractionnel », etc. Je sais tout cela. Et il n'aurait vraiment plus manqué que cela : que l'opposition tout entière se soit prononcée pour la tactique du boycott, qui était, dans ce cas, parfaitement absurde ! Il suffit que le dirigeant de l'opposition, qui a ses propres opinions et les expose publiquement, se soit exprimé dans le sens du boycott. Si, de votre côté, vous avez passé l'âge de discuter de « religion », en ce qui me concerne, je l'avoue, j'ai toujours considéré que la Quatrième Internationale tout entière avait passé l'âge de considérer l'abstentionnisme comme la plus révolutionnaire des politiques. Outre votre absence de méthode, vous avez révélé dans ce cas précis un manque évident de flair politique. Dans cette situation, un révolutionnaire n'aurait pas eu besoin de réfléchir longuement pour passer par la porte que l'ennemi avait ouverte et profiter au maximum de cette ouverture. Quant aux membres de l'opposition qui, comme vous, se sont prononcés contre une participation au comité Dies — et ils sont relativement nombreux ! — il faudrait, à mon avis, mettre sur pied des cours particuliers de formation pour leur expliquer les vérités élémentaires de la tactique révolutionnaire, qui n'a rien de commun avec l'abstentionnisme pseudo-radical des cercles d'intellectuels.

Les « questions politiques concrètes »

L'opposition se montre le plus faible là où elle se croit particulièrement forte : dans le domaine de la politique révolutionnaire quotidienne. Et cela s'applique surtout à vous, camarade Burnham. Votre impuissance et celle de toute l'opposition face aux grands événements est apparue de façon particulièrement éclatante dans les questions de la Pologne, de la Baltique et de la Finlande. Shachtman trouva d'abord une pierre philosophale : il fallait accomplir en Pologne occupée une insurrection simultanée contre Hitler et contre Staline. L'idée était magnifique, mais Shachtman n'avait malheureusement aucune possibilité de la mettre en pratique. Les travailleurs d'avant-garde en Pologne orientale auraient pu légitimement dire : « Un soulèvement simultané contre Hitler et contre Staline, dans un pays occupé par des troupes, pourrait peut-être s'organiser facilement depuis le Bronx*, mais ici, sur place, ce serait plus difficile. Nous aimerions bien que Burnham et Shachtman répondent à une "question politique concrète" : que devrons-nous faire en attendant ce soulèvement ? » Et pendant ce temps, le haut-commandement soviétique invitait les paysans et les ouvriers à s'emparer de la terre et des usines. Dans la vie d'un pays occupé, cet appel, soutenu par la force des armes, a eu une énorme signification. Les journaux de Moscou étaient gorgés de communiqués sur l'« enthousiasme » débordant des travailleurs et des paysans pauvres. Nous pourrions et nous devrions consulter ces informations avec une méfiance parfaitement justifiée : les mensonges ne manquent pas. Cependant, il est inacceptable de ne pas tenir compte des faits : l'appel lancé aux paysans et aux travailleurs ukrainiens et biélorusses persécutés et opprimés pour qu'ils règlent leurs comptes avec les gros propriétaires terriens et qu'ils chassent les capitalistes ne pouvait pas ne pas les enflammer, eux qui voyaient dans le gros propriétaire polonais un double ennemi.

Le journal publié à Paris par les mencheviks, qui sont solidaires de la démocratie bourgeoise de France et non pas de la Quatrième Internationale, a soutenu sans ambages que l'avance de l'Armée rouge s'est accompagnée d'une vague d'agitation révolutionnaire dont les échos ont touché jusqu'aux masses paysannes de Roumanie. Ce qui donne une importance particulière aux informations provenant de ce journal, c'est la relation étroite

* Shachtman était membre de la branche du Bronx du SWP.

qu'entretiennent les mencheviks avec les dirigeants du Bund juif, du Parti socialiste polonais et d'autres organisations hostiles au Kremlin et qui ont fui la Pologne. Nous étions donc parfaitement justifiés de dire à un bolchevik de Pologne orientale : « Avec les travailleurs et les paysans, et à l'avant-garde, vous devez mener une lutte contre les gros propriétaires fonciers et les capitalistes ; ne vous coupez pas des masses, malgré toutes leurs illusions, comme les révolutionnaires russes ne se sont pas coupés des masses qui ne s'étaient pas encore libérées de leurs espoirs dans le tsar (le Dimanche sanglant du 22 janvier 1905) ; éduquez les masses dans le feu de la lutte, mettez-les en garde contre les espoirs naïfs qu'elles nourrissent envers Moscou, mais ne vous coupez pas d'elles ; combattez dans leur camp, tentez d'élargir et d'approfondir leur lutte, de lui donner la plus grande indépendance possible : c'est seulement ainsi que vous préparerez le soulèvement à venir contre Staline. » La marche des événements en Pologne a entièrement confirmé ces directives, qui reprenaient en la développant toute notre politique précédente, en particulier en Espagne.

Puisqu'il n'y a aucune différence de principe entre la situation en Finlande et celle en Pologne, nous n'avons aucune raison de modifier nos directives. Mais l'opposition, qui n'a pas compris ce qu'ont signifié les événements en Pologne, s'efforce maintenant de s'accrocher à la Finlande comme à une bouée de sauvetage. « Où est la guerre civile en Finlande ? Trotsky parle d'une guerre civile. Nous n'avons rien vu de tel dans la presse », et ainsi de suite. Pour l'opposition, la question de la Finlande semble différente en principe de la question de l'Ukraine occidentale et de la Biélorussie. Elle isole chaque question et l'examine en la séparant entièrement de la marche générale du développement. Déroutée par la marche des événements, l'opposition cherche à chaque fois à s'appuyer sur des circonstances fortuites, secondaires, passagères et conjoncturelles.

Les hauts cris sur l'absence de guerre civile en Finlande signifient-ils que l'opposition adopterait notre politique si la guerre civile éclatait effectivement en Finlande ? Oui ou non ? En répondant par l'affirmative, l'opposition condamnerait sa propre politique vis-à-vis de la Pologne, car là, malgré la guerre civile, elle s'est contentée de refuser de prendre part aux événements en attendant un soulèvement simultané contre Staline et Hitler. Il est clair, camarade Burnham, que vous et vos alliés n'avez pas réfléchi à cette question jusqu'au bout.

Mais qu'en est-il donc de mon affirmation concernant la guerre civile en Finlande ? Au tout début des hostilités, on pouvait supposer que Moscou désirait obtenir, à l'aide d'une petite expédition punitive, un changement de gouvernement à Helsinki et établir avec la Finlande les mêmes relations qu'avec les autres pays baltes. Mais l'établissement du gouvernement dirigé par Kuusinen à Terijoki a montré que Moscou avait d'autres plans et d'autres objectifs. Des dépêches ont signalé la création d'une « Armée rouge » finlandaise. Bien entendu, il ne s'agissait que de petites formations fabriquées d'en haut. Kuusinen a publié son programme. Puis sont apparus les premiers télégrammes sur la division de grandes propriétés terriennes entre des paysans pauvres. Dans leur ensemble, ces communiqués signifiaient que Moscou tentait d'organiser une guerre civile. Il s'agit, bien entendu, d'une guerre civile d'un type particulier. Elle ne jaillit pas spontanément des profondeurs populaires. Elle ne se mène pas sous la direction d'un parti révolutionnaire finlandais s'appuyant sur les masses. Elle est importée à la pointe des baïonnettes. C'est la bureaucratie de Moscou qui la contrôle. Nous savons tout cela et nous avons pleinement traité de tout cela en discutant de la Pologne. Mais il s'agit néanmoins d'une guerre civile, d'un appel aux couches inférieures, aux pauvres, pour qu'ils exproprient les riches, les chassent, les arrêtent, etc. Je ne connais pas d'autre nom pour de tels actes que celui de guerre civile.

« Mais, après tout, il n'y a pas eu de guerre civile en Finlande, objectent les dirigeants de l'opposition. Cela signifie que vos calculs ne se sont pas matérialisés. » Je réponds à cela : avec la défaite et la retraite de l'Armée rouge, la guerre civile ne peut pas, bien entendu, se développer en Finlande sous les baïonnettes de Mannerheim. Ce fait n'est pas un argument contre moi mais contre Shachtman, car il montre que dans la première période de la guerre, lorsque la discipline des armées est encore ferme, il est beaucoup plus facile d'organiser une insurrection, et en plus sur deux fronts, à partir du Bronx que de Terijoki.

Nous n'avons pas prévu les défaites des premiers détachements de l'Armée rouge. Nous ne pouvions prévoir à quel point la stupidité et la démoralisation règnent au Kremlin et aux sommets de l'armée, que le Kremlin a décapitée. Il ne s'agit pourtant là que d'un épisode militaire qui ne peut définir notre ligne politique. Si Moscou, après une première expérience infructueuse, se refusait absolument à mener une nouvelle offensive contre la Finlande, alors la question même qui aujourd'hui empêche l'opposition de comprendre la situation mondiale serait retirée de l'ordre du jour. Mais il y a peu de chance que cela se produise. Par contre, si l'Angleterre, la France et les États-Unis, s'appuyant sur les pays scandinaves, en arrivaient à apporter une aide militaire à la Finlande, la question finlandaise serait ensevelie sous une guerre entre l'URSS et les pays impérialistes. Dans ce cas, nous devons supposer que même une majorité des membres de l'opposition se souviendraient du programme de la Quatrième Internationale.

Pour l'instant, cependant, l'opposition ne s'intéresse pas à ces deux variantes : l'arrêt de l'offensive de l'URSS ou le début des hostilités entre l'URSS et les démocraties impérialistes. L'opposition ne s'intéresse qu'à la question isolée de l'invasion de la Finlande par l'URSS. Très bien, prenons cela comme notre point de départ. Si la seconde offensive, comme on peut le supposer, est mieux préparée et menée, alors la progression de l'Armée rouge dans le pays remettra la question de la guerre civile à l'ordre du jour, à une échelle beaucoup plus considérable que lors de la première offensive honteusement infructueuse. Nos directives, en conséquence, demeurent complètement valides, aussi longtemps que la question elle-même reste à l'ordre du jour. Mais que proposerait donc l'opposition si l'Armée rouge réussissait à avancer en Finlande et qu'une guerre civile éclatait dans ce pays ? Il semble que l'opposition ne pense à rien de tout cela, car elle vit au jour le jour, d'un incident à l'autre, en s'accrochant à des épisodes, à des phrases détachées dans un éditorial, en se nourrissant de sympathies et d'antipathies et en se construisant ainsi un semblant de plateforme. La faiblesse des empiristes et des impressionnistes apparaît toujours avec une évidence particulière dans leur manière d'aborder les « questions politiques concrètes ».

Le désarroi théorique et l'abstentionnisme politique

Toutes les hésitations et toutes les oscillations de l'opposition, si contradictoires soient-elles, ont en commun deux traits généraux qui leur servent de fil conducteur, des hauteurs de la théorie jusqu'aux épisodes les plus insignifiants de la politique. Le premier trait commun, c'est l'absence de conception unifiée. Les dirigeants de l'opposition séparent la sociologie du matérialisme dialectique. Ils séparent la politique de la sociologie. Dans le domaine de la politique, ils séparent nos tâches en Pologne de notre expérience en Espagne, nos tâches en Finlande de notre position sur la Pologne. L'histoire se transforme en une série de cas exceptionnels, la politique en une série d'improvisations. Nous avons là, au plein sens du mot, la désintégration du marxisme, la désintégration de la pensée théorique, la désintégration de la politique en ses éléments constituants. L'empirisme et son frère de lait, l'impressionnisme, dominent sur toute la ligne. Voilà pourquoi la direction idéologique de l'opposition vous revient, camarade Burnham, en tant qu'opposant à la dialectique et en tant qu'empiriste qui n'a pas honte de son empirisme.

Dans les hésitations et les oscillations de l'opposition, il y a un autre trait commun, étroitement lié au premier, à savoir une tendance à s'abstenir de participer activement, une tendance à s'exclure soi-même de l'action, à l'abstentionnisme, bien évidemment, sous le couvert de phrases ultraradicales. Vous êtes en faveur du renversement de Hitler et de Staline en Pologne, de Staline et de Mannerheim en Finlande et, en attendant, vous repoussez *également* l'une et l'autre des deux parties en lutte, en d'autres mots, vous refusez de participer à la lutte, y compris à la guerre civile. Votre référence à l'absence de guerre civile en Finlande n'est qu'un argument conjoncturel et accidentel. Si la guerre civile y éclate, l'opposition s'efforcera de ne pas la remarquer, tout comme elle s'est efforcée de ne pas la remarquer en Pologne. Ou bien elle déclarera qu'étant donné que la politique de la bureaucratie de Moscou a un caractère « impérialiste », « nous » ne participons pas à cette sale affaire. Dans sa quête verbale de tâches politiques « concrètes », l'opposition se place, en fait, en dehors du processus historique. Camarade Burnham, votre position à l'égard du comité Dies mérite d'être soulignée précisément parce qu'elle est une expression éclatante de la même tendance à l'abstentionnisme et à la confusion. Le principe qui vous guide est toujours le même : « Non merci, je ne fume pas. »

Tout homme, tout parti, toute classe même, peuvent bien entendu sombrer dans la confusion. Mais pour la petite-bourgeoisie, en particulier face aux grands événements, cette confusion est inévitable et pour ainsi dire congénitale. Les intellectuels tentent d'exprimer leur désarroi en utilisant le langage de la « science ». La plate-forme contradictoire de l'opposition exprime son désarroi petit-bourgeois dans le langage prétentieux des intellectuels. Il n'y a là rien de prolétarien.

La petite-bourgeoisie et le centralisme

Dans le domaine de l'organisation, vos opinions sont aussi schématiques, empiriques et non révolutionnaires que dans le domaine de la théorie et de la politique. Un Stolberg, une lanterne à la main, se met en quête d'une révolution idéale, qui se produirait sans le moindre excès et avec toutes les garanties contre le Thermidor et la contrerévolution ; de même, vous recherchez la démocratie idéale au sein du parti, qui accorderait, pour toujours et à tous, la possibilité de dire et de faire tout ce qui leur passe par la tête tout en les protégeant contre toute possibilité de dégénérescence bureaucratique du parti. Vous avez simplement oublié un petit détail, à savoir que le parti n'est pas une arène politique où chacun peut affirmer librement son individualité, mais un instrument de la révolution prolétarienne. Vous avez oublié que seule une révolution victorieuse peut empêcher la dégénérescence non seulement du parti mais du prolétariat lui-même et de toute la civilisation moderne. Vous ne voyez pas que notre section américaine n'est pas malade d'un excès de centralisme — il est même risible d'en parler — mais d'une déformation et d'un abus monstrueux de démocratie de la part d'éléments petits-bourgeois. Là est la racine de la crise actuelle.

Un ouvrier passe sa journée à l'usine. Il ne lui reste que relativement peu d'heures pour le parti. Dans les réunions, il veut apprendre les points les plus importants : l'évaluation correcte de la situation et les conclusions politiques. Il apprécie les dirigeants qui le font de la façon la plus claire et la plus précise et qui suivent les événements de près. Les petits-bourgeois et surtout les éléments déclassés, coupés du prolétariat, végètent dans un univers clos et artificiel. Ils ont amplement le temps de s'enliser dans la politique ou dans ses substituts. Ils notent les erreurs, répandent toutes sortes de ragots et d'informations sur ce qui se passe dans les « sommets du parti ». Ils se dénichent toujours un chef qui leur fait part de tous les « secrets ». La discussion est leur élément naturel. Aucun niveau de démocratie ne les satisfait. Pour leur logomachie, ils coupent les cheveux en quatre. Ils s'énervent, tournent en rond dans un cercle vicieux et se saoulent de mots. Voulez-vous connaître le programme organisationnel de l'opposition ? C'est une recherche folle pour une quatrième dimension de démocratie au sein du parti. Pratiquement, cela signifie enterrer la politique sous la discussion, enterrer le centralisme sous l'anarchie des cercles intellectuels. Quand quelques milliers de travailleurs se joindront au parti, ils rappelleront à l'ordre les petits-bourgeois anarchistes. Et le plus tôt sera le mieux.

Conclusions

La raison pour laquelle je m'adresse à vous plutôt qu'aux autres chefs de l'opposition, c'est que vous êtes le chef idéologique du bloc. La fraction du camarade Abern, sans programme ni bannière, a besoin d'une couverture. Shachtman fut un moment cette couverture, puis Muste et Spector, et maintenant, c'est votre tour. Shachtman s'adapte à vous. Je considère votre idéologie comme l'expression de l'influence bourgeoise sur le prolétariat.

Cette lettre paraîtra peut-être trop virulente à certains camarades. Je vous avoue que j'ai fait tout mon possible pour me retenir. Car, après tout, il ne s'agit, ni plus ni moins, que d'une tentative de rejeter, de discréditer et de renverser les fondements théoriques, les principes politiques et les méthodes d'organisation de notre mouvement.

On raconte que mon article précédent a fait dire au camarade Abern : « Cela signifie la scission ! » Une telle réaction démontre simplement que Abern manque d'attachement envers le parti et envers la Quatrième Internationale : c'est un homme de cercles. De toute façon, les menaces de scission ne nous empêcheront pas de fournir une analyse marxiste des divergences. Pour nous, marxistes, il ne s'agit pas de faire scission, mais d'éduquer le parti. J'espère fermement que le prochain congrès repoussera impitoyablement les révisionnistes.

À mon avis, le congrès doit déclarer catégoriquement que les dirigeants de l'opposition, en tentant de séparer la sociologie du matérialisme dialectique et la politique de la sociologie, ont rompu avec le marxisme et sont devenus la courroie de transmission de l'empirisme petit-bourgeois. Quant au parti, tout en réaffirmant fermement et complètement sa fidélité totale à la doctrine marxiste et aux méthodes politiques et organisationnelles du bolchevisme, tout en contraignant les comités de rédaction de ses publications officielles à développer et à défendre cette doctrine et ces méthodes, il ouvrira bien évidemment les pages de ses publications à ses membres qui se jugent capables d'ajouter quelque chose de nouveau à la doctrine marxiste. Mais il ne permettra pas que l'on joue à cache-cache avec le marxisme ni qu'on s'en moque avec désinvolture.

La politique d'un parti a un caractère de classe. Sans une analyse de classe de l'État, des partis et des tendances idéologiques, il est impossible d'en arriver à une orientation politique correcte. Le parti doit condamner comme de l'opportunisme vulgaire la tentative de déterminer la politique par rapport à l'URSS à partir d'incidents successifs et indépendamment de la nature de classe de l'État soviétique.

La désintégration du capitalisme, qui engendre un profond mécontentement dans la petite-bourgeoisie et pousse ses couches inférieures vers la gauche, ouvre de vastes possibilités mais contient également de sérieux dangers. Les seuls émigrés de la petite-bourgeoisie dont la Quatrième Internationale a besoin, ce sont ceux qui ont complètement rompu avec leur passé social et qui se sont rangés sans ambigüité aux positions du prolétariat.

Cette transition théorique et politique doit s'accompagner d'une rupture de fait avec l'ancien milieu et de l'établissement de liens étroits avec les travailleurs, en particulier en participant au recrutement et à l'éducation de prolétaires pour leur parti. Les émigrés venus des milieux petits-bourgeois, qui apparaissent incapables de s'insérer dans le milieu prolétarien, doivent être mutés, après un certain délai, du statut de membre du parti à celui de sympathisant.

On ne doit pas placer des membres du parti qui n'ont pas été testés dans le feu de la lutte des classes à des postes qui exigent qu'ils assument des responsabilités. Si talentueux et dévoué au socialisme que soit un émigré venu d'un milieu bourgeois, il doit, avant de devenir un éducateur, aller à l'école de la classe ouvrière. On ne doit pas mettre des jeunes intellectuels à la tête de jeunes intellectuels, mais les envoyer en province, dans les centres purement prolétariens, pour plusieurs années, afin d'y accomplir un dur travail pratique.

La composition de classe du parti doit correspondre à son programme de classe. La section américaine de la Quatrième Internationale deviendra prolétarienne ou cessera tout simplement d'exister.

❖

Camarade Burnham ! Si nous pouvons parvenir à un accord avec vous sur la base de ces principes, nous n'aurons aucune difficulté à élaborer une politique correcte vis-à-vis de la Pologne, de la Finlande et même de l'Inde. En même temps, je m'engage, de mon côté, à vous aider à mener la lutte contre toute manifestation de bureaucratisme et de conservatisme. Telles sont, à mon avis, les conditions nécessaires pour sortir de la crise actuelle.

Avec mes salutations bolcheviques,

L. Trotsky
COYOACÁN, D. F.

16

Lettre à James P. Cannon[‡]

LE 9 JANVIER 1940

Cher ami,

J'ai envoyé hier le texte russe de mon dernier article, écrit sous la forme d'une lettre à Burnham. Les camarades ne seront peut-être pas tous satisfaits de voir que j'y donne la place centrale à la discussion sur la question de la dialectique. Mais je suis sûr que c'est aujourd'hui le seul moyen de commencer l'éducation théorique du Parti, des jeunes en particulier, et d'inculquer une aversion pour l'empirisme et l'éclectisme.

W. Rork [Léon Trotsky]

17

Lettre à Farrell Dobbs‡

LE 10 JANVIER 1940

Cher ami,

Dans l'article que j'ai envoyé à Wright pour qu'il soit traduit, il y a deux questions que je ne mentionne pas du tout :

D'abord, celle du conservatisme bureaucratique. Je crois que nous en avons un peu discuté ensemble ici. En tant que tendance politique, le conservatisme bureaucratique représente les intérêts d'une certaine couche sociale, à savoir de la bureaucratie ouvrière privilégiée dans les États capitalistes, en particulier dans les États impérialistes et, à un degré incomparablement plus élevé, en URSS. Il serait bizarre, pour ne pas dire stupide, de rechercher de telles racines du « conservatisme bureaucratique » de la majorité. Là où le bureaucratisme et le conservatisme ne sont pas déterminés par les conditions sociales, ils ne représentent alors que des traits de caractère, propres à certains dirigeants. De telles choses arrivent. Mais, comment expliquer dans ce cas la formation d'une fraction ? Est-ce un regroupement d'individus conservateurs ? Nous avons ici une explication psychologique et non politique. Si nous admettons (personnellement, je ne le fais pas) que Cannon, par exemple, a des tendances bureaucratiques, nous arrivons alors inévitablement à la conclusion que la majorité soutient Cannon *en dépit* de cette caractéristique et non pas *à cause* d'elle. Cela signifie que les dirigeants de la minorité n'effleurent même pas la question des bases sociales de la lutte fractionnelle.

Deuxièmement, dans le but de compromettre ma « défense » de Cannon, ils affirment que j'ai défendu Molinier à tort. Je suis le dernier à nier que je puisse commettre des erreurs dans le domaine politique comme dans celui de l'appréciation des personnes. Mais, malgré tout, l'argument n'est pas très profond. Je n'ai jamais soutenu les théories erronées de Molinier. Il s'agissait, à vrai dire, de son caractère personnel : brutalité, manque de discipline, sans parler de ses affaires financières privées. Quelques camarades, parmi lesquels Vereecken, réclamaient avec insistance la rupture immédiate avec Molinier. J'insistais sur la nécessité pour l'organisation d'essayer de discipliner Molinier. Mais en 1934, quand Molinier essaya de remplacer le programme du parti par « quatre mots d'ordre » et qu'il fonda un journal sur cette base, je fus de ceux qui proposèrent son exclusion. Voilà toute l'histoire. Chacun peut avoir une opinion différente quant à l'opportunité de ma patience à l'égard de Molinier ; toutefois, je n'étais pas guidé, bien sûr, par le souci de l'intérêt personnel de Molinier, mais par l'intérêt de l'éducation du parti. Nos propres sections ont hérité d'un peu du venin de l'Internationale communiste en ce sens que beaucoup de camarades sont enclins à abuser de mesures telles que l'exclusion, la scission ou les menaces d'exclusions et de scissions. Dans le cas de Molinier comme dans le cas de quelques camarades américains (Field, Weisbord et quelques autres), j'étais partisan d'une attitude plus patiente. Dans plusieurs cas, j'ai réussi, dans plusieurs autres, ce fut un échec. Mais, je ne regrette en rien mon attitude plus patiente envers quelques personnages douteux de notre mouvement. De toute façon, ma « défense » ne m'a jamais amené à constituer un bloc aux dépens des principes. Si quelqu'un proposait, par exemple, d'expulser le camarade Burnham, je m'y opposerais énergiquement. Mais, en même temps, je trouve qu'il est nécessaire de mener le combat idéologique le plus vigoureux contre ses conceptions antimarxistes.

Fraternellement vôtre,

L. Trotsky
COYOACÁN, D. F.

18

Lettre à John G. Wright[‡]

LE 13 JANVIER 1940

Cher camarade Wright,

Je partage complètement votre appréciation sur la brochure du camarade Shachtman[*]. C'est le Shachtman *faible* multiplié par la passion fractionnelle. Il lui manque cette petite chose qu'on appelle le point de vue prolétarien. Il vit au royaume des ombres littéraires : quand il se tient aux côtés du prolétariat et du marxisme, ses ombres sont utiles parce qu'elles correspondent plus ou moins à la réalité ; maintenant, il tourne le dos à la majorité prolétarienne du parti et au marxisme et il en résulte que chaque mot qu'il écrit représente une interprétation totalement erronée des faits et des idées. Je me vois encore obligé de perdre deux ou trois jours pour soumettre son texte absolument

* La brochure mentionnée ici est « La crise dans le parti américain — Lettre ouverte au camarade Léon Trotsky » publiée dans le *Bulletin interne,* vol. 2, n° 7 du 1er janvier 1940.

farfelu à une analyse plus attentive. J'espère montrer aux membres du parti, y compris à la majorité de la minorité, que le texte de Shachtman est, à chaque ligne, une rupture pathétique avec le marxisme et le bolchevisme.

Fraternellement vôtre,

L. Trotsky

19

Lettre à James P. Cannon‡

LE 16 JANVIER 1940

Cher ami,

Quel misérable écrit que la lettre ouverte de Shachtman. Son seul mérite est de m'avoir obligé à lui dire toute la vérité sur sa politique. Ma réponse est déjà dictée. Je n'ai plus qu'à la polir. Malheureusement, elle ne sera pas plus courte que ma lettre à Burnham.

L. T.

20

Lettre à George Novack[‡]

LE 16 JANVIER 1940

Cher camarade Warde,

[…] Vous êtes un des camarades relativement peu nombreux qui s'intéressent sérieusement aux questions méthodologiques de notre mouvement. Ne pensez-vous pas que votre intervention dans le débat de *ce* point de vue serait très utile ?

Des amis m'écrivent que l'intérêt pour le matérialisme dialectique dans notre parti, spécialement chez les jeunes, devient très aigu. Ne pensez-vous pas que les camarades qui pourraient orienter cet intérêt devraient maintenant mettre sur pied une association purement théorique dans le dessein de promouvoir dans le parti les doctrines du matérialisme dialectique ? Vous-même, camarade Wright, et le camarade Gerland (très au courant de la question), pourriez peut-être former le premier noyau d'une telle association, bien sûr, sous le contrôle du département de la propagande du Comité national. Cela n'est, à coup sûr, qu'une vague suggestion, faite de loin, qui devrait être discutée avec les instances responsables du parti. [...]

Fraternellement,
votre camarade,

Léon Trotsky
COYOACÁN, D. F.

21

Lettre à Joseph Hansen‡

LE 18 JANVIER 1940

Cher Joe,

[...] Mon article contre Shachtman est déjà écrit. Il me faudra maintenant deux jours pour le polir et j'essaierai d'utiliser quelques-unes de vos citations.

Mais je désire parler ici d'une question plus importante. Quelques-uns des dirigeants de l'opposition préparent une scission ; ils décriront à l'avenir l'opposition comme une minorité persécutée. C'est un reflet très caractéristique de leur état d'esprit. Je crois que nous devons leur répondre à peu près comme suit :

« Vous êtes déjà effrayés de nos répressions futures ? Nous vous proposons d'adopter des garanties mutuelles pour la future minorité, peu importe qui, de vous ou de nous, pourrait être en minorité. On pourrait formuler ces garanties en quatre points : 1) aucune interdiction des fractions ; 2) aucune autre restriction à l'activité fractionnelle que les restrictions nécessaires pour pouvoir agir en commun ; 3) les publications officielles doivent représenter, bien sûr, la ligne établie par le nouveau congrès ; 4) la future minorité peut avoir, si elle le désire, un bulletin interne destiné aux membres du parti ou un bulletin de discussion à partager avec la majorité. »

Bien sûr, continuer à publier des bulletins de discussion immédiatement après une longue discussion et un congrès ne constitue pas une règle ; c'est une exception d'un genre plutôt déplorable. Mais, nous ne sommes pas du tout des bureaucrates. Nous n'avons pas de règles immuables. Nous sommes dialecticiens dans le domaine organisationnel aussi. Si nous avons, au sein du parti, une importante minorité qui n'est pas satisfaite des décisions du congrès, il est incomparablement préférable de légaliser la discussion après le congrès plutôt que d'avoir une scission.

Si nécessaire, nous pouvons aller encore plus loin et leur proposer de publier, sous la supervision du nouveau Comité national, des comptes rendus spéciaux de la discussion, destinés non seulement aux membres du parti, mais aussi au public en général. Nous devrions aller aussi loin que possible dans ce sens afin que leurs plaintes, qui sont pour le moins prématurées, n'aient aucune raison d'être. Nous voulons qu'il leur soit plus difficile de provoquer une scission.

Pour ma part, je crois que, dans les conditions présentes, la prolongation de la discussion, si elle est favorisée par la bonne volonté des deux côtés, ne peut que servir à éduquer le parti.

Je pense que la majorité devrait faire officiellement ces propositions au Comité national par écrit. Peu importe ce qu'ils répondront, le parti ne pourra qu'y gagner.

Avec mes salutations
les meilleures,

Cornell [Léon Trotsky]
COYOACÁN, D. F.

22

D'une égratignure au danger de gangrène

LE 24 JANVIER 1940

La discussion évolue en suivant sa propre logique interne. Chaque camp, conformément à sa nature sociale et à sa physionomie politique, s'efforce de frapper les points où son adversaire est le plus faible et le plus vulnérable. C'est précisément cela qui détermine le cours de la discussion et non les plans préconçus des chefs de l'opposition. Regretter que la discussion ait éclaté, c'est maintenant une attitude tardive et stérile. Il suffit pour l'instant de suivre avec vigilance le rôle joué par les provocateurs staliniens, qui sont indiscutablement présents dans le parti et qui ont reçu l'ordre d'empoisonner l'atmosphère entourant la discussion et de pousser la lutte idéologique vers une scission. Il n'est pas très malaisé de reconnaître ces gens-là : ils déploient un zèle excessif et bien entendu artificiel ; ils remplacent les idées et les arguments par les commérages et les calomnies. Les deux fractions doivent unir leurs efforts pour les démasquer et les chasser. Mais la lutte de principe doit être menée à bonne fin, c'est-à-dire jusqu'à une clarification sérieuse des questions les plus importantes qui ont été posées. Il faut utiliser la discussion de façon à ce qu'elle puisse élever le niveau théorique du parti.

Une forte proportion des membres de la section américaine, comme toute notre jeune Internationale, est issue de l'Internationale communiste dans sa période de déclin ou de la Deuxième Internationale. Ce sont de mauvaises écoles. La discussion a révélé que de larges cercles du parti n'ont qu'une faible formation théorique. Il suffit, par exemple, de mentionner le fait que la section de New York du parti n'a pas eu le réflexe de répondre vigoureusement aux tentatives irréfléchies de réviser la doctrine et le programme marxistes, mais qu'elle a, au contraire, soutenu les révisionnistes. Cela est regrettable, mais remédiable, dans la mesure où notre parti américain et toute l'Internationale se composent d'éléments honnêtes qui cherchent sincèrement à avancer vers la voie révolutionnaire. Ils ont le désir et la volonté d'apprendre. Mais il n'y a pas de temps à perdre. C'est précisément la pénétration du parti dans les syndicats et dans le milieu ouvrier en général qui exige d'élever la compétence théorique de nos cadres. Par cadres, je ne veux pas dire l'« appareil », mais le parti dans son ensemble. Chaque membre du parti doit se considérer comme un officier de l'armée prolétarienne.

Aujourd'hui, les opposants demandent ironiquement aux représentants de la majorité : « Depuis quand êtes-vous devenus des spécialistes des questions philosophiques ? » Cette ironie est complètement déplacée. Le socialisme scientifique est l'expression consciente du processus historique inconscient, c'est-à-dire de l'aspiration instinctive et fondamentale du prolétariat à reconstruire la société sur des fondements communistes. Ces tendances naturelles dans la psychologie des travailleurs émergent avec une extrême rapidité à notre époque de guerres et de crises. La discussion a révélé indiscutablement un conflit à l'intérieur du parti entre une tendance petite-bourgeoise et une tendance prolétarienne. Le désarroi de la tendance petite-bourgeoise apparaît clairement dans sa tentative de réduire le programme du parti au menu fretin des questions « concrètes ». La tendance prolétarienne s'efforce, au contraire, de relier toutes les questions partielles à une unité théorique. Ce qui compte pour le moment n'est pas de savoir dans quelle mesure chaque membre de la majorité applique consciemment la méthode dialectique. Ce qui importe, c'est que la majorité dans son ensemble s'efforce de poser les questions de façon prolétarienne et qu'elle cherche, en le faisant, à assimiler la dialectique, qui est l'« algèbre de la révolution ». Les opposants, m'a-t-on dit, saluent par des éclats de rire la mention même du mot « dialectique ». En vain. Ce procédé indigne ne servira à rien. La dialectique du processus historique a plus d'une fois cruellement puni ceux qui tentaient de s'en moquer.

Le dernier article du camarade Shachtman (« Lettre ouverte au camarade Trotsky ») est un symptôme alarmant. Il révèle que Shachtman se refuse de tirer des leçons de la discussion et qu'il s'enlise dans ses erreurs, en profitant pour cela non seulement du niveau théorique insuffisant du parti, mais aussi des préjugés spécifiques de son aile petite-bourgeoise. Nous savons tous avec quelle aisance Shachtman peut tresser différents épisodes historiques autour d'un axe ou d'un autre. Cette capacité fait de Shachtman un journaliste talentueux. Malheureusement, ce talent est en soi insuffisant. La question principale est de savoir quel axe choisir. Shachtman est toujours absorbé par le reflet de la politique dans la littérature et dans la presse. Il ne s'intéresse pas aux processus réels de la lutte des classes, à la vie des masses, aux relations entre les différentes couches de la classe ouvrière elle-même, etc. J'ai lu nombre d'articles excellents et même brillants de Shachtman, mais je n'ai jamais lu de sa part la moindre remarque vraiment pénétrante sur la vie de la classe ouvrière américaine ou de son avant-garde.

Il faut préciser qu'il ne s'agit pas d'un défaut personnel de Shachtman, mais du destin d'une génération entière de révolutionnaires qui s'est développée en dehors du mouvement ouvrier, par suite d'une combinaison particulière de conditions historiques. Plus d'une fois déjà, j'ai eu l'occasion de parler et d'écrire sur le danger que ces individus valables dégénèrent *malgré* leur dévouement pour la révolution. Ce qui était en son temps une caractéristique inéluctable de la jeunesse est devenu une faiblesse. La faiblesse devient une maladie et si on la néglige, la maladie peut devenir fatale. Pour éviter ce danger, il faut ouvrir consciemment un nouveau chapitre dans le développement du parti. Les propagandistes et les journalistes de la Quatrième Internationale doivent écrire un nouveau chapitre dans leur propre conscience. Il faut se réarmer. Il faut se retourner sur son propre axe : tourner le dos aux intellectuels petits-bourgeois et se tourner vers les travailleurs.

Il serait difficile de concevoir une faute plus dangereuse pour le parti que de penser que la crise actuelle provient du conservatisme de son secteur ouvrier et de chercher la solution à cette crise dans la victoire du bloc petit-bourgeois. En fait, la présente crise découle entièrement du conservatisme des éléments petits-bourgeois, qui sont passés par l'école du propagandisme pur et qui n'ont pas encore trouvé la voie de la lutte des classes. La crise actuelle, c'est l'ultime lutte de ces éléments pour leur propre survie. Individuellement, chaque opposant peut, s'il le désire fermement, se trouver une place honorable dans le mouvement révolutionnaire. Mais la fraction elle-même est vouée à l'échec. Dans la lutte en cours, Shachtman n'est pas dans le camp où il devrait être. Comme toujours en pareil cas, ses points forts sont passés à l'arrière-plan, tandis que ses points faibles se sont exprimés de manière particulièrement achevée. Et sa « Lettre ouverte » représente une sorte de cristallisation de ses points faibles.

Shachtman a laissé une vétille de côté : sa position de classe. D'où ses zigzags extraordinaires, ses improvisations et ses conclusions hâtives. Il substitue à l'analyse de classe une collection disparate d'anecdotes historiques à seule fin de couvrir son propre glissement, de camoufler la contradiction entre son hier et son aujourd'hui. Ainsi procède Shachtman avec l'histoire du marxisme, l'histoire de son propre parti et l'histoire de l'opposition russe. Ce faisant, il accumule fautes sur fautes. Nous verrons que toutes les analogies historiques auxquelles il recourt se retournent contre lui.

Il est beaucoup plus difficile de corriger des fautes que de les commettre. Je dois demander au lecteur d'être patient et de me suivre pas à pas à travers les zigzags des opérations intellectuelles de Shachtman. De mon côté, je promets de ne pas me contenter de souligner des fautes et des contradictions, mais aussi d'opposer, du début à la fin, la position prolétarienne à la position petite-bourgeoise, la position marxiste à la position éclectique. Sur cette voie, chacun de nous apprendra peut-être quelque chose au cours de la discussion.

Des « précédents »

« Comment nous, qui sommes des révolutionnaires intransigeants, sommes-nous devenus si soudainement une tendance petite-bourgeoise ? », s'indigne Shachtman. Où sont les preuves ? « Comment cette tendance s'est-elle manifestée dans la dernière année [!] ou l'année précédente parmi les porte-parole qui représentent la minorité ? (*Bulletin interne*, vol. 2, no. 7, janvier 1940, p. 11). Pourquoi n'avons-nous pas cédé plus tôt à l'influence de la démocratie petite-bourgeoise ? Pourquoi avons-nous, durant la guerre civile espagnole... et ainsi de suite. Telle est la carte maîtresse que Shachtman abat au début de sa polémique contre moi et sur laquelle il a brodé des variations à l'infini. Il attribue apparemment une valeur exceptionnelle à cette carte. Il ne lui vient pas du tout à l'esprit que je puisse retourner cet argument contre lui.

Le texte de l'opposition intitulé « La guerre et le conservatisme bureaucratique »* admet que Trotsky a raison 9 fois sur 10, peut-être même 99 sur 100. Je comprends trop bien le caractère conventionnel et fort magnanime de cette concession. Le nombre de mes erreurs est en réalité bien plus élevé. Comment donc expliquer le fait que deux ou trois semaines après avoir rédigé ce texte, Shachtman a soudainement découvert que Trotsky :

(a) est incapable d'avoir une attitude critique à l'égard de l'information qu'on lui fournit, bien que l'un de ceux qui l'ont renseigné pendant dix ans fût Shachtman lui-même ;

(b) est incapable de distinguer une tendance prolétarienne d'une tendance petite-bourgeoise, une tendance bolchevique d'une tendance menchevique ;

(c) défend la conception absurde d'une « révolution bureaucratique » au lieu d'une révolution par les masses ;

(d) est incapable de donner une réponse juste aux questions concrètes sur la Pologne, sur la Finlande, etc. ;

---

* Publié en annexe de *The Struggle for a Proletarian Party,* de James P. Cannon, Pathfinder, New York, 1972.

(e) manifeste une tendance à capituler devant le stalinisme ;

(f) ne comprend pas la signification du centralisme démocratique et ainsi de suite à l'infini.

En un mot, en l'espace de deux à trois semaines, Shachtman a découvert que je me trompe 99 fois sur 100 et spécialement lorsqu'il se trouve lui-même impliqué. Il me semble que ce nouveau pourcentage est lui aussi un peu exagéré, mais cette fois-ci dans le sens opposé. En tout cas, Shachtman a découvert ma tendance à remplacer la révolution par les masses par la « révolution bureaucratique » beaucoup plus brusquement que je n'ai découvert sa déviation petite-bourgeoise.

Le camarade Shachtman m'invite à prouver l'existence d'une « tendance petite-bourgeoise » dans le parti au cours de la dernière année ou même au cours des deux ou trois dernières années. Shachtman a tout à fait raison de ne pas vouloir aller plus loin dans le passé. Conformément à l'invitation de Shachtman, je me limiterai aux trois dernières années. Mais attention ! Aux questions rhétoriques de mon critique sévère je répondrai en utilisant quelques textes bien précis.

(I) Le 25 mai 1937, j'ai écrit ce qui suit à New York au sujet de la politique de la fraction bolchevique-léniniste dans le Parti socialiste :

« Je dois citer deux textes récents : a) la lettre personnelle de "Max" au sujet du congrès ; et b) l'article de Shachtman "Vers un parti socialiste révolutionnaire". Le titre même de cet article révèle une perspective fausse. Il me semble que les événements, y compris le dernier congrès, ont clairement démontré que le parti devient non pas un parti "révolutionnaire", mais une sorte de nouvel ILP, c'est-à-dire un misérable avorton politique centriste sans aucune perspective.

« Dire que le Parti socialiste américain est maintenant "plus proche de la position marxiste révolutionnaire que n'importe quel parti de la Deuxième ou de la Troisième Internationale" est un compliment absolument immérité. Le Parti socialiste américain est seulement plus arriéré que les formations semblables en Europe, le POUM, l'ILP, le SAP, etc. [...] Notre devoir consiste à démasquer cet avantage négatif de Norman Thomas et Cie et non à parler de la "supériorité (de la résolution sur la guerre) sur toutes les résolutions adoptées auparavant par le parti". C'est une *appréciation purement littéraire*, parce qu'il faut considérer chaque résolution en rapport avec des événements historiques, avec la situation politique et ses exigences impératives. »

Dans les deux textes mentionnés dans la lettre ci-dessus, Shachtman révèle une capacité excessive d'adaptation à l'aile gauche des démocrates petits-bourgeois, un mimétisme politique, qui est un symptôme très dangereux chez une personne politique révolutionnaire ! Il est extrêmement important de noter le jugement très favorable qu'il porte sur la position « radicale » de Norman Thomas au sujet de la guerre... en Europe. Tous savent que les opportunistes sont d'autant plus radicaux qu'ils sont plus éloignés des événements. En se fondant sur cette règle, il n'est pas difficile d'apprécier à sa juste valeur le fait que Shachtman et ses amis nous accusent d'avoir tendance à « capituler devant le stalinisme ». Il est, hélas, plus facile, lorsqu'on habite le Bronx, de manifester son intransigeance envers le Kremlin qu'envers la petite-bourgeoisie américaine.

(II) À en croire le camarade Shachtman, ma façon d'introduire dans la discussion la question de la composition de classe des fractions était tirée par les cheveux. Ici aussi, référons-nous au passé récent.

Le 3 octobre 1937, j'ai écrit ce qui suit à New York :

« J'ai remarqué des centaines de fois que le travailleur qui passe inaperçu dans les conditions "normales" de la vie du parti, montre des qualités remarquables lorsque la situation change, que les formules générales et les plumes habiles ne suffisent plus et qu'il devient nécessaire de connaître la vie des travailleurs et de faire preuve de capacités pratiques. Dans de telles conditions, un travailleur doué révèle de l'assurance et aussi ses capacités politiques générales.

« La prédominance des intellectuels dans une organisation est inévitable durant la première période de développement de cette organisation. C'est en même temps un handicap sérieux pour l'éducation politique des travailleurs plus doués. [...] Il est absolument nécessaire qu'au prochain congrès on introduise le plus grand nombre possible de travailleurs dans les comités locaux et centraux. Pour un travailleur, l'activité dans l'organisme dirigeant du parti est en même temps une école politique supérieure. [...]

« Ce qui rend la situation difficile, c'est que, dans toute organisation, il y a des membres traditionnels de comités et que des considérations secondaires, diverses, fractionnelles et personnelles jouent un trop grand rôle dans la composition d'une liste de candidats. »

Je n'ai jamais vu Shachtman accorder de l'attention à des questions de cet ordre ou exprimer un intérêt pour de telles questions.

(III) À en croire Shachtman, j'ai introduit, de manière artificielle et sans aucun fondement, l'idée que la fraction du camarade Abern est un regroupement d'individus petits-bourgeois. Pourtant, le 10 octobre 1937, à un moment où Shachtman marchait coude à coude avec Cannon et où on considérait officiellement qu'Abern n'avait pas de fraction, j'ai écrit à Cannon :

« Le parti a seulement une minorité de véritables ouvriers d'usine. [...] Les éléments non prolétariens représentent un levain très nécessaire et je crois que nous pouvons être fiers de leur qualité. [...] Mais [...] [n]otre parti peut être inondé par des éléments non prolétariens et peut même perdre son caractère révolutionnaire. Évidemment notre tâche n'est pas d'empêcher l'afflux des intellectuels par des méthodes artificielles, [...] mais d'orienter pratiquement toute l'organisation vers les usines, les grèves, les syndicats. [...]

« Prenons un exemple concret : nous ne pouvons pas consacrer suffisamment ou autant de forces à toutes les usines. Notre organisation locale peut choisir comme champ d'activité durant la prochaine période une, deux ou trois usines dans son secteur et concentrer toutes ses forces dans ces usines. Si nous avons, dans l'une d'elles, deux ou trois ouvriers, nous pouvons créer une commission spéciale de soutien de cinq membres non ouvriers dans le but d'élargir notre influence dans ces usines.

« On peut faire de même dans les syndicats. Nous ne pouvons pas introduire des membres non ouvriers dans les syndicats ouvriers. Mais nous pouvons constituer, avec des chances de succès, des commissions de soutien pour l'activité orale et littéraire en collaboration avec nos camarades au sein du syndicat. Les conditions imprescriptibles de cette action doivent être : *ne pas commander aux ouvriers, mais seulement les aider*, leur présenter des suggestions, les armer de faits, d'idées, de journaux d'usine, de tracts spéciaux, etc.

« Une telle collaboration aurait une énorme importance éducative, d'une part pour les camarades ouvriers, d'autre part pour les membres non ouvriers qui ont besoin d'une solide rééducation.

« Vous avez, par exemple, dans vos rangs un nombre important d'éléments juifs non travailleurs. Ils peuvent être un levain de valeur, *si le parti réussit à les extraire peu à peu d'un milieu clos* et à les lier aux ouvriers d'usines au moyen d'une activité quotidienne. Je crois qu'*une telle orientation assurerait aussi une atmosphère plus saine à l'intérieur du parti*. [...]

« Nous pouvons établir sans tarder une règle générale : un membre du parti qui n'a pas gagné au parti un nouvel ouvrier au cours d'une période de trois ou six mois n'est pas un bon membre du parti.

« Si nous instituons sérieusement une telle orientation générale et si nous en vérifions chaque semaine les résultats pratiques, nous éviterons un *grand danger* : celui de voir les intellectuels et les employés de secteurs non productifs supplanter la minorité ouvrière, la condamner au silence et *transformer le parti en un club de discussion très intelligent, mais absolument inhabitable pour les travailleurs.*

« Les mêmes règles devraient s'appliquer, sous une forme équivalente, au travail et au recrutement de *l'organisation de jeunesse, sans quoi nous risquons, à partir de bons éléments jeunes, de former des dilettantes révolutionnaires et non des combattants révolutionnaires.* »

Cette lettre prouve clairement, je l'espère, que je n'ai pas inventé le danger d'une déviation petite-bourgeoise le lendemain du pacte Hitler-Staline ou du démembrement de la Pologne, mais que je l'avais souligné avec insistance deux ans auparavant et plus. En outre, comme je l'ai alors indiqué en ayant surtout en tête la fraction « inexistante » d'Abern, pour purifier l'atmosphère dans le parti, il fallait absolument que les éléments petits-bourgeois juifs du groupe de New York soient transférés de leur milieu conservateur habituel et fondus dans le mouvement ouvrier réel. Voilà exactement pourquoi cette lettre (qui n'était pas la première de ce genre), écrite plus de deux ans avant le début de l'actuelle discussion, a beaucoup plus de poids, comme preuve, qu'en ont tous les écrits de l'opposition concernant les mobiles qui m'auraient poussé à intervenir pour défendre la « clique de Cannon ».

(IV) Le penchant de Shachtman à céder aux influences petites-bourgeoises et surtout académiques et littéraires n'a jamais été un secret pour moi. À l'époque de la commission Dewey, j'ai écrit, le 14 octobre 1937, ce qui suit à Cannon, à Shachtman et à Warde [Novack] :

« J'ai insisté sur la nécessité d'entourer la commission de délégués de groupes de travailleurs, afin de créer des canaux reliant la commission aux masses. [...] Des camarades, comme Novack et Shachtman, se sont déclarés d'accord avec moi sur ce point. Nous avons analysé ensemble les possibilités pratiques de réaliser ce plan. [...] Mais par la suite, en dépit de mes questions répétées, je n'ai jamais pu avoir d'informations sur ce sujet et ce n'est qu'accidentellement que j'ai entendu dire que le camarade Shachtman s'y opposait. Pourquoi ? Je l'ignore. »

Shachtman ne m'a jamais fourni ses raisons. Dans ma lettre, je m'étais exprimé avec une diplomatie extrême mais je n'avais pas le moindre doute que, tout en se disant d'accord avec moi verbalement, Shachtman en réalité craignait de blesser l'extraordinaire susceptibilité politique de nos alliés libéraux temporaires : *de ce côté* Shachtman fait preuve d'une « délicatesse » extraordinaire.

(V) Le 15 avril 1938, j'ai écrit à New York :

« Je suis un peu stupéfait du genre de publicité donnée à la lettre d'Eastman dans *New International*. Il n'y avait pas de problème à publier la lettre, mais l'importance qu'on lui a donné sur la couverture, combinée au silence entourant l'article d'Eastman dans *Harper's* me semble un peu compromettant pour *New International*. Beaucoup de gens interpréteront ce fait comme une preuve de notre empressement à fermer les yeux sur les principes lorsque l'amitié est en jeu. »

(VI) Le 1er juin 1938, j'ai écrit au camarade Shachtman :

« Il nous est difficile ici de comprendre pourquoi vous êtes si tolérant et même amical envers M. Eugene Lyons. Il parle, il me semble, à vos banquets ; en même temps, il parle aux banquets des gardes blancs*. »

Cette lettre s'inscrivait dans une lutte pour une politique plus indépendante et plus déterminée envers les prétendus « libéraux » qui, tout en menant le combat contre la révolution, désirent maintenir des « relations amicales » avec le prolétariat, car cela double leur valeur marchande aux yeux de l'opinion publique bourgeoise.

(VII) Le 6 octobre 1938, près d'une année avant que débute la discussion, j'ai fait un commentaire par écrit sur la nécessité que la presse de notre parti se tourne résolument vers les travailleurs :

« À cet égard, l'attitude du *Socialist Appeal* est très importante. C'est sans aucun doute un très bon journal marxiste, mais il n'est pas un véritable instrument d'action politique. J'ai essayé d'intéresser à cette question le comité de rédaction du *Socialist Appeal,* mais sans succès. »

Ces mots contenaient une note évidente de reproche. Ce n'était pas accidentel. Le camarade Shachtman, comme

* Le terme est venu de la Garde blanche mise sur pied en Finlande en 1918 pour détruire toutes les forces révolutionnaires. On a fini par appeler « gardes blancs » toutes les forces réactionnaires et contrerévolutionnaires dans la guerre civile en Russie.

déjà mentionné, accorde beaucoup plus d'intérêt à des épisodes littéraires isolés dans le cadre de luttes terminées depuis longtemps qu'à la composition sociale de son parti ou aux lecteurs de son propre journal.

(VIII) Le 20 janvier 1939, dans une lettre que j'ai déjà citée sur le matérialisme dialectique, je suis revenu une fois de plus sur l'attrait qu'éprouve Shachtman pour le milieu de la confrérie littéraire petite-bourgeoise.

« Je ne comprends pas pourquoi le *Socialist Appeal* néglige presque complètement le parti stalinien. Ce parti représente maintenant une foule de contradictions. Des scissions sont inévitables. Les prochaines adhésions importantes viendront sûrement du parti stalinien. Nous devrions concentrer notre attention politique sur celui-ci. Nous devrions suivre le développement de ses contradictions de jour en jour, d'heure en heure. Quelqu'un dans la rédaction doit consacrer le maximum de son temps aux idées et aux actes des staliniens. Nous pourrions provoquer une discussion et si possible publier des lettres de staliniens hésitants.

« Ce serait mille fois plus important que d'inviter Eastman, Lyons et les autres à présenter leurs élucubrations personnelles. J'ai été un peu étonné de voir la place que vous avez donnée au dernier article arrogant et insignifiant d'Eastman. [...] Mais je suis absolument stupéfait que vous *invitiez* personnellement ces messieurs à souiller les pages (si peu nombreuses !) de *New International*. La poursuite de cette polémique peut intéresser quelques *intellectuels petits-bourgeois,* mais pas des éléments révolutionnaires.

« Je suis profondément convaincu qu'une certaine réorganisation de *New International* et de *Socialist Appeal* est indispensable : prendre nos distances d'Eastman, de Lyons, etc. ; nous rapprocher des travailleurs et, en ce sens, du parti stalinien. »

Les événements récents ont démontré, malheureusement, que Shachtman ne s'est pas éloigné d'Eastman et Cie, mais au contraire qu'il s'est rapproché d'eux.

(IX) Le 27 mai 1939, je suis revenu une autre fois sur le caractère du *Socialist Appeal* en relation avec la composition sociale du parti :

« Dans les procès-verbaux, je vois que vous avez de la difficulté avec le *Socialist Appeal.* Le journal est très bien fait du point de vue journalistique, mais c'est un journal pour les travailleurs, pas un journal de travailleurs. [...]

« Tel qu'il est, le journal est réparti entre divers rédacteurs ; chacun d'eux est très bon, mais collectivement ils ne permettent pas aux travailleurs de percer dans les pages de *l'Appeal.* Chacun d'eux parle pour les travailleurs (et parle très bien) mais personne n'entendra les travailleurs. En dépit de sa valeur littéraire, le journal devient, à un certain degré, victime de la routine journalistique. On ne voit pas du tout comment les travailleurs vivent, combattent, se heurtent à la police ou boivent du whisky. C'est très dangereux pour le journal en tant qu'instrument révolutionnaire du parti. Le défi n'est pas de faire un journal en utilisant les forces réunies d'une rédaction qualifiée mais d'encourager les travailleurs à parler pour eux-mêmes.

« Un changement courageux et radical est nécessaire, comme condition de succès. [...]

« Naturellement, il ne s'agit pas seulement du journal, mais du cours politique tout entier. Je continue à penser que vous avez *trop de petits bourgeois, garçons et filles,* qui sont très bien et très dévoués au parti, mais qui ne réalisent pas pleinement que leur devoir n'est pas de discuter entre eux, mais de pénétrer dans le milieu frais des travailleurs. Je réitère ma proposition : tout membre petit-bourgeois du parti qui durant un certain temps, disons trois ou six mois, n'aura pas amené un travailleur au parti sera relégué au rang de stagiaire et, après trois autres mois, il sera exclu du parti. Dans certains cas, cela pourrait être injuste, mais le parti dans son ensemble en recevrait un choc salutaire, dont il a grand besoin. Un changement absolument radical est nécessaire. »

En proposant de telles mesures draconiennes comme l'exclusion de ces éléments petits-bourgeois incapables de se lier aux travailleurs, je ne cherchais pas à « défendre » la tendance Cannon, mais à sauver le parti de la dégénérescence.

(X) Les propos sceptiques, au sein du Parti socialiste des travailleurs, qui m'étaient venus aux oreilles m'avaient poussé à écrire au camarade Cannon le 16 juin 1939 :

« La situation d'avant-guerre, l'aggravation du nationalisme, etc., constituent un obstacle naturel à notre développement et la cause profonde de la dépression dans nos rangs. Mais il faut souligner aujourd'hui *que plus le parti est petit-bourgeois dans sa composition, plus il est sensible aux changements dans l'opinion publique officielle*. C'est un argument de plus pour la nécessité d'une réorientation courageuse et active en direction des masses.

« Les raisonnements pessimistes que vous mentionnez dans votre article sont naturellement un reflet de la pression patriotique et nationaliste de l'opinion publique officielle. "Si le fascisme est victorieux en France... Si le fascisme est victorieux en Angleterre..." Et ainsi de suite. Les victoires du fascisme sont importantes, mais l'agonie mortelle du capitalisme est encore bien plus importante. »

La question de la dépendance de l'aile petite-bourgeoise du parti envers l'opinion publique officielle avait donc été posée plusieurs mois avant que la discussion actuelle ne commence et n'a donc pas du tout été introduite artificiellement dans l'intention de discréditer l'opposition.

Le camarade Shachtman a exigé que je lui fournisse des « précédents » de tendances petites-bourgeoises parmi les dirigeants de l'opposition au cours de la période passée. Pour lui répondre, je suis allé jusqu'à le désigner parmi tous les dirigeants de l'opposition. Je suis loin d'avoir épuisé tout le matériel à ma disposition. Je citerai maintenant, dans un autre ordre d'idées, deux lettres qui sont peut-être encore plus intéressantes comme « précédents », l'une de Shachtman et l'autre de moi. Que Shachtman ne soulève pas l'idée qu'on peut reprocher les erreurs et les fautes signalées dans cette correspondance à d'autres camarades, y compris à des représentants de l'actuelle majorité. C'est possible. C'est probable. Mais ce n'est pas par accident que le nom de Shachtman revient régulièrement dans cette correspondance. Là où d'autres ont commis des fautes épisodiques, Shachtman, lui, a révélé une tendance.

En tout cas, contrairement à ce que Shachtman prétend aujourd'hui au sujet de mes jugements supposément « soudains » et « inattendus », je peux prouver, textes à l'appui, et je crois l'avoir fait, que mon article sur « L'opposition petite-bourgeoise » ne fit que résumer ma correspondance avec New York durant ces trois dernières années (en réalité ces dix dernières années). Shachtman a exigé des « précédents » de manière démonstrative. Je lui en ai donnés. Ils se retournent entièrement contre Shachtman.

Le bloc philosophique contre le marxisme

Les cercles de l'opposition croient possible de prétendre que j'ai introduit la question du matérialisme dialectique uniquement parce que je ne pouvais pas répondre aux questions « concrètes » concernant la Finlande, la Lettonie, la Lituanie, l'Inde, l'Afghanistan, le Baloutchistan, etc. Cet argument, en lui-même dénué de toute valeur, a pourtant un intérêt : il caractérise le niveau de certains membres de l'opposition, leur attitude vis-à-vis de la théorie et vis-à-vis d'une élémentaire loyauté idéologique. Il ne serait pas superflu, par conséquent, de rappeler que ma première conversation sérieuse avec les camarades Shachtman et Warde dans le train, dès mon arrivée au Mexique en janvier 1937, fut consacrée à la nécessité de diffuser systématiquement le matérialisme dialectique. Après la rupture de notre section américaine avec le Parti socialiste, j'ai insisté très fermement sur la nécessité de publier un organe théorique dans les plus brefs délais possibles. J'avais en tête la nécessité d'éduquer le parti et surtout ses nouveaux membres dans l'esprit du matérialisme dialectique. Aux États-Unis, ai-je alors écrit, dans ce pays où la bourgeoisie inculque systématiquement l'empirisme vulgaire aux travailleurs, il faut, plus que partout ailleurs, se hâter d'élever le mouvement à un niveau théorique convenable. Le 20 janvier 1939, j'ai écrit ce qui suit au camarade Shachtman au sujet de l'article qu'il avait écrit avec le camarade Burnham, « Intellectuels en retraite » :

« Le passage sur la dialectique est le plus grand coup que vous, personnellement en tant que rédacteur en chef de *New International*, ayez pu porter à la théorie marxiste. [...] Bien ! Nous en parlerons publiquement. »

Ainsi il y a un an, je prévenais ouvertement Shachtman que j'avais l'intention d'engager une lutte publique contre ses tendances éclectiques. Il n'était alors nullement question de l'opposition qui allait venir ; en tout cas j'étais bien loin d'imaginer que le bloc philosophique contre le marxisme préparait le terrain pour un bloc politique contre le programme de la Quatrième Internationale.

La nature des divergences qui ont surgi n'a fait que confirmer mes craintes antérieures concernant la composition sociale du parti et concernant l'éducation théorique des cadres. Je n'avais pas à changer d'idée ni à introduire quoi que ce soit « artificiellement ». Tels sont les véritables faits. Permettez-moi d'ajouter que j'éprouve une certaine gêne à l'idée que je doive presque me justifier de défendre le marxisme au sein de l'une des sections de la Quatrième Internationale.

Dans sa « Lettre ouverte », Shachtman se réfère en particulier au fait que le camarade Vincent Dunne s'est montré satisfait de son article sur les intellectuels. Mais moi aussi j'en ai fait l'éloge : « Beaucoup de passages sont excellents. » Cependant, comme dit le proverbe russe, une cuillère de goudron suffit à gâter un baril de miel. Et c'est précisément de cette cuillère de goudron qu'il est question. Le passage consacré au matérialisme dialectique exprime un certain nombre de conceptions monstrueuses du point de vue marxiste, dans le but, c'est maintenant clair, de préparer le terrain en vue d'un bloc politique. Comme le camarade Shachtman s'obstine à soutenir que je cherche des prétextes pour m'en prendre à son article, je citerai une fois encore le passage central de la section du texte qui nous intéresse :

« [P]ersonne n'a encore pu prouver qu'être en accord ou en désaccord sur les propositions les plus abstraites du matérialisme dialectique affecte [!] nécessairement les questions politiques concrètes d'aujourd'hui ou de demain. C'est pourtant autour de telles questions concrètes que se fondent les partis politiques, les programmes et les luttes. » (*New International*, janvier 1939, p. 7.) Cela seul ne suffit-il donc pas ? Et le plus étonnant, c'est surtout cette formule indigne d'un révolutionnaire prolétarien : « C'est pourtant autour de telles questions concrètes que se fondent les partis politiques, les programmes et les luttes. » Quels partis ? Quels programmes ? Quelles luttes ? Tous les partis, tous les programmes sont mis ici dans le même panier. Or le parti du prolétariat est totalement différent des autres partis. Il n'est pas du tout fondé sur « de telles questions concrètes ». Dans ses fondements mêmes, il est diamétralement opposé aux partis des maquignons bourgeois et des chiffonniers petits-bourgeois. Sa tâche consiste à préparer une révolution sociale et à régénérer l'humanité sur de nouvelles fondations matérielles et morales. Pour ne pas céder à la pression de l'opinion publique bourgeoise et à la répression policière, le révolutionnaire prolétarien, et *a fortiori* un dirigeant, a besoin d'une conception du monde à long terme claire et bien conçue. C'est seulement sur la base d'une conception marxiste achevée que l'on peut aborder correctement les questions « concrètes ».

Et c'est ici précisément que commence la trahison de Shachtman ; ce n'est pas une simple erreur, comme je voulais l'espérer l'an dernier, mais il est maintenant clair qu'il s'agit d'une trahison théorique absolue. Suivant les traces de Burnham, on peut supposer que Shachtman enseigne au jeune parti révolutionnaire que « personne n'a encore pu prouver » que le matérialisme dialectique affecte l'activité politique du parti. En d'autres termes, « personne n'a encore pu prouver » que le marxisme est d'une quelconque utilité dans la lutte du prolétariat. Le parti n'a donc pas la moindre raison d'assimiler et de défendre le matérialisme dialectique. Ce n'est rien d'autre qu'une renonciation au marxisme, à la méthode scientifique en général. C'est capituler pitoyablement devant l'empirisme. C'est précisément ce que représente le bloc philosophique de Shachtman avec Burnham et, au travers de Burnham, avec les prêtres de la « Science » bourgeoise. C'est à cela et à cela seulement que je me référais dans ma lettre du 20 janvier de l'année dernière.

Le 5 mars, Shachtman m'a répondu : « J'ai relu l'article de janvier écrit par Burnham et Shachtman auquel vous faites référence ; et bien qu'à la lumière de ce que vous avez écrit j'aurais pu proposer ici [!] et là [!] une formulation différente, si l'article était à refaire, je ne puis être d'accord avec le fond de votre critique. »

Comme c'est toujours le cas avec Shachtman lorsqu'il se trouve dans une situation difficile, cette réponse ne signifie absolument rien ; mais elle donne toutefois l'impression que Shachtman s'est laissé une voie de repli. Aujourd'hui, saisi d'une frénésie fractionnelle, il promet de « le refaire encore et encore demain ». Refaire quoi ? Capituler devant la « Science » bourgeoise ? Renoncer au marxisme ?

Shachtman m'explique longuement l'utilité de tel ou tel *bloc politique* (nous verrons maintenant sur quelle base). Or je parle du danger d'une *trahison théorique*. Un bloc peut ou non se justifier en fonction de son contenu et des circonstances. Aucun bloc ne peut justifier une trahison théorique. Shachtman s'appuie sur le fait que son article a un caractère purement politique. Je ne parle pas de cet article mais du passage dans lequel il renonce au marxisme. Si un manuel de physique ne contenait que deux lignes sur Dieu comme cause première, j'aurais le droit d'en conclure que l'auteur est un obscurantiste.

Shachtman ne répond pas à cette accusation, mais il tente de détourner l'attention du lecteur vers des questions qui n'ont aucun rapport. « En quoi, me demande-t-il, ce que vous appelez mon "bloc avec Burnham dans le domaine philosophique" diffère-t-il du bloc de Lénine avec Bogdanov ? En quoi ce dernier bloc respectait-il les principes, alors que le nôtre ne les respecte pas ? Je vous serais reconnaissant de bien vouloir me fournir une réponse à cette question. » Je vais maintenant expliquer en quoi les deux blocs sont non seulement différents, mais aux antipodes sur le plan politique. Ce qui nous intéresse ici, c'est la question de la méthode marxiste. Où est la différence, me demandez-vous ? La différence, c'est que Lénine n'a jamais déclamé, pour le bénéfice de Bogdanov, qu'on n'a pas besoin du matérialisme dialectique pour résoudre des « questions politiques concrètes ». C'est que Lénine n'a jamais confondu le parti bolchevique avec les autres partis. Il était par nature incapable de proférer de telles abominations. Et il n'était pas le seul ; c'était vrai aussi de tous les bolcheviks sérieux. Là est la différence. Comprenez-vous ? Shachtman m'a promis sarcastiquement qu'il serait « reconnaissant » d'avoir une réponse claire. Je crois avoir donné la réponse. Mais je ne demande pas de « reconnaissance ».

L'abstrait et le concret, l'économie et la politique

La partie la plus lamentable de l'opuscule lamentable de Shachtman est le chapitre intitulé « L'État et le caractère de la guerre », dans lequel on peut lire : « Alors, quelle est notre position ? Tout simplement ceci : il est impossible de déduire *directement* notre politique à l'égard d'une guerre *spécifique* à partir d'une caractérisation *abstraite* du caractère de classe de l'État impliqué dans la guerre et plus particulièrement des formes de propriété qui dominent dans cet État. Notre politique doit découler d'une analyse *concrète* du caractère de la guerre en relation avec les intérêts de la révolution socialiste internationale. » (*op. cit.*, p. 13, souligné par moi.) Quel fouillis ! Quel ramassis de sophismes ! S'il est impossible de déduire *directement* notre politique du caractère de classe de l'État, pourquoi ne serait-ce pas possible de le faire *indirectement* ? Pourquoi l'analyse du caractère de l'État doit-elle rester *abstraite* tandis que l'analyse du caractère de la guerre doit être *concrète ?* Formellement, on peut dire tout aussi justement et, en fait, d'une façon incomparablement plus juste que notre politique vis-à-vis de l'URSS ne peut se déduire d'une caractérisation *abstraite* de la guerre comme « impérialiste », mais uniquement d'une analyse *concrète* du caractère de l'État dans une situation historique donnée. Le sophisme fondamental sur lequel Shachtman construit tout le reste de son argumentation est assez simple : dans la mesure où la base économique ne détermine pas *immédiatement* les phénomènes de la superstructure, dans la mesure où *il ne suffit pas* de déterminer le caractère de classe de l'État pour déterminer les tâches pratiques, alors… alors, nous pouvons nous passer d'analyser l'économie et la nature de classe de l'État et nous concentrer plutôt sur ce que Shachtman appelle, dans son jargon journalistique, « les réalités des événements vivants ». (*op. cit.*, p. 14.)

Shachtman utilise exactement le même artifice pour justifier son bloc philosophique avec Burnham (le matérialisme dialectique ne définit pas immédiatement notre politique, par conséquent… il n'affecte pas *en général* les « tâches politiques concrètes ») est répété ici mot pour mot à propos de la sociologie de Marx : dans la mesure où les formes de propriété ne définissent pas immédiatement la politique d'un gouvernement, on peut donc en général jeter par-dessus bord la sociologie marxiste pour définir les « tâches politiques concrètes ».

Mais pourquoi s'arrêter là ? Puisque la loi de la valeur ne détermine les prix ni « directement » ni « immédiatement », puisque les lois de la sélection naturelle ne déterminent ni « directement » ni « immédiatement » la naissance d' un cochon de lait ; puisque les lois de la gravitation ne déterminent ni « directement » ni « immédiatement » la culbute d'un policier ivre du haut d'un escalier, alors…

alors, laissons Marx, Darwin, Newton et tous les autres amoureux d'« abstractions » se couvrir de poussière sur les étagères. Ce n'est là rien d'autre qu'un enterrement solennel de la science, car le cours entier du développement de la science procède des causes « directes » et « immédiates » vers les causes les plus éloignées et les plus profondes, de variétés multiples et d'événements kaléidoscopiques vers l'unité des forces motrices.

La loi de la valeur ne détermine pas les prix « immédiatement », mais néanmoins, elle les détermine. Des phénomènes « concrets » comme la banqueroute du *New Deal* s'expliquent en dernière analyse par la loi « abstraite » de la valeur. Roosevelt ne le sait pas, mais un marxiste n'ose pas procéder sans le savoir. Les formes de propriété déterminent non seulement la politique mais même la morale ; elles ne le font cependant pas immédiatement, mais à travers une série de facteurs intermédiaires et de leur interaction réciproque. Un militant prolétarien qui tente d'ignorer la nature de classe d'un État finit invariablement comme le policier qui ignore les lois de la gravitation, c'est-à-dire par se casser le nez.

Shachtman évidemment ne tient pas compte de la distinction entre l'abstrait et le concret. En s'efforçant d'aller vers le concret, notre esprit opère avec des abstractions. Même « ce » chien « concret », « particulier », est une abstraction puisqu'il change, par exemple, en baissant la queue, au « moment » où nous pointons le doigt vers lui. Le concret est un concept relatif et non absolu : ce qui est concret dans un cas se révèle abstrait dans un autre, c'est-à-dire insuffisamment défini pour une fin donnée. Afin d'obtenir un concept suffisamment « concret » *pour un besoin donné*, il est nécessaire de fusionner plusieurs abstractions en une seule, de même que pour reproduire sur l'écran le morceau de vie qu'est une image en mouvement, il faut combiner un certain nombre de photographies inanimées.

Le *concret est une combinaison d'abstractions*, non pas une combinaison subjective ou arbitraire, mais une combinaison qui correspond aux lois du mouvement d'un phénomène donné.

« Les intérêts de la révolution socialiste internationale », que Shachtman invoque contre la nature de classe de l'État, représentent dans ce cas la plus vague des abstractions. Après tout, la question qui nous préoccupe se réduit très exactement à ceci : de quelle manière concrète pouvons-nous promouvoir les intérêts de la révolution ? Il n'est pas inutile de rappeler aussi que la révolution socialiste a pour tâche de créer un État ouvrier. Avant de parler de la révolution socialiste, il faut donc apprendre à distinguer différentes « abstractions », telles que la bourgeoisie et le prolétariat, l'État capitaliste et l'État ouvrier.

En vérité Shachtman perd son temps et celui des autres en cherchant à prouver que la propriété nationalisée ne détermine pas « en elle-même », « automatiquement », « directement », « immédiatement » la politique du Kremlin. Sur la façon dont la « base » économique détermine la « superstructure » politique, juridique, philosophique, artistique ou autre, il existe une littérature marxiste très riche. L'idée que l'économie détermine « directement » et « immédiatement » la créativité d'un compositeur ou même le verdict d'un juge représente une vieille caricature du marxisme, que les professeurs bourgeois de tous les pays ont fait inlassablement circuler afin de masquer leur impuissance intellectuelle*.

* Je recommande aux jeunes camarades d'étudier à ce sujet les travaux d'Engels *(Anti-Dühring)*, de Plékhanov et d'Antonio Labriola. — L. T.

Quant à la question qui nous concerne dans l'immédiat, la relation entre les fondements sociaux de l'État soviétique et la politique du Kremlin, rappelons au distrait Shachtman que, depuis 17 ans déjà, nous avons établi publiquement la *contradiction* croissante entre les fondements instaurés par la révolution d'Octobre et les tendances de la « superstructure » étatique. Nous avons suivi pas à pas l'indépendance croissante de la bureaucratie par rapport au prolétariat soviétique et l'accroissement de sa dépendance vis-à-vis d'autres classes et de groupes tant à l'intérieur qu'à l'extérieur du pays. Que désire précisément ajouter Shachtman dans ce domaine à l'analyse déjà faite ?

Cependant, même si l'économie ne détermine la politique ni de façon directe ni de façon immédiate mais seulement en dernière instance, *l'économie détermine néanmoins la politique.* C'est précisément ce que les marxistes soutiennent, contrairement aux professeurs bourgeois et à leurs disciples. Tout en analysant et en dénonçant l'indépendance politique croissante de la bureaucratie par rapport au prolétariat, nous n'avons jamais perdu de vue les limites sociales objectives de cette « indépendance », à savoir la propriété nationalisée complétée par le monopole du commerce extérieur.

Étonnant ! Shachtman continue à défendre le mot d'ordre d'une révolution politique contre la bureaucratie soviétique. N'a-t-il jamais sérieusement réfléchi à ce que signifie ce mot d'ordre ? Si nous pensons que les fondements sociaux instaurés par la révolution d'Octobre se reflètent « automatiquement » dans la politique de l'État, alors pourquoi une *révolution* contre la bureaucratie est-elle nécessaire ? D'autre part, si l'URSS a complètement cessé d'être un État ouvrier, ce n'est pas une révolution *politique* qu'il faut, mais une révolution *sociale.* Ainsi Shachtman continue à défendre un mot d'ordre qui découle : 1) du caractère d'État ouvrier de l'URSS ; 2) de l'antagonisme irréductible entre les fondements sociaux de l'État et la bureaucratie. Mais tout en répétant ce mot d'ordre, il tente d'en saper les fondements théoriques. N'est-ce pas peut-être pour démontrer une fois de plus l'indépendance de sa politique par rapport aux « abstractions » scientifiques ?

Sous le couvert d'une lutte contre la caricature bourgeoise du matérialisme dialectique, Shachtman ouvre toutes grandes les portes à l'idéalisme historique. Les formes de propriété et le caractère de classe de l'État *ne lui importent pas* quand il s'agit d'analyser la politique d'un gouvernement. L'État lui-même se révèle comme un animal d'un sexe indéterminé. Les deux pieds profondément enfoncés dans ce lit de plumes de poulet, Shachtman nous explique de manière prétentieuse (aujourd'hui, en 1940 !) qu'il n'y a pas que la propriété nationalisée, il y a aussi la canaille bonapartiste et sa politique réactionnaire. Belle découverte ! Shachtman a-t-il cru qu'il était tombé dans une pouponnière ?

Shachtman fait un bloc… aussi avec Lénine

Pour camoufler son incapacité de comprendre l'essence de la question de la nature de l'État soviétique, Shachtman brandit les propos que Lénine dirigea contre moi le 30 novembre 1920 durant la discussion dite des syndicats : « Le camarade Trotsky parle d'un "État ouvrier". Mais, c'est une abstraction ! […] En fait, notre État n'est pas un État ouvrier, mais ouvrier-paysan. […] Notre État est tel aujourd'hui que le prolétariat totalement organisé doit se défendre et nous devons utiliser ces organisations ouvrières pour défendre les ouvriers contre leur État et pour que les ouvriers défendent notre État. » En rappelant cette citation et en se hâtant de proclamer que je répète mon « erreur » de 1920, Shachtman, dans sa précipitation, n'a pas relevé une erreur importante dans cette citation sur la définition de la nature de l'État soviétique. Le 19 janvier, Lénine lui-même écrivait ce qui suit au sujet de son discours du 30 décembre : « J'ai dit : "En fait, notre État n'est pas un État ouvrier, mais ouvrier-paysan." En relisant le compte-rendu de la discussion, je vois maintenant que j'avais tort [...]. J'aurais dû [...] dire : "L'État ouvrier est une abstraction. En réalité, nous avons un État ouvrier, premièrement, avec cette particularité que c'est la population paysanne et non ouvrière qui prédomine dans le pays et, deuxièmement, c'est un État ouvrier avec une déformation bureaucratique." » Deux conclusions découlent de cet épisode : Lénine attachait une si grande importance à la définition sociologique précise de l'État qu'il a jugé nécessaire de se corriger lui-même en plein milieu d'une polémique brûlante ! Mais Shachtman est si peu intéressé par la nature de classe de l'État soviétique que 20 ans après il n'a pas remarqué l'erreur de Lénine ni sa correction.

Je ne m'attarderai pas à discuter ici à quel point Lénine avait raison d'utiliser cet argument contre moi. Je crois qu'il avait tort : il n'y avait pas entre nous de différence d'opinion sur la définition de l'État. Mais la question n'est pas là aujourd'hui. La formulation théorique employée par Lénine dans la phrase citée ci-dessus jointe à la correction capitale qu'il lui apporta lui-même quelques jours plus tard est absolument correcte. Mais voyons maintenant l'incroyable usage que fait Shachtman de la définition de Lénine : « De même qu'il était possible, il y a 20 ans de parler du terme « État ouvrier » comme d'une abstraction, il est aussi possible de parler du terme « État ouvrier dégénéré » comme d'une abstraction. » (*op. cit.*, p. 14.) Il est clair que Shachtman n'a pas du tout compris Lénine. Il y a 20 ans, on ne pouvait absolument pas considérer le terme « État ouvrier » comme une abstraction *en général*, c'est-à-dire comme quelque chose d'irréel ou d'inexistant. La définition « État ouvrier », correcte en elle-même, était *inadéquate* par rapport à la tâche *particulière* que représentait la défense des travailleurs au moyen des syndicats. Elle n'était donc abstraite qu'en ce sens. Cependant par rapport à la défense de l'URSS contre l'impérialisme, cette même définition était en 1920, comme aujourd'hui, inébranlablement concrète, obligeant ainsi les travailleurs à défendre cet État.

Shachtman n'est pas d'accord. Il écrit : « Tout comme il fut jadis nécessaire, en rapport avec le problème des syndicats, de dire concrètement quelle *sorte* d'État ouvrier existait en Union soviétique, il est aujourd'hui nécessaire d'établir, par rapport à la guerre actuelle, le *degré* de dégénérescence de l'État ouvrier. […] Et on ne peut pas établir le *degré* de dégénérescence du régime par des références abstraites à l'existence de la propriété nationalisée, mais seulement par l'observation de la réalité [!] des événements [!] vivants [!]. » S'il en est ainsi, alors une chose devient absolument incompréhensible : pourquoi a-t-on abordé la question de la nature de l'URSS en 1920 à partir d'une discussion sur les syndicats, c'est-à-dire d'une des questions internes spécifiques du régime alors qu'aujourd'hui on l'aborde du point de vue de la défense de l'URSS, c'est-à-dire par rapport à tout le destin de l'État ? Dans le premier cas, l'État ouvrier faisait face aux travailleurs, dans le deuxième cas, aux impérialistes. Il n'est pas surprenant que l'analogie boîte des deux jambes. Les réalités que Lénine opposait, Shachtman les confond.

Cependant, si l'on prend les propos de Shachtman au pied de la lettre, il s'ensuit que la seule question qui le préoccupe, c'est le *degré de dégénérescence* (de quoi ? d'un État ouvrier ?), c'est-à-dire des différences quantitatives du phénomène étudié. Admettons que Shachtman ait établi (où ?) ce « degré » plus précisément que nous l'avons fait. De quelle manière, cependant, des différences purement quantitatives dans l'évaluation de la dégénérescence de l'État *ouvrier* peuvent-elles influencer notre décision sur la question de la défense de l'URSS ? Cela est absolument incompréhensible. En fait, Shachtman, restant fidèle à l'éclectisme, c'est-à-dire à lui-même, n'a introduit cette question de « degré » que pour tenter de maintenir son équilibre entre Abern et Burnham. La discussion réelle ne porte pas du tout sur le *degré*, tel que déterminé par la « réalité des événements vivants » (quelle terminologie précise, « scientifique », « concrète », « expérimentale » !), mais sur le fait de savoir si ces changements *quantitatifs* se sont transformés en changements *qualitatifs*, c'est-à-dire si l'URSS est encore un État ouvrier, bien que dégénéré, ou si elle s'est transformée en un nouveau type d'État exploiteur.

À cette question fondamentale, Shachtman ne répond pas ; il ne ressent pas le besoin de répondre. Son argument n'est qu'une reprise orale de paroles que Lénine a prononcées dans une autre situation, qui avaient un contenu différent et qui contenaient une erreur pure et simple. Dans sa version corrigée, Lénine dit : « [N]ous avons un État ouvrier [...] avec une déformation bureaucratique. » Shachtman dit : « L'État en question n'est pas seulement un État ouvrier dégénéré, mais... » Mais quoi ? Shachtman n'a rien d'autre à dire. L'orateur et l'auditoire se regardent et restent bouche bée.

Dans notre programme, que signifie « État ouvrier dégénéré » ? La réponse que donne notre programme à cette question est suffisamment concrète pour nous permettre de résoudre de manière adéquate la question de la défense de l'URSS, à savoir : 1) les caractéristiques du système soviétique qui constituaient en 1920 une « déformation bureaucratique » se sont transformées en un régime bureaucratique indépendant qui a dévoré les soviets ; 2) la dictature de la bureaucratie, incompatible avec les tâches intérieures et internationales du socialisme a aussi introduit et continue à introduire des déformations profondes dans la vie économique du pays ; 3) fondamentalement, cependant, le système d'économie planifiée, fondé sur la propriété étatique des moyens de production, a été préservé et constitue toujours une conquête grandiose de l'humanité. La défaite de l'URSS dans une guerre contre l'impérialisme signifierait non seulement la liquidation de la dictature bureaucratique, mais aussi celle de l'économie étatique planifiée, le démembrement du pays en zones d'influence, une nouvelle stabilisation de l'impérialisme et un nouvel affaiblissement du prolétariat mondial.

Du fait que la déformation « bureaucratique » s'est développée en régime d'autocratie bureaucratique, nous tirons la conclusion que, contrairement à ce qui prévalait en 1920, la défense des travailleurs par l'intermédiaire de leurs syndicats (qui ont subi la même dégénérescence que l'État) est aujourd'hui parfaitement chimérique ; il faut renverser la bureaucratie et cette tâche n'est réalisable qu'en créant un parti bolchevique illégal en URSS.

Du fait que la dégénérescence du système politique n'a pas encore entraîné la destruction de l'économie étatique planifiée, nous concluons que le prolétariat mondial doit encore défendre l'URSS contre l'impérialisme et soutenir le prolétariat soviétique dans sa lutte contre la bureaucratie.

Qu'y a-t-il dans notre définition de l'URSS que Shachtman trouve abstrait ? Quels amendements concrets propose-t-il ? Si la dialectique nous enseigne que « la vérité est toujours concrète », cette loi s'applique aussi à la critique. Il ne suffit pas de qualifier une définition d'abstraite. Il faut montrer exactement ce qui lui manque. Sinon la critique elle-même devient stérile. Au lieu de concrétiser ou de changer la définition qu'il trouve abstraite, Shachtman la remplace par le néant. Ça ne suffit pas. On doit considérer un vide, même le vide le plus prétentieux, comme la pire des abstractions, car on peut le remplir avec n'importe quel contenu. Rien de surprenant qu'en se substituant à une analyse de classe, le vide théorique engendre la politique de l'impressionnisme et de l'aventurisme.

« De l'économie concentrée »

Shachtman continue plus loin à citer Lénine : « La politique est de l'économie concentrée » et, en ce sens, la politique « ne peut pas ne pas avoir la primauté sur l'économie ». Shachtman utilise cette citation de Lénine pour me faire la morale : il semblerait que je ne m'intéresse qu'à l'« économie » (les moyens de production nationalisés) et que je laisse de côté la « politique ». Cette seconde tentative d'exploiter Lénine n'est pas meilleure que la première. L'erreur de Shachtman atteint ici vraiment des proportions colossales. Lénine voulait dire ceci : quand les processus, les tâches et les intérêts économiques acquièrent un caractère *conscient* et *généralisé* (« concentré »), ils entrent par ce fait même dans le domaine de la politique et en constituent l'essence. En ce sens, la politique, en tant qu'économie concentrée, s'élève au-dessus de l'activité économique quotidienne, atomisée, inconsciente et non généralisée.

Du point de vue marxiste, ce qui détermine la justesse de la politique, c'est dans quelle mesure elle arrive, profondément et à tous les niveaux, à « concentrer » l'économie, c'est-à-dire à exprimer clairement les tendances progressistes de son développement. C'est pourquoi nous fondons notre politique d'abord et avant tout sur l'analyse des formes de propriété et des relations de classes. Une analyse plus détaillée et plus concrète des facteurs de la « superstructure » n'est possible pour nous que sur ce fondement théorique. C'est ainsi, par exemple, que si nous accusions une tendance adverse de « conservatisme bureaucratique », nous chercherions aussitôt les racines sociales, c'est-à-dire de classe, de ce phénomène. Si nous ne le faisions pas, nous ne serions que des marxistes « platoniques », voire même tout simplement de bruyants plagiaires.

« La politique est de l'économie concentrée. » On serait porté à penser que cette proposition s'applique aussi au Kremlin. Ou alors, la politique du gouvernement de Moscou serait-elle une exception à la loi générale : serait-elle non pas de « l'économie concentrée », mais une manifestation du libre arbitre de la bureaucratie ? Notre tentative de ramener la politique du Kremlin à une économie nationalisée, telle que réfractée à travers le prisme des intérêts de la bureaucratie, provoque une résistance effrénée de la part de Shachtman. Il s'oriente lui-même vis-à-vis de l'URSS non pas à partir d'une généralisation consciente de l'économie, mais à partir d'une « observation de la réalité d'événements vivants », c'est-à-dire au jugé, au gré des improvisations, des sympathies et des antipathies. Il oppose cette politique impressionniste à notre politique sociologiquement fondée et nous accuse en même temps... d'ignorer la politique. Incroyable, mais vrai ! Il est certain qu'en dernière analyse la politique irrésolue et capricieuse de Shachtman est aussi l'expression « concentrée » de l'économie, mais hélas, c'est celle de l'économie de la petite-bourgeoisie déclassée.

La comparaison avec des guerres bourgeoises

Shachtman nous rappelle que, pendant une certaine période, les guerres de la bourgeoisie furent progressistes, que, pendant une autre période, elles devinrent réactionnaires et qu'il ne suffit donc pas de donner une définition de classe d'un État en guerre. Ce raisonnement n'élucide pas la question, mais l'embrouille. Les guerres bourgeoises ne pouvaient être progressistes que lorsque tout le régime bourgeois était progressiste ; en d'autres termes, lorsque la *propriété bourgeoise*, alors opposée à la propriété féodale, était un facteur progressiste et constructif. Les guerres bourgeoises devinrent réactionnaires lorsque la propriété bourgeoise devint un frein au développement. Shachtman veut-il dire à propos de l'URSS que la propriété d'État des moyens de production est devenue un frein au développement et que l'élargissement de cette forme de propriété à d'autres pays constitue un facteur de réaction économique ? Shachtman ne veut manifestement pas dire cela. Il ne pousse tout simplement pas ses propres idées jusqu'à leur conclusion logique.

L'exemple des guerres nationales bourgeoises renferme effectivement une leçon très instructive, mais Shachtman n'y prête aucune attention. Marx et Engels aspiraient à une république allemande unifiée. Pendant la guerre de 1870-1871, ils se rangèrent du côté des Allemands, bien que les parasites dynastiques eussent exploité et déformé cette lutte pour l'unification.

Shachtman souligne le fait que Marx et Engels se tournèrent sans délai contre la Prusse dès qu'elle annexa l'Alsace-Lorraine. Mais ce changement ne fait qu'illustrer notre point de vue avec encore plus de clarté. Il est inadmissible d'oublier une seule minute que ce dont il s'agissait, c'était d'une guerre entre deux États *bourgeois*. Ainsi les deux camps avaient un dénominateur de classe commun. On ne pouvait déterminer lequel des deux côtés était le « moindre mal » — dans la mesure où l'histoire laisse une possibilité de choisir — qu'en s'appuyant sur des facteurs supplémentaires. Du côté allemand, il s'agissait de créer un État bourgeois *national*, comme une arène économique et culturelle. Pendant cette période de l'histoire, l'État *national* constituait un facteur historique progressiste. Dans cette mesure, Marx et Engels se sont tenus du côté des Allemands, en dépit des Hohenzollern et de ses junkers [noblesse foncière]. L'annexion de l'Alsace-Lorraine est venue violer le principe de l'État national, autant par rapport à la France qu'à l'Allemagne, et elle a créé les conditions pour une guerre de vengeance. Marx et Engels se sont donc, naturellement, retournés vivement contre la Prusse. En agissant ainsi, ils ne risquaient absolument pas de rendre service à un système économique inférieur face à un système supérieur, puisque, je le répète, les rapports bourgeois dominaient dans les deux camps. Si la France, en 1870, avait été un État ouvrier, Marx et Engels auraient été de son côté dès le début du conflit puisque — on éprouve quelque malaise à devoir le rappeler — le critère de classe guidait toute leur activité.

Aujourd'hui dans les vieux pays capitalistes, résoudre les tâches nationales n'est plus du tout un enjeu. Bien au contraire, l'humanité souffre de la contradiction entre les forces productives et le cadre trop étroit de l'État national. Le prolétariat international, avant tout en Europe, a comme tâche de mettre sur pied une économie planifiée, libérée de toutes les frontières nationales, sur la base de la propriété socialisée. C'est précisément cette tâche qu'exprime notre slogan : « Pour les États-Unis socialistes d'Europe ». L'expropriation des grands propriétaires en Pologne comme en Finlande est en soi un facteur progressiste. Les méthodes bureaucratiques du Kremlin occupent la même place dans ce processus que les méthodes dynastiques des Hohenzollern dans l'unification de l'Allemagne. Lorsque nous sommes placés devant la nécessité de choisir entre défendre des formes réactionnaires de propriété à l'aide de mesures réactionnaires ou d'introduire des formes progressistes de propriété à l'aide de mesures bureaucratiques, nous ne mettons pas du tout les deux camps sur le même plan et nous choisissons le moindre mal. Il y a là aussi peu de « capitulation » devant le stalinisme qu'il y en avait devant les Hohenzollern dans la politique de Marx et d'Engels. Il est superflu d'ajouter que le rôle des Hohenzollern dans la guerre de 1870-1871 n'a justifié ni le rôle historique général de la dynastie ni même son existence.

Le défaitisme conjoncturel ou l'oeuf de Colomb

Vérifions maintenant comment, en s'aidant du vide théorique, Shachtman procède pour faire face aux « réalités des événements vivants » sur une question particulièrement importante. Il écrit : « Nous n'avons jamais soutenu la politique internationale du Kremlin. [...] Mais qu'est-ce que la guerre ? La guerre est la continuation de la politique par d'autres moyens. Alors pourquoi devrions-nous soutenir une guerre qui est la continuation d'une politique internationale que nous *n'avons pas* soutenue et que nous ne soutenons toujours pas ? » (*op. cit.*, p. 15.) On ne peut nier toute l'intégrité de cet argument ; sous la forme d'un pur syllogisme, on nous présente ici une théorie achevée du *défaitisme.* C'est aussi simple que l'oeuf de Colomb ! Étant donné que nous n'avons jamais soutenu la politique internationale du Kremlin, alors nous ne devrions *jamais* soutenir l'URSS. Alors, pourquoi ne pas le dire ?

Nous avons rejeté la politique extérieure et intérieure du Kremlin avant le pacte germano-soviétique et avant l'invasion de la Pologne par l'Armée rouge. Cela signifie que la « réalité des événements vivants » de l'an dernier n'a rien à voir à l'affaire. Si dans le passé nous défendions l'URSS, c'était seulement par inconséquence. Shachtman révise non seulement la politique actuelle de la Quatrième

Internationale, mais aussi sa politique passée. Puisque nous sommes contre Staline, nous devons être aussi contre l'URSS. Il y a bien longtemps que Staline est de cet avis. Shachtman n'est arrivé que dernièrement à cette conclusion. De son rejet de la politique du Kremlin découle un défaitisme complet et sans restriction. Alors pourquoi ne pas le dire ?

Mais Shachtman ne peut se résoudre à le dire. Dans un passage précédent, il a écrit : « Nous disions [la minorité continue à le dire — L. T.] que si les impérialistes attaquent l'URSS dans le but d'écraser les dernières conquêtes de la révolution d'Octobre et de réduire la Russie à un groupe de colonies, nous défendrons l'Union soviétique inconditionnellement. » (*op. cit.*, p. 15.) Permettez, permettez, permettez ! La politique internationale du Kremlin est réactionnaire ; la guerre est la continuation de cette politique réactionnaire, nous ne pouvons soutenir une guerre réactionnaire. Et comment se fait-il donc tout à coup que si les impérialistes pernicieux « attaquent » l'URSS et que si les impérialistes pernicieux le font dans le but blâmable de la transformer en colonie, alors, dans ces « conditions » exceptionnelles, Shachtman défendra l'URSS… » « inconditionnellement » ? Quel sens cela a-t-il ? Où est la logique là-dedans ? Ou est-ce que, suivant l'exemple de Burnham, Shachtman renvoie aussi la logique dans la sphère de la religion et d'autres pièces de musée ?

Ce qui explique un tel galimatias, c'est que la formule « nous n'avons jamais soutenu la politique internationale du Kremlin » est une abstraction. Il faut la disséquer et la concrétiser. Dans sa politique, tant extérieure qu'intérieure, la bureaucratie défend avant tout ses propres intérêts de parasite. Dans cette mesure, nous menons une lutte à mort contre elle. Mais, en dernière analyse, les intérêts de l'État ouvrier se reflètent également, quoique de manière complètement déformée, à travers les intérêts de la bureaucratie. Nous défendons ces intérêts de l'État ouvrier, mais par nos propres méthodes. C'est ainsi que nous ne luttons pas du tout contre le fait que la bureaucratie protège (à sa manière !) la propriété d'État et le monopole du commerce extérieur ou qu'elle refuse de payer les dettes tsaristes. Mais dans une guerre entre l'URSS et le monde capitaliste, indépendamment des incidents qui ont précédé la guerre et des « buts » de tel ou tel gouvernement, ce qui est en jeu, c'est précisément le sort de ces conquêtes historiques que nous défendons inconditionnellement, c'est-à-dire malgré la politique réactionnaire de la bureaucratie. Par conséquent, la question se réduit, *en dernière et décisive instance,* à la nature de classe de l'URSS.

Lénine déduisait la politique du défaitisme du caractère impérialiste de la guerre ; mais il ne s'arrêtait pas là. Il déduisait le caractère impérialiste de la guerre d'un stade particulier du développement du régime capitaliste et de sa classe dirigeante. Et précisément parce que le caractère de la guerre est déterminé par le caractère de classe de la société et de l'État, Lénine nous recommandait, pour définir notre politique vis-à-vis de la guerre impérialiste, de faire abstraction de circonstances « concrètes » telles que la démocratie ou la monarchie, l'agression ou la défense nationale. Shachtman nous propose au contraire de déduire le défaitisme de circonstances conjoncturelles. Ce défaitisme est indifférent au caractère de classe de l'URSS et de la Finlande. Il se contente des caractéristiques réactionnaires de la bureaucratie et de l'« agression ». Que la France, les États-Unis ou l'Angleterre envoient des avions et des fusils en Finlande, cela ne change rien à comment Shachtman définit sa politique. Mais si des troupes anglaises atterrissent en

Finlande, alors Shachtman placera un thermomètre sous la langue de Chamberlain et déterminera ainsi les intentions de Chamberlain : cherche-t-il seulement à sauver la Finlande de la politique impérialiste du Kremlin ou bien désire-t-il, en outre, renverser les « derniers restes des conquêtes de la révolution d'Octobre ». Selon sa lecture du thermomètre, Shachtman le défaitiste est prêt à se changer en partisan de la défense. Voilà ce que signifie remplacer les principes abstraits par la « réalité des événements vivants ».

Shachtman, nous le savons déjà, demande avec insistance que l'on cite des précédents : où et quand les dirigeants de l'opposition ont-ils manifesté un opportunisme petit-bourgeois ? Je peux compléter ici la réponse que je lui ai déjà donnée sur ce sujet avec deux lettres que nous avons échangées sur la défense et les méthodes de défense en rapport avec les événements de la révolution espagnole. Le 18 septembre 1937, Shachtman m'a écrit : « Vous dites que si nous avions un membre aux Cortès, il voterait *contre* le budget militaire de Negrín. À moins qu'il s'agisse d'une erreur typographique, il nous semble que c'est là un sophisme. Si, comme nous le soutenons tous, *l'élément de guerre impérialiste* n'est pas dominant actuellement dans la lutte espagnole et si, au contraire, l'élément décisif demeure la lutte entre d'une part la démocratie bourgeoise décadente, avec tout ce que cela implique, et d'autre part le fascisme et si, en outre, nous sommes obligés de donner une aide militaire à la lutte contre le fascisme, nous ne voyons pas comment il serait possible de voter aux Cortès contre le budget militaire. [...] Si un camarade socialiste demandait à un bolchevik-léniniste sur le front d'Huesca pourquoi son représentant aux Cortès a voté contre la proposition de Negrín de consacrer un million de pesetas pour l'achat de fusils pour le front, que répondrait ce bolchevik-léniniste ? Il ne nous semble pas qu'il pourrait répondre de manière convaincante. » (Souligné par moi.)

Cette lettre me consterna. Shachtman était prêt à faire confiance au gouvernement traître de Negrín sur la base purement négative que « l'élément de guerre impérialiste » n'était pas dominant en Espagne.

Le 20 septembre 1937, j'ai répondu à Shachtman :

« Voter le budget militaire du gouvernement Negrín signifie qu'on lui accorde sa confiance *politique*. [...] Le faire serait un crime. Comment expliquer notre vote aux travailleurs anarchistes ? Très simplement. Nous n'avons pas la moindre confiance dans la capacité de ce gouvernement à conduire la guerre et à assurer la victoire. Nous accusons ce gouvernement de protéger les riches et d'affamer les pauvres. Ce gouvernement doit être renversé. Tant que nous ne sommes pas assez forts pour le remplacer, nous combattons sous son commandement. Mais à chaque occasion, nous disons ouvertement que nous n'avons aucune confiance dans ce gouvernement : c'est la seule et unique possibilité de mobiliser *politiquement* les masses contre ce gouvernement et de préparer son renversement. Toute autre politique signifierait une trahison de la révolution. »

Le ton de ma réponse ne reflétait que faiblement... la stupéfaction que j'ai éprouvée en prenant connaissance de la position opportuniste de Shachtman. Des erreurs isolées sont naturellement inévitables, mais aujourd'hui, deux ans et demi plus tard, cette correspondance apparaît sous un éclairage nouveau. Shachtman croit que puisque nous défendons la démocratie bourgeoise contre le fascisme, nous ne devons pas refuser de faire confiance au gouvernement bourgeois. Si on applique ce théorème à l'URSS, il se transforme en son contraire : puisque nous ne faisons pas confiance au gouvernement du Kremlin, nous ne pouvons donc pas défendre l'État ouvrier. Dans ce cas aussi, le pseudo-radicalisme n'est que le revers de la médaille de l'opportunisme.

Renoncement au critère de classe

Revenons une fois de plus à l'abc. Dans la sociologie marxiste, toute analyse commence par la définition de *classe* d'un phénomène donné, par exemple, un État, un parti, une tendance philosophique, une école littéraire, etc. Dans la plupart des cas cependant, la pure et simple définition de classe ne suffit pas, car une classe est composée de différentes couches, elle passe par différents stades de développement, elle est soumise à des circonstances qui varient et à l'influence d'autres classes. Pour faire une analyse complète, il devient alors nécessaire de tenir compte de ces facteurs de deuxième ou de troisième ordre, soit en partie soit en totalité, selon le but recherché. Mais pour un marxiste l'analyse est impossible sans une caractérisation de classe du phénomène considéré.

L'anatomie d'un animal ne se limite pas au squelette et aux muscles. Mais un traité d'anatomie qui voudrait « faire abstraction » du squelette et des muscles serait suspendu dans le vide. La guerre n'est pas un organe, mais une activité de la société, c'est-à-dire de sa classe dirigeante. Il est impossible de définir et d'étudier cette activité sans en connaître l'agent, c'est-à-dire l'État ; il est impossible d'arriver à une compréhension scientifique d'un organe sans connaître la structure générale de l'organisme, c'est-à-dire la société. Le squelette et le système musculaire de la société ce sont les forces productives et les rapports de classe (de propriété). Shachtman juge possible d'étudier une fonction, à savoir la guerre, « concrètement », indépendamment de l'organe qui la produit, à savoir l'État. N'est-ce pas monstrueux ?

À cette erreur fondamentale s'en ajoute une autre, aussi évidente. Après avoir détaché la fonction de l'organe, Shachtman procède à l'étude de cette fonction elle-même, mais contrairement à toutes ses promesses, il le fait non pas en allant de l'abstrait vers le concret, mais au contraire en dissolvant le concret dans l'abstrait. La guerre *impérialiste* est une des fonctions du capital financier, c'est-à-dire de la bourgeoisie qui, à un stade donné de son développement, s'appuie sur un capital qui possède une structure particulière, à savoir le capital monopoliste. Cette définition est assez concrète pour nos conclusions politiques fondamentales. Mais en employant le terme de guerre *impérialiste* dans le cas de l'État soviétique, Shachtman coupe l'herbe sous ses propres pieds. Pour se donner, ne serait-ce que superficiellement, le droit de désigner par un seul et même terme l'expansion du capital financier et l'expansion de l'État ouvrier, Shachtman est contraint de laisser complètement de côté la structure sociale de chacun de ces deux États, en proclamant qu'il ne s'agit là que d'une... abstraction. C'est ainsi qu'en jouant à cache-cache avec le marxisme, Shachtman qualifie le concret d'abstrait et nous présente l'abstrait comme du concret !

Cette façon révoltante de jouer avec la théorie n'est pas accidentelle. Tous les petits-bourgeois aux États-Unis, sans aucune exception, sont prêts à accoler l'étiquette « impérialiste » à toute conquête de territoires, en particulier maintenant que les États-Unis ne se soucient pas de conquérir des territoires. Mais dites-leur donc que toute la politique extérieure du capital financier est impérialiste, peu importe qu'il tente à un moment donné d'effectuer une annexion ou qu'il « défende » la Finlande contre une annexion et vous verrez que tout cela provoque une sainte indignation chez nos petits-bourgeois. Bien entendu, les buts que les dirigeants de l'opposition poursuivent ainsi que leur niveau politique sont tout à fait différents de ceux du petit-bourgeois moyen. Mais, hélas, les racines de leur pensée sont les mêmes ! Le petit-bourgeois tend inévitablement à détacher les événements politiques de leur fondement social, car toute analyse de classe des faits entre fondamentalement en conflit avec la position sociale et l'éducation de la petite-bourgeoisie.

Encore une fois sur la Pologne

J'ai dit que le Kremlin, même avec ses méthodes bureaucratiques, a stimulé la révolution socialiste en Pologne. Shachtman a transformé cette remarque pour me faire dire que je crois qu'une « révolution bureaucratique » du prolétariat est vraisemblablement possible. C'est non seulement inexact, mais aussi déloyal. Mon expression était rigoureusement mesurée : il ne s'agissait pas d'une « révolution bureaucratique », mais seulement d'une impulsion bureaucratique. Nier cette impulsion, c'est nier la réalité. Les masses populaires d'Ukraine occidentale et de Biélorussie, en tout cas, ressentirent cette impulsion, en comprirent le sens et l'utilisèrent pour renverser complètement les rapports de propriété. Un parti révolutionnaire qui n'aurait pas remarqué cette impulsion à temps et qui aurait refusé de l'utiliser ne serait bon qu'à être jeté à la poubelle.

Cette poussée vers une révolution socialiste ne fut possible que parce que la bureaucratie de l'URSS repose sur l'économie d'un État ouvrier dans laquelle elle plonge ses racines. Ce n'est que grâce à la lutte des classes dans les territoires occupés et à la puissance de l'exemple de la révolution d'Octobre que les masses ukrainiennes et biélorusses ont pu utiliser de manière révolutionnaire cette « impulsion ». Finalement, l'étranglement ou semi-étranglement rapide de ce mouvement de masse révolutionnaire fut rendu possible par son isolement et la puissance de la bureaucratie moscovite. Quiconque ne comprend pas l'interaction dialectique de ces trois facteurs (l'État ouvrier, les masses opprimées et la bureaucratie bonapartiste) ferait mieux de s'abstenir de bavarder sur les événements en Pologne.

Aux élections à l'Assemblée nationale d'Ukraine occidentale et à celle de Biélorussie occidentale, le programme électoral, dicté naturellement par le Kremlin, comportait trois points importants : le rattachement des deux provinces à la fédération de l'URSS, la confiscation des biens des propriétaires fonciers en faveur des paysans, la nationalisation de la grande industrie et des banques. Les démocrates ukrainiens, si l'on en juge par leur conduite, considèrent l'unification sous la règle d'un seul État comme un moindre mal. Et, se plaçant du point de vue de la lutte future pour l'indépendance, ils ont raison. Quant aux deux autres points du programme, nous serions portés à croire que personne parmi nous ne pourrait douter de leur caractère progressiste. Cherchant à éviter de faire face à la réalité, à savoir que seules les fondations sociales de l'URSS obligèrent le Kremlin à adopter un programme social révolutionnaire, Shachtman nous renvoie à la Lituanie, à l'Estonie et à la Lettonie où tout est resté comme par le passé. Argument incroyable ! Personne ne dit que la bureaucratie soviétique veut et peut *partout* et *toujours* réaliser l'expropriation de la bourgeoisie. Nous disons simplement qu'aucun autre gouvernement que la bureaucratie du Kremlin, malgré son alliance avec Hitler, n'aurait pu accomplir le bouleversement social qu'elle s'est vue contrainte d'appuyer en Pologne orientale. Et si elle ne l'avait pas fait, elle n'aurait pas pu inclure ce territoire dans la fédération de l'URSS.

Shachtman lui-même est au courant de ce bouleversement. Il ne peut le nier. Il est incapable de l'expliquer. Mais il cherche néanmoins à sauver la face. Il écrit : « En Ukraine polonaise et en Biélorussie, où l'exploitation de classe fut intensifiée par l'oppression nationale, [...] les paysans commencèrent par prendre eux-mêmes le contrôle des terres, par chasser les propriétaires fonciers, qui étaient déjà à moitié en fuite », etc. (*op. cit.*, p. 16.) Mais il s'avère que l'Armée rouge n'eut aucun rapport avec tout cela. Elle entra en Pologne uniquement comme « force contrerévolutionnaire » dans le but d'écraser le mouvement. Mais pourquoi les travailleurs et les paysans de la Pologne occidentale, conquise par Hitler, n'ont-ils pas entrepris de faire une révolution ? Pourquoi ceux qui s'enfuirent de Pologne occidentale étaient surtout des révolutionnaires, des « démocrates » et des Juifs, alors que ceux qui se sauvèrent de Pologne orientale étaient surtout des propriétaires fonciers et des capitalistes ? Shachtman n'a pas le temps de réfléchir à cette question, car il est pressé de m'expliquer que le concept de « révolution bureaucratique » est absurde, puisque l'émancipation des travailleurs ne peut être que l'oeuvre des travailleurs eux-mêmes ! N'ai-je pas raison de répéter que Shachtman se croit manifestement dans une crèche ?

Les mencheviks, qui ont, vis-à-vis de la politique étrangère du Kremlin, une attitude encore plus « intransigeante » que celle de Shachtman, si cela est possible, rapportent dans leur organe parisien que « dans les villages, très souvent à l'approche même des troupes soviétiques [c'est-à-dire même avant leur entrée dans un district donné — L. T.] surgissent partout des comités de paysans, les organisations de base d'un pouvoir révolutionnaire paysan ». Les autorités militaires se sont hâtées naturellement de subordonner ces comités aux organes bureaucratiques qu'elles ont créés dans les centres urbains. Elles ont cependant été obligées de s'appuyer sur les comités paysans, car sans eux il aurait été impossible de mener à bien la révolution agraire.

Le dirigeant menchevique Dan a écrit le 19 octobre : « D'après le *témoignage unanime de tous les observateurs*, l'apparition de l'armée et de la bureaucratie soviétiques a provoqué, non seulement dans le territoire qu'elles occupent mais même au-delà, une impulsion [!!!] vers une tourmente sociale et des transformations sociales. » Comme on peut le constater, je ne suis pas celui qui a inventé cette « impulsion ». Elle est confirmée par le « témoignage unanime de tous les observateurs » qui possèdent des yeux pour voir et des oreilles pour entendre. Dan va plus loin encore et émet l'hypothèse que « les vagues engendrées par cette impulsion non seulement frapperont l'Allemagne avec force et dans un délai relativement court, mais elles frapperont aussi d'autres États, dans une mesure plus ou moins grande ».

Un autre auteur menchevique écrit : « Indépendamment de ce que le Kremlin a tenté de faire pour éviter tout ce qui pouvait évoquer la grande révolution, la simple entrée des troupes soviétiques en Pologne orientale, avec ses rapports agraires féodaux depuis longtemps surannés, devait nécessairement provoquer un mouvement agraire impétueux. À l'approche des troupes soviétiques, les paysans ont commencé à s'emparer des domaines des grands propriétaires fonciers et à former des comités paysans. » Notez bien : à *l'approche* des troupes soviétiques et pas du tout lors de leur *retrait,* comme cela devrait se produire selon Shachtman. Je cite les témoignages des mencheviks parce qu'ils sont très bien informés, leurs informations provenant d'amis, émigrés juifs et polonais réfugiés en France, et aussi parce que ces messieurs ayant capitulé devant la bourgeoisie française ne peuvent pas être soupçonnés de capituler devant le stalinisme.

Les reportages de la presse bourgeoise confirment d'ailleurs les témoignages des mencheviks :

« La révolution agraire en Pologne soviétique a eu la force d'un mouvement spontané. Aussitôt que se propagea la nouvelle que l'Armée rouge avait traversé la rivière Zbrucz, les paysans commencèrent à se répartir les propriétés foncières. Les terres furent données d'abord aux petits propriétaires et, de cette façon, environ 30 % des terres agricoles furent expropriées. » (*New York Times*, 17 janvier 1940)

Comme s'il s'agissait d'un nouvel argument, Shachtman me renvoie à mes propres observations suivant lesquelles l'expropriation des propriétaires en Pologne orientale ne peut modifier notre appréciation de la politique *générale* du Kremlin. Il est évident qu'elle ne le peut pas ! Et personne ne l'a proposé ! Avec l'aide de l'Internationale communiste, le Kremlin a désorienté et démoralisé la classe ouvrière et ainsi il a non seulement facilité l'éclatement d'une nouvelle guerre impérialiste, mais il a aussi rendu extraordinairement difficile l'utilisation de cette guerre pour la révolution. Comparé à ces crimes, le bouleversement social accompli dans deux provinces et qui a d'ailleurs été payé par l'asservissement de la Pologne est naturellement d'une importance secondaire et ne peut modifier le caractère réactionnaire général de la politique du Kremlin. Mais à l'initiative de l'opposition elle-même, la question aujourd'hui à l'ordre du jour n'est pas celle de la politique générale, mais de son expression concrète dans des conditions spécifiques de temps et de lieu. Pour les paysans de la Galicie et de la Biélorussie occidentale, le bouleversement agraire était de la plus haute importance. La Quatrième Internationale n'aurait pas pu boycotter ce bouleversement sous prétexte que l'initiative en venait de la bureaucratie réactionnaire. Nous étions absolument obligés de participer à ce bouleversement aux côtés des travailleurs et des paysans et, *dans cette mesure*, aux côtés de l'Armée rouge. En même temps, il fallait sans relâche mettre clairement en garde les masses contre le caractère réactionnaire général de la politique du Kremlin et contre les dangers qui en résultaient pour les provinces occupées. Savoir combiner ces deux tâches, ou plus exactement les deux faces d'une seule et même tâche, voilà en quoi consiste une politique bolchevique.

Encore une fois sur la Finlande

Après avoir fait preuve d'une telle perspicacité dans sa compréhension des événements en Pologne, Shachtman m'agresse avec une autorité redoublée à propos des événements en Finlande. Dans mon article « Une opposition petite-bourgeoise », j'écrivais qu'à « la guerre entre la Finlande et l'URSS *commence apparemment* à *s'ajouter* une guerre civile, dans laquelle l'Armée rouge se retrouve pour l'instant dans le même camp que les petits paysans et travailleurs finlandais ». Mon juge sévère n'a pas cru bon d'approuver cette formulation extrêmement prudente. Mon appréciation des événements en Pologne l'avait déjà mis hors de lui : « Je trouve encore moins (de preuves) pour vos — comment dire ? — étonnantes remarques au sujet de la Finlande », écrit Shachtman à la page 16 de sa « Lettre ». Je suis vraiment désolé que Shachtman préfère s'étonner plutôt que de réfléchir.

Dans les États baltes, le Kremlin s'est contenté de faire quelques gains stratégiques, espérant indubitablement que ses importantes bases militaires lui permettraient de soviétiser aussi ces anciennes sections de l'empire tsariste. Ces gains dans la région de la Baltique, obtenus grâce à la menace diplomatique, ont cependant été limités par la résistance de la Finlande. S'il s'était résigné à cette résistance, le Kremlin aurait compromis son « prestige » et par là-même ses succès en Estonie, en Lettonie et en Lituanie. Aussi, contrairement à ses plans initiaux, le Kremlin s'est vu contraint de recourir à la force armée. Dès lors, toutes les personnes sensées se sont posé la même question : le Kremlin veut-il seulement effrayer la bourgeoisie finlandaise et l'obliger à faire des concessions ou doit-il maintenant aller plus loin ? À cette question, il n'y avait bien sûr pas de réponse « automatique ». Il était nécessaire, à la lumière des tendances générales, de s'orienter à partir d'indices concrets. Les dirigeants de l'opposition en sont incapables.

Les opérations militaires ont commencé le 30 novembre. Le même jour, le Comité central du Parti communiste finlandais, installé sans aucun doute à Léningrad ou à Moscou, a lancé un manifeste par radio aux travailleurs finlandais, qui disait : « Pour la seconde fois dans l'histoire de la Finlande, la classe ouvrière finlandaise entreprend une lutte contre le joug de la ploutocratie. La première expérience des travailleurs et des paysans en 1918 s'est terminée par la victoire des capitalistes et des propriétaires fonciers. Mais cette fois-ci [...], les masses travailleuses doivent vaincre ! » Ce seul manifeste indique clairement qu'il ne s'agissait pas d'une tentative d'effrayer le gouvernement bourgeois finlandais, mais bien d'un plan pour susciter l'insurrection dans le pays et compléter l'invasion de l'Armée rouge par une guerre civile.

La déclaration du prétendu « Gouvernement populaire », publiée le 2 décembre, affirme : « Dans différentes parties du pays, le peuple s'est déjà soulevé et a proclamé la création d'une république démocratique. » Cette assertion est manifestement une fable, sinon le manifeste aurait mentionné les endroits où éclatèrent ces tentatives d'insurrection. Il est cependant possible que des tentatives isolées, préparées de l'extérieur, échouèrent et que précisément pour cela on a jugé préférable de ne pas entrer dans les détails. En tout cas, l'annonce des « insurrections » constituait un appel à l'insurrection. En outre, la déclaration annonçait la création « du premier corps d'armée finlandais qui dans le cours des combats à venir regroupera également des volontaires venus des rangs des travailleurs et des paysans révolutionnaires ». Qu'il y ait eu 1 000 hommes ou seulement 100 dans ce « corps », l'importance de ce « corps » pour définir la politique du Kremlin était incontestable. En même temps, des dépêches annonçaient l'expropriation des grands propriétaires terriens dans les régions frontalières. Il n'y a pas la moindre raison de douter que c'est exactement ce qui s'est produit pendant la première avance de l'Armée rouge. Mais même si l'on considère ces dépêches comme des inventions, elles gardent pleinement leur signification comme appel à une révolution agraire. Aussi étais-je parfaitement justifié d'affirmer qu'à « la guerre entre la Finlande et l'URSS commence apparemment à s'ajouter une guerre civile ». Au début de décembre, il est vrai que je ne disposais que d'une partie de ces faits. Mais en tenant compte de la situation générale et, je me permets d'ajouter, grâce à une compréhension de sa logique interne, les indices isolés m'ont permis de tirer les conclusions nécessaires sur la direction de la lutte dans son ensemble. Sans de telles conclusions, à demi anticipées, on ne peut être qu'un observateur qui tente de se justifier, mais en aucun cas un participant actif aux événements.

Mais pourquoi l'appel du « Gouvernement populaire » n'a-t-il pas réussi à soulever une réponse de masse immédiate ? Pour trois raisons : d'abord, la Finlande est aujourd'hui entièrement dominée par un appareil militaire réactionnaire soutenu non seulement par la bourgeoisie, mais encore par les couches supérieures de la paysannerie et de la bureaucratie ouvrière ; ensuite, la politique du Kremlin a réussi à faire du Parti communiste finlandais un facteur insignifiant ; enfin, le régime de l'URSS est absolument incapable de soulever l'enthousiasme parmi les masses travailleuses finlandaises. Même en Ukraine de 1918 à 1920, les paysans ont répondu très lentement aux appels à s'emparer des biens des propriétaires fonciers, car la puissance soviétique locale était encore faible et chaque succès des blancs s'accompagnait de cruelles expéditions punitives. Il y a encore moins de raison d'être surpris que les paysans pauvres finlandais aient tardé à répondre à l'appel à une révolution agraire. Pour que les paysans se mettent en mouvement, il faut que l'Armée rouge remporte d'importants succès. Mais après sa première avance mal préparée, l'Armée rouge n'a subi que des échecs. Dans de telles conditions, il ne pouvait même pas être question d'un soulèvement paysan. Il était impossible qu'une guerre civile indépendante puisse se produire en Finlande à cette étape : je comptais très précisément sur la nécessité de *compléter* les opérations militaires par des mesures de guerre civile. Je n'ai à l'esprit que les territoires occupés et les régions limitrophes, du moins tant que l'armée finlandaise ne sera pas détruite. Aujourd'hui le 17 janvier, au moment où j'écris ces lignes, des dépêches de source finlandaise annoncent que des détachements d'émigrés finlandais ont envahi des provinces frontalières et que des frères y tuent littéralement leurs propres frères. De quoi s'agit-il, sinon d'un épisode de la guerre civile ? En tout cas, on ne peut pas douter qu'une nouvelle avance de l'Armée rouge en Finlande confirmera à chaque pas notre appréciation générale de la guerre. Shachtman ne donne ni une analyse des événements ni un semblant de pronostic. Il se cantonne dans une noble indignation et, par conséquent, il s'enlise de plus en plus.

L'appel du « Gouvernement populaire » réclame le contrôle ouvrier. Que peut signifier cela ! s'exclame Shachtman. Il n'y a pas de contrôle ouvrier en URSS ; alors d'où viendra-t-il en Finlande ? Je regrette de le dire, mais Shachtman étale ici sa totale incompréhension de la situation. Le contrôle ouvrier est une étape depuis longtemps complétée en URSS. Du contrôle sur la bourgeoisie, les travailleurs y sont passés à la gestion de la production nationalisée ; puis de la gestion par les travailleurs, au commandement de la bureaucratie. Un nouveau contrôle ouvrier signifierait maintenant un contrôle sur la bureaucratie. Ceci ne pourra se produire qu'à la suite d'un soulèvement victorieux contre la bureaucratie. En Finlande, le contrôle ouvrier ne signifie jusqu'à maintenant rien de plus que l'éviction de la bourgeoisie indigène, que la bureaucratie se propose de remplacer. Il ne faudrait d'ailleurs pas penser que le Kremlin est stupide au point de vouloir tenter d'imposer sa domination en Pologne orientale ou en Finlande au moyen de commissaires importés. La tâche la plus urgente du Kremlin, c'est d'extraire un nouvel appareil administratif de la population travailleuse des zones occupées. Cette tâche ne peut être accomplie qu'en plusieurs étapes. La première étape, c'est la création de comités de paysans et de comités de contrôle ouvrier*.

* Cet article était déjà écrit quand j'ai lu les lignes suivantes relatives à l'ancienne Pologne orientale dans le *New York Times* du 17 janvier : « Dans l'industrie, on n'a pas encore pratiqué d'énergiques actes d'expropriation sur une large échelle. Les principaux centres du système bancaire, du système ferroviaire et un certain nombre de grandes entreprises industrielles étaient déjà propriété d'État plusieurs années avant l'occupation russe. Dans de petites

Shachtman s'accroche fermement au fait que le programme de Kuusinen « est formellement le programme d'une "démocratie" bourgeoise ». Veut-il dire par là que le Kremlin est plus intéressé à établir la démocratie bourgeoise en Finlande que d'entraîner la Finlande dans le cadre de l'URSS ? Shachtman lui-même ne sait pas ce qu'il veut dire. En Espagne, pays que Moscou ne tentait pas de rattacher à l'URSS, le Kremlin cherchait en effet à démontrer qu'il pouvait sauvegarder la démocratie bourgeoise contre la révolution prolétarienne. Cet objectif découlait des intérêts de la bureaucratie du Kremlin dans une situation internationale particulière. Aujourd'hui, la situation est différente. Le Kremlin ne se prépare pas à démontrer son utilité à la France, à l'Angleterre et aux États-Unis. Comme ses actes l'ont prouvé, il est fermement décidé à soviétiser la Finlande, immédiatement ou en deux étapes. Le programme du gouvernement Kuusinen, même si on le considère d'un point de vue « formel », ne diffère pas du programme des bolcheviks en novembre 1917. Shachtman raille l'importance que j'accorde en général au manifeste de l'« idiot » Kuusinen. Je me permets cependant de penser que l'« idiot » Kuusinen, agissant sur l'ordre du Kremlin et

---

et moyennes industries, les travailleurs exercent maintenant un contrôle sur la production.

« Les industriels conservent nominalement tous leurs droits de propriété dans leurs propres établissements, mais ils sont obligés de soumettre des états de coût de la production, etc., à l'examen des délégués ouvriers. Ceux-ci, conjointement avec leurs employeurs, fixent les salaires, les conditions de travail, et un "juste taux de profits pour les industriels". »

Ainsi nous voyons que la « réalité des événements vivants » elle-même ne se soumet pas du tout aux schémas pédants et inertes des dirigeants de l'opposition. Pendant ce temps, nos « abstractions » apparaissent en chair et en os. — L. T.

avec l'appui de l'Armée rouge, représente un facteur politique beaucoup plus sérieux que des dizaines de petits malins superficiels qui refusent d'approfondir la logique interne (la dialectique) des événements.

Comme produit de son analyse remarquable, Shachtman propose, ouvertement cette fois-ci, une politique *défaitiste* vis-à-vis de l'URSS, tout en ajoutant (en cas d'urgence) qu'il ne cesse pas le moins du monde d'être un « patriote de sa classe ». Nous sommes heureux d'entendre cela. Mais le problème, c'est que Dan, le dirigeant des mencheviks, écrivait, dès le 12 novembre, qu'au cas où l'Union soviétique envahirait la Finlande, le prolétariat mondial devrait prendre une « attitude clairement défaitiste face à cette violation ». (*Sozialisticheski Vestnik*, n° 19-20, p. 43.) Il faut ajouter que Dan, sous le régime de Kérenski, fut un ferme défenseur ; il ne fut pas défaitiste même sous le tsar. Seule l'invasion de la Finlande par l'Armée rouge a transformé Dan en défaitiste. Naturellement, il n'a pas cessé par-là d'être un « patriote de sa classe ». De quelle classe ? La question n'est pas dépourvue d'intérêt. En ce qui concerne son analyse des événements, Shachtman est en désaccord avec Dan qui, plus proche du théâtre de l'action, ne peut pas remplacer les faits par la fiction ; mais dans les « conclusions politiques concrètes », Shachtman devient un « patriote » de la même classe que Dan. Dans la sociologie de Marx, si l'opposition me le permet, cette classe s'appelle la *petite bourgeoisie*.

La théorie des « blocs »

Pour justifier son bloc avec Burnham et Abern contre l'aile prolétarienne du parti, contre le programme de la Quatrième Internationale et contre la méthode marxiste, Shachtman n'a pas oublié l'histoire du mouvement révolutionnaire, qu'il a étudiée spécialement, d'après ce qu'il dit, pour en transmettre les grandes traditions à la plus jeune génération. L'objectif est bien entendu excellent. Mais il exige une méthode scientifique. Shachtman a plutôt commencé en sacrifiant la méthode scientifique à la cause d'un bloc. Ses exemples historiques sont arbitraires, irréfléchis et franchement erronés.

Toute collaboration n'est pas nécessairement un bloc au sens propre du mot. Des accords épisodiques qui ne se transforment pas et ne cherchent pas à se transformer en un bloc durable ne sont pas rares. D'autre part, on ne peut guère qualifier de bloc le fait d'appartenir à un seul et même parti. Nous et le camarade Burnham avons appartenu (et, je l'espère, nous appartiendrons jusqu'à la fin) à un seul et même parti international ; mais cela ne constitue pourtant pas un bloc. Deux partis peuvent établir un bloc à long terme contre un ennemi commun. Telle fut la politique du « Front populaire ». À l'intérieur d'un seul et même parti, des tendances voisines mais non identiques peuvent constituer un bloc contre une troisième faction.

Pour juger les blocs existant à l'intérieur d'un parti, il faut se poser deux questions d'une importance décisive : 1) Contre qui ou contre quoi ce bloc s'oriente-t-il d'abord et avant tout ? ; 2) Quel est le rapport des forces à l'intérieur de ce bloc ? Ainsi pour lutter contre le chauvinisme à l'intérieur de son propre parti, un bloc entre internationalistes et centristes est parfaitement admissible. Le résultat du bloc dépendrait dans ce cas de la clarté du programme des internationalistes, de leur cohésion et de leur discipline, car ces aspects sont souvent plus importants pour définir un rapport de forces que le simple nombre.

Comme nous l'avons déjà dit, Shachtman se réfère au bloc que Lénine constitua avec Bogdanov. J'ai déjà mentionné que Lénine n'a pas fait la moindre concession théorique à Bogdanov. Voyons maintenant l'aspect politique de ce « bloc ». Il faut tout d'abord établir clairement qu'il ne s'agissait pas en réalité d'un bloc, mais d'une collaboration au sein d'une même organisation. La fraction bolchevique menait une existence indépendante. Lénine ne constitua pas un « bloc » avec Bogdanov contre d'autres tendances dans sa propre organisation. Il constitua, au contraire, un bloc même avec les bolcheviks conciliateurs (Doubrovinski, Rykov et d'autres) contre les hérésies théoriques de Bogdanov. Pour Lénine, la question essentielle était de savoir s'il était possible de rester avec Bogdanov dans une seule et même organisation qui, bien qu'appelée « fraction », possédait tous les traits d'un parti. Si Shachtman ne considère pas l'opposition comme une organisation indépendante, sa référence au « bloc » Lénine-Bogdanov ne tient plus.

Mais le caractère erroné de l'analogie ne se limite pas à cela. La fraction-parti bolchevique menait la lutte contre le menchevisme, qui avait totalement révélé dès cette époque sa fonction d'agence petite-bourgeoise de la bourgeoisie libérale. Cela était beaucoup plus sérieux que l'accusation de prétendu « conservatisme bureaucratique », dont Shachtman ne tente même pas de définir les racines de classe. La collaboration entre Lénine et Bogdanov était une collaboration entre la tendance prolétarienne du parti et une tendance centriste sectaire contre l'opportunisme petit-bourgeois. Les lignes de classe étaient nettes. Le « bloc » (si l'on veut utiliser ce mot dans ce cas) était justifié.

La suite de l'histoire du « bloc » n'est pas moins significative. Dans une lettre à Gorki citée par Shachtman, Lénine a exprimé l'espoir qu'il serait possible de séparer les questions politiques des questions purement philosophiques. Shachtman oublie d'ajouter que les espoirs de Lénine ne se sont absolument pas matérialisés. Les divergences se sont développées des hauteurs de la philosophie jusqu'à toutes les autres questions, y compris les plus courantes. Si le « bloc » n'a pas discrédité le bolchevisme, c'est seulement parce que Lénine avait un programme complet, une méthode correcte, une fraction fermement soudée, dans laquelle le groupe de Bogdanov ne représentait qu'une petite minorité instable.

Shachtman a conclu un bloc avec Burnham et Abern contre l'aile prolétarienne de son propre parti. Il est impossible d'échapper à cela. Le rapport de forces dans ce bloc est intégralement défavorable à Shachtman. Abern a sa propre fraction. Burnham, avec l'aide de Shachtman, peut créer un semblant de fraction composée d'intellectuels déçus par le bolchevisme. Shachtman n'a ni programme indépendant, ni méthode indépendante, ni fraction indépendante. Le caractère éclectique du « programme » de l'opposition découle de l'existence de tendances contradictoires au sein du bloc. En cas d'effondrement du bloc — et cet effondrement est inévitable — Shachtman émergera de la lutte avec comme seul résultat le dommage qu'il aura infligé au parti et à lui-même.

En outre, Shachtman se réfère au fait qu'en 1917 Lénine et Trotsky se sont unis après une longue lutte et qu'il aurait donc été erroné de leur rappeler leurs divergences antérieures. Cet exemple est quelque peu discrédité par le fait que Shachtman l'a déjà utilisé auparavant pour expliquer son bloc avec... Cannon contre Abern. Mais en plus de cette circonstance désagréable, l'analogie historique est radicalement fausse. En rejoignant le parti bolchevique, Trotsky a reconnu complètement et entièrement la justesse des méthodes léninistes de construction du parti. En même temps, le bolchevisme, qui était une tendance de classe intransigeante, avait corrigé un pronostic erroné. Si je n'ai pas soulevé à nouveau la question de la « révolution permanente » en 1917, c'est qu'elle avait été réglée pour nous deux par la marche même des événements. Ce n'étaient point des combinaisons subjectives ou conjoncturelles, mais la révolution prolétarienne qui constituait la base d'un travail conjoint. C'est une base solide. En outre, ce qui était alors en jeu, ce n'était pas un « bloc », mais un regroupement au sein d'un seul parti contre la bourgeoisie et ses agents petits-bourgeois. À l'intérieur du parti, le bloc d'octobre conclu entre Lénine et Trotsky était dirigé contre les tergiversations petites-bourgeoises sur la question de l'insurrection.

Tout aussi superficielle est la référence de Shachtman au bloc de Trotsky avec Zinoviev en 1926. La lutte se menait alors non pas contre le « conservatisme bureaucratique » comme trait psychologique de quelques individus antipathiques, mais contre la bureaucratie la plus puissante du monde, contre ses privilèges, contre son despotisme et contre sa politique réactionnaire. L'étendue des divergences admissibles dans un bloc est déterminée par la nature de l'adversaire.

Le rapport entre les différents éléments à l'intérieur du bloc était aussi tout à fait différent. L'opposition de 1923 avait son propre programme et ses propres cadres, qui n'étaient pas du tout des intellectuels comme le soutient Shachtman en reprenant les arguments des staliniens, mais en premier lieu des travailleurs. À notre demande, l'opposition Zinoviev-Kamenev a reconnu dans un texte spécial que l'opposition de 1923 avait eu raison sur toutes les questions fondamentales. Néanmoins, comme nous avions des traditions différentes et que nous étions loin d'être d'accord sur tout, il n'y eut jamais fusion. Les deux groupes restèrent des fractions indépendantes. Sur certaines questions importantes, il est vrai, l'opposition de 1923 fit à l'opposition de 1926, contre mon vote, des concessions de principes que je considérais et que je considère encore comme inadmissibles. Je crois maintenant que j'ai fait erreur en ne protestant pas ouvertement contre ces concessions. Mais il n'y avait en général guère de place pour des protestations publiques, car nous travaillions illégalement. En tout cas, les deux parties connaissaient bien mes vues sur les questions controversées. À l'intérieur de l'opposition de 1923, 999 membres sur 1 000, sinon plus, soutenaient mes positions et non celles de Zinoviev ou de Radek. Un tel rapport entre les deux groupes à l'intérieur du bloc a pu laisser passer telle ou telle faute partielle, mais il n'y avait pas la moindre trace d'aventurisme.

Avec Shachtman, on a un cas tout à fait différent. Qui avait raison dans le passé ? À quel propos ? Quand ? Pourquoi Shachtman fut-il d'abord avec Abern, puis avec Cannon et maintenant de nouveau avec Abern ? Les explications de Shachtman lui-même concernant les amères luttes fractionnelles du passé ne sont pas dignes d'un homme politique responsable. Elles rappellent plutôt les histoires de jardins d'enfants : Jeannot avait un peu tort, Max aussi ; tout le monde avait un peu tort et maintenant nous avons tous un peu raison. Qui avait tort et en quoi précisément ? Pas un mot là-dessus. Il n'y a pas de tradition. Hier n'a plus d'importance. Et pour quelle raison ? Parce que dans l'organisme qu'est le parti le camarade Shachtman joue le rôle d'un rein flottant.

À la recherche d'analogies historiques, Shachtman évite un exemple auquel son bloc ressemble effectivement. Je pense à ce qu'on a appelé le bloc d'Août en 1912. J'ai participé activement à ce bloc. En un certain sens, je l'ai créé. J'étais politiquement en désaccord avec les mencheviks sur toutes les questions fondamentales ; j'étais en désaccord aussi avec les bolcheviks gauchistes, les vpériodistes ; j'étais beaucoup plus proche des bolcheviks sur l'orientation politique générale, mais j'étais hostile au « régime » léniniste, car je n'avais pas encore réussi à comprendre qu'un parti solidement centralisé est indispensable pour réaliser l'objectif révolutionnaire. Aussi ai-je alors constitué ce bloc épisodique regroupant des éléments hétérogènes et qui était dirigé contre l'aile prolétarienne du parti.

Dans le bloc d'Août, les liquidateurs avaient leur propre fraction ; les vpériodistes avaient aussi une sorte de fraction. J'étais isolé, avec des camarades qui partageaient mon opinion, mais sans fraction. J'ai écrit la plupart des textes, en évitant de mentionner les divergences de principes, dans l'intention de créer une apparence d'unanimité sur les « questions politiques concrètes ». Pas un mot sur le passé ! Lénine soumit le bloc d'Août à une critique impitoyable et les coups les plus durs s'abattirent sur moi. Lénine démontra que, puisque je n'étais d'accord politiquement ni avec les mencheviks ni avec les vpériodistes, ma politique n'était que de l'aventurisme. C'était sévère, mais c'était vrai.

Je soulignerai, à titre de « circonstances atténuantes », que je ne cherchais pas à aider la fraction de droite ou la fraction gauchiste contre les bolcheviks mais à unir le parti dans son ensemble. Les bolcheviks furent invités eux aussi à la conférence d'août. Mais comme Lénine refusa carrément de s'unir aux mencheviks (ce en quoi il avait totalement raison), je suis resté dans un bloc contre nature avec les mencheviks et les vpériodistes. Ma seconde circonstance atténuante est que le phénomène même du bolchevisme, comme le véritable parti révolutionnaire, se développait alors pour la première fois ; dans la pratique de la Deuxième Internationale, il n'y avait aucun précédent. Mais en soulevant ces points, je ne cherche pas à me disculper. En dépit de ma conception de la révolution permanente, qui révélait sans nul doute la perspective juste, je ne m'étais pas encore affranchi à cette époque, en particulier dans le domaine de l'organisation, des traits caractéristiques du révolutionnaire petit-bourgeois. Je souffrais d'une tendance à la conciliation envers les mencheviks et à la méfiance envers le centralisme léniniste. Aussitôt après la conférence d'août, le bloc commença à se désagréger en ses parties composantes. Au bout de quelques mois, j'étais hors du bloc, non seulement du point de vue des principes, mais aussi sur le plan organisationnel.

Je fais aujourd'hui à Shachtman le même reproche que me fit Lénine il y a 27 ans : « Votre bloc est sans principes ! Votre politique est de l'aventurisme ! » J'espère de tout mon coeur que Shachtman tirera de ces accusations les mêmes conclusions que celles que je tirai en mon temps.

Les fractions dans la lutte

Shachtman s'étonne que Trotsky, le « dirigeant de l'opposition de 1923 », puisse soutenir la fraction bureaucratique de Cannon. Là, comme sur la question du contrôle ouvrier, Shachtman révèle à nouveau son manque de sensibilité pour la perspective historique. Certes, pour justifier sa dictature, la bureaucratie soviétique exploita les principes du centralisme bolchevique, mais, ce faisant, elle les transforma exactement en leur contraire. Mais cela ne discrédite pourtant pas le moins du monde les méthodes du bolchevisme. Durant de nombreuses années, Lénine éduqua le parti dans l'esprit d'une discipline prolétarienne et d'un centralisme sévère. En agissant ainsi, il eut à supporter les nombreuses attaques des fractions et des cliques petites-bourgeoises. Le centralisme bolchevique fut un facteur profondément progressiste et il assura en fin de compte le triomphe de la révolution. Il n'est pas difficile de comprendre que la lutte de l'actuelle opposition dans le Parti socialiste des travailleurs n'a rien de commun avec le combat de l'opposition russe de 1923 contre une caste bureaucratique privilégiée, mais qu'elle présente plutôt une étroite ressemblance avec le combat mené par les mencheviks contre le centralisme bolchevique.

Selon l'opposition, Cannon et son groupe sont « l'expression d'un type de politique qu'on peut le mieux décrire comme du conservatisme bureaucratique ». Qu'est-ce que cela signifie ? La domination d'une bureaucratie ouvrière conservatrice, ayant accès à une part des profits de la bourgeoisie nationale, serait inimaginable sans l'aide directe ou indirecte de l'État capitaliste. La domination de la bureaucratie stalinienne serait inimaginable sans le GPU, l'armée, les tribunaux, etc. La bureaucratie soviétique soutient Staline précisément parce qu'il est le bureaucrate qui défend ses intérêts mieux que quiconque. La bureaucratie syndicale soutient Green et Lewis précisément parce que leurs vices, comme bureaucrates capables et astucieux, sauvegardent les intérêts matériels de l'aristocratie ouvrière. Mais sur quoi donc repose le « conservatisme bureaucratique » dans le SWP ? Manifestement pas sur des intérêts matériels, mais sur une sélection d'individus de caractère bureaucratique, par opposition à ceux d'un autre camp, dans lequel se regroupent des innovateurs, des initiateurs et des esprits dynamiques. L'opposition n'indique aucune base objective, c'est-à-dire sociale, pour ce « conservatisme bureaucratique ». Tout se réduit à de la pure psychologie. Dans ces conditions, tout travailleur qui réfléchit dira : il est possible que le camarade Cannon pèche réellement par des tendances bureaucratiques — il m'est difficile d'en juger à distance — mais si la majorité du Comité central et l'ensemble du parti, nullement intéressés à des « privilèges » bureaucratiques, soutiennent Cannon, ce n'est donc pas à cause de ses tendances bureaucratiques mais malgré elles. Cela signifie qu'il a d'autres qualités qui dépassent et de loin ce défaut personnel. Voilà ce que dira un membre sérieux du parti. À mon avis, il aura raison.

Pour étayer leurs plaintes et leurs accusations, les dirigeants de l'opposition rapportent des épisodes et des anecdotes détachés de leur contexte, dont on peut trouver des exemples par centaines et par milliers dans n'importe quel parti et qu'il est impossible, dans la plupart des cas, de vérifier objectivement. Loin de moi l'idée d'être indulgent en critiquant la partie anecdotique des textes de l'opposition, mais il y a un épisode sur lequel je voudrais me prononcer à titre de participant et de témoin. Les dirigeants de l'opposition insistent de manière très méprisante sur la facilité avec laquelle Cannon et son groupe auraient accepté le programme de transition, apparemment sans le critiquer ou même sans en discuter sérieusement*. Or voici ce que j'ai écrit le 15 avril au camarade Cannon à propos de l'élaboration de ce programme :

« Nous vous avons envoyé le projet de programme de transition et une courte déclaration concernant le parti ouvrier basé sur les syndicats. Sans votre visite à Mexico, je n'aurais jamais pu écrire ce projet de programme, car j'ai appris durant les discussions beaucoup de choses importantes qui m'ont permis d'être plus explicite et plus concret. »

Shachtman connaît fort bien ces circonstances puisqu'il a fait partie de ceux qui ont participé à cette discussion.

Les rumeurs, les spéculations personnelles et les simples potins occupent inévitablement une place importante

* « L'agonie du capitalisme et les tâches de la Quatrième internationale », connu aussi comme le Programme de transition. Inclus dans *The Transitional Program for Socialist Revolution* de Trotsky, Pathfinder, New York, 1977.

dans les cercles petits-bourgeois, où les gens ne sont pas unis par des liens de parti, mais par des rapports personnels, et où il est inhabituel d'aborder les événements d'un point de vue de classe. Selon une rumeur qui se propage de bouche à oreille, seuls des représentants de la majorité sont venus me voir, ce qui m'aurait détourné du chemin vers la vérité. Chers camarades, ne croyez pas ces sottises ! Je rassemble les informations politiques avec les mêmes méthodes que celles que j'emploie pour mon travail en général. Une attitude critique à l'égard des informations est une partie essentielle de la physionomie politique de chaque personne politique. Si j'étais incapable de distinguer les informations fausses des vraies, quelle valeur, en général, auraient mes jugements ?

Je connais personnellement au moins 20 membres de la fraction Abern. Je reste redevable à plusieurs d'entre eux pour leur aide amicale dans mon travail et je les considère tous ou presque tous comme d'excellents membres du parti. Mais en même temps, je dois dire que ce qui les caractérise tous à un degré ou à un autre, c'est l'atmosphère d'un milieu petit-bourgeois, l'absence d'expérience dans la lutte des classes et, dans une certaine mesure, l'absence d'un lien nécessaire avec le mouvement ouvrier. Leurs traits positifs les relient à la Quatrième Internationale, leurs traits négatifs les rattachent à la plus conservatrice de toutes les fractions.

On trouve dans le texte sur le « conservatisme bureaucratique » l'idée qu'on « inculque aux membres du parti une attitude "contre ce qui est intellectuel" et "contre les intellectuels" » (*Bulletin interne*, vol. 2, n° 6, janvier 1940, p. 12.). Cet argument est tiré par les cheveux. Ceux qui sont remis en question, ce ne sont pas des intellectuels passés complètement du côté du prolétariat, mais des intellectuels qui tentent de faire glisser notre parti vers les positions de l'éclectisme petit-bourgeois. Le même texte affirme : « Une propagande anti-New York se déploie, qui joue au fond sur des préjugés loin d'être toujours sains. » (*ibidem.*) De quels préjugés s'agit-il ici ? Apparemment d'antisémitisme. Si des préjugés antisémites ou d'autres préjugés raciaux existent dans notre parti, il faut les combattre avec acharnement, par une lutte ouverte et non pas par de vagues insinuations. Mais la question des intellectuels et semi-intellectuels juifs de New York est une question *sociale* et non *nationale.* À New York, il y a un grand nombre de prolétaires juifs, mais ce ne sont pas eux qu'on retrouve dans la fraction Abern. Les éléments petits-bourgeois de cette fraction se sont avérés jusqu'ici incapables de trouver le chemin vers les travailleurs juifs. Ils se satisfont de rester dans leur propre milieu.

On a connu plus d'un exemple dans l'histoire — ou, pour être plus précis, cela ne se passe jamais autrement dans l'histoire — de partis en transition d'une période à une autre et dans lesquels des individus qui avaient joué jusque-là un rôle progressiste se sont révélés incapables de s'adapter à temps aux tâches nouvelles, se sont regroupés pour faire face au danger et ont révélé non pas leurs traits positifs mais presque exclusivement leurs traits négatifs. Tel est précisément aujourd'hui le rôle de la fraction Abern, dans laquelle Shachtman joue le rôle de journaliste et Burnham, celui d'expert de la théorie. « Cannon sait, insiste Shachtman, à quel point il est fallacieux d'introduire dans la discussion en cours la "question Abern". Il sait ce que sait tout dirigeant informé du parti, ainsi que nombre de ses membres, à savoir que dans les années passées, il n'y a pas eu de "groupe Abern". » Je me permets de dire que si quelqu'un déforme ici la réalité, c'est précisément Shachtman. Je suis le développement des rapports internes dans la section américaine depuis dix ans environ. La composition spécifique et le rôle particulier que joue l'organisation de New York furent les premiers éléments qui apparurent clairement à mes yeux. Shachtman se rappellera peut-être que, dès mon séjour à Prinkipo, je conseillai au Comité central de quitter pour un temps New York et son atmosphère de chamailleries petites-bourgeoises pour aller vers un centre industriel en province. En arrivant au Mexique, j'eus l'occasion de mieux connaître la langue anglaise, et, grâce à de nombreuses visites de mes amis du Nord, de me faire une idée plus nette de la composition sociale et de la psychologie politique des divers groupements. Sur la base de mes observations personnelles et directes au cours de ces trois dernières années, j'affirme que la fraction Abern a existé sans interruption, statiquement, quand ce n'était pas « dynamiquement ».

Avec un minimum d'expérience politique, on peut facilement reconnaître les membres de la fraction Abern, non seulement par leurs traits sociaux, mais encore par leur manière d'aborder toutes les questions. Ces camarades ont toujours formellement nié l'existence de leur fraction. Pendant une certaine période, certains d'entre eux ont même tenté de se dissoudre dans le parti. Mais pour y arriver, ils ont dû se faire violence et sur toutes les questions critiques, ils sont apparus dans le parti comme une entité à part. Ils s'intéressaient beaucoup moins aux questions de principe, en particulier à la question du changement de la composition sociale du parti qu'aux combinaisons au sommet, aux conflits personnels et, en général, aux incidents du « quartier général ». Voilà l'école d'Abern. J'ai averti avec insistance un grand nombre de ces camarades qu'en persistant à mariner dans ce cercle artificiel, ils en viendraient inévitablement à une nouvelle explosion fractionnelle tôt ou tard.

Les dirigeants de l'opposition parlent avec ironie et grand mépris de la composition prolétarienne de la fraction Cannon. À leurs yeux, ce « détail » accidentel n'a aucune importance. Qu'est cela sinon un dédain petit-bourgeois, combiné à la cécité ? Au deuxième congrès du Parti social-démocrate russe de 1903, où se produisit la scission entre les bolcheviks et les mencheviks, il n'y avait que trois travailleurs sur plusieurs dizaines de délégués. Tous trois se rangèrent du côté de la majorité. Les mencheviks raillèrent Lénine pour la grande signification symptomatique qu'il donnait à ce fait. Les mencheviks, pour leur part, expliquaient la position adoptée par ces trois travailleurs par leur insuffisante « maturité ». Mais, comme cela est bien connu, c'est Lénine qui avait raison.

Si la section prolétarienne de notre parti américain était « politiquement arriérée », le premier devoir des éléments « avancés » aurait dû consister à élever les travailleurs à un niveau plus élevé. Pourquoi donc l'opposition actuelle n'a-t-elle pas trouvé le chemin vers ces travailleurs ? Pourquoi a-t-elle laissé ce soin à la clique de Cannon ? Qu'est-ce que cela signifie ? Les travailleurs ne sont-ils pas assez bons pour l'opposition ? Ou est-ce que l'opposition ne convient pas aux travailleurs ?

Il serait stupide de penser que la section ouvrière du parti est parfaite. Les travailleurs ne parviennent que graduellement à une conscience de classe claire. Les syndicats créent toujours un milieu de culture pour les déviations opportunistes. Nous nous heurterons inévitablement à ce problème dans une des prochaines étapes. Le parti devra plus d'une fois rappeler à ses propres syndicalistes que *l'adaptation pédagogique aux couches les plus arriérées du prolétariat ne doit pas se transformer en adaptation politique à la bureaucratie conservatrice des syndicats*. Chaque nouvelle étape du développement, chaque élargissement des rangs du parti et la complication de ses méthodes de travail créent non seulement de nouvelles possibilités mais aussi de nouveaux dangers. Les travailleurs qui sont dans les syndicats, même ceux qui ont été formés à l'école la plus révolutionnaire, montrent souvent une tendance à s'affranchir du contrôle du parti. Mais pour l'instant, ce n'est pas du tout ce dont il s'agit. En ce moment, l'opposition non prolétarienne, entraînant à sa suite la majorité non prolétarienne de la jeunesse, tente de réviser notre théorie, notre programme, notre tradition et elle fait tout cela avec désinvolture, en passant, pour les besoins de la lutte contre la « clique de Cannon ». En ce moment, ce ne sont pas les syndicalistes mais les oppositionnels petits-bourgeois qui manquent de respect envers le parti. C'est précisément pour empêcher que les syndicalistes ne tournent le dos au parti qu'il faut repousser de manière décisive ces opposants petits-bourgeois.

De plus, il est inadmissible d'oublier que les erreurs réelles ou possibles des camarades qui travaillent dans les syndicats reflètent la pression du prolétariat américain tel qu'il est aujourd'hui. C'est notre classe. Nous ne nous préparons pas à capituler devant sa pression. Mais cette pression nous indique en même temps notre principale voie historique. Les fautes de l'opposition, elles, reflètent la pression d'une autre classe, étrangère celle-là. Une rupture idéologique avec cette classe est la condition élémentaire de nos succès futurs.

Les raisonnements de l'opposition à l'égard de la jeunesse sont absolument faux. Certes, le parti révolutionnaire ne peut se développer sans conquérir la jeunesse prolétarienne. Mais le malheur est que nous avons une jeunesse presque exclusivement petite-bourgeoise et dont la majorité a un passé social-démocrate, c'est-à-dire opportuniste. Les dirigeants de cette jeunesse ont sans aucun doute des qualités et des capacités, mais, hélas, ils ont été éduqués dans l'esprit des partisans petits-bourgeois des coalitions sans principes et si on ne les arrache pas à leur milieu habituel, si on ne les envoie pas sans titres pompeux dans les districts ouvriers pour y accomplir au jour le jour un dur travail dans le prolétariat, ils risquent d'être perdus à jamais pour le mouvement révolutionnaire. Sur la question de la jeunesse comme sur toutes les autres questions, Shachtman a malheureusement adopté une position radicalement fausse.

Il est temps de s'arrêter !

La pensée de Shachtman était erronée au départ. Mais on peut voir à quel point elle s'est dégradée dans le fait qu'il présente ma position comme une défense de la « clique de Cannon » et qu'il revient à plusieurs reprises de manière tout aussi erronée sur le fait qu'en France j'ai soutenu la « clique de Molinier ». Tout se réduit à mon soutien à des individus isolés ou à des groupes sans tenir compte de leur programme. L'exemple de Molinier ne peut qu'embrouiller les choses. Je vais tenter de les débrouiller. On n'accusait pas Molinier d'avoir abandonné notre programme, mais d'être indiscipliné et arbitraire et de monter toutes sortes d'aventures financières pour aider le parti et sa fraction. Comme Molinier est un homme d'une grande énergie, aux capacités pratiques indiscutables, j'ai trouvé nécessaire non seulement dans l'intérêt de Molinier, mais surtout dans l'intérêt de l'organisation elle-même, de faire tout ce qui était possible pour le convaincre et le rééduquer dans l'esprit de la discipline prolétarienne. Comme beaucoup de ses adversaires possédaient ses défauts sans avoir ses qualités, j'ai tout fait pour les convaincre de ne pas hâter une scission, mais de mettre inlassablement Molinier à l'épreuve. Voilà en quoi a consisté ma « défense » de Molinier pendant l'adolescence de notre section française.

Considérant qu'il est absolument indispensable d'adopter une attitude patiente à l'égard des camarades qui sont incompétents ou indisciplinés et de faire des efforts soutenus pour les rééduquer dans l'esprit révolutionnaire, je n'ai pas appliqué ces méthodes dans le seul cas de Molinier. J'ai fait des tentatives pour rapprocher du parti ou maintenir dans ses rangs Kurt Landau, Field, Weisbord, l'Autrichien Frey, le Français Treint et un certain nombre d'autres. Dans de nombreux cas, mes efforts ont été vains ; dans quelques cas, il m'a été possible de conserver au parti de précieux camarades.

Mais je n'ai jamais fait la moindre concession de principe à Molinier. Quand il décida de fonder un journal sur la base de « quatre points » qui ne faisaient pas partie de notre programme et qu'il entreprit de réaliser ce plan de façon indépendante, je fus un de ceux qui insistèrent pour qu'il soit expulsé immédiatement. Mais je ne cacherai pas qu'au congrès de fondation de la Quatrième Internationale, je fus une fois encore partisan de mettre à l'épreuve Molinier et son groupe dans le cadre de la Quatrième Internationale pour voir s'ils s'étaient convaincus de l'erreur de leur politique. Cette fois encore la tentative ne donna rien. Mais je ne renonce pas à la renouveler dans des conditions appropriées. Le plus curieux est que parmi les plus grands adversaires de Molinier se trouvaient des gens comme Vereecken et Sneevliet qui, après leur rupture avec la Quatrième Internationale, réussirent à s'unir avec lui.

Certains camarades qui ont pris connaissance de mes archives, m'ont amicalement reproché d'avoir perdu et de perdre encore beaucoup trop de temps à convaincre des « gens sans espoir ». J'ai répondu que j'avais souvent eu l'occasion d'observer comment les gens changent avec les circonstances et que, par conséquent, je ne suis pas prêt à étiqueter des gens « sans espoir » sur la base de quelques erreurs, même sérieuses.

Quand je suis devenu convaincu que Shachtman se dirigeait et dirigeait une certaine section du parti dans une impasse. Je lui ai écrit que, si je le pouvais, je prendrais immédiatement l'avion pour New York afin de discuter avec lui pendant 72 heures d'affilée. Je lui ai demandé s'il ne voulait pas trouver une façon quelconque de nous rencontrer ? Shachtman n'a pas répondu. C'est tout à fait son droit. Il est fort possible qu'un jour, prenant connaissance de mes archives, des camarades diront que, dans ce cas aussi, ma lettre à Shachtman fut un faux pas de ma part et ils citeront mon « erreur » en la rattachant à ma « défense » trop persistante de Molinier. Ils ne me convaincront pas. Former une avant-garde prolétarienne internationale dans les conditions présentes est une tâche extrêmement difficile. Faire la chasse aux individus isolés aux dépens des principes politiques serait évidemment un crime. Mais j'ai considéré et je considère toujours que je dois faire tout ce qui est possible pour ramener à notre programme des camarades de valeur qui se trompent.

De la même discussion sur les syndicats que Shachtman a évoquée de manière si peu pertinente, je citerai ces mots de Lénine que Shachtman devrait graver dans sa mémoire : « J'affirme que l'erreur commence toujours par être petite et qu'elle grandit ensuite. Les divergences commencent toujours par de petites choses. Il est arrivé à chacun d'avoir une petite plaie, mais si elle s'infecte, elle peut finir par un mal mortel. » Ainsi parlait Lénine, le 23 janvier 1921. Il est impossible de ne pas commettre d'erreurs. Tout le monde se trompe. Certains se trompent plus souvent, d'autres plus rarement. Le devoir d'un révolutionnaire prolétarien est de ne pas persister dans son erreur et de ne pas placer son ambition au-dessus des intérêts de la cause, mais de s'arrêter à temps. Il est temps que le camarade Shachtman s'arrête ! Sinon l'égratignure, qui est déjà devenue un ulcère, peut mener à la gangrène.

COYOACÁN, D. F.

23

Lettre à Martin Abern‡

LE 29 JANVIER 1940

Cher camarade Abern,

Le camarade Cannon m'a mentionné que vous auriez dit : « Cela signifie la scission. » Il m'a écrit le 28 décembre 1939 :

« Votre texte a déjà été largement distribué dans le parti. Jusqu'ici, je n'ai entendu que deux commentaires précis venant de dirigeants de la minorité. Après avoir lu le titre et les premiers paragraphes, Abern fit cette remarque à Goldman : "Cela signifie la scission". »

Je sais qu'on peut faire confiance à Cannon et je n'avais pas la moindre raison de douter de la véracité de ses propos.

Vous dites que cette affirmation « est un mensonge ». Je sais, par une longue expérience, qu'en période de lutte intense, des malentendus de ce genre arrivent souvent sans mauvaise intention de part et d'autre.

Vous me demandez si j'ai fait le moindre effort pour vérifier la véracité de ces propos. Pas du tout. Si je les avais rapportés dans ma correspondance privée comme un fait connu de moi, cela n'aurait pas été loyal. Mais je les ai publiés avec la remarque : « On m'a rapporté » et je vous ai laissé l'entière possibilité de les confirmer ou de les démentir. Je pense que c'est le meilleur moyen possible de vérifier ce qui a pu se produire dans une discussion au sein du parti.

Vous dites au début de votre lettre : « Je n'ai pas tenu compte dans le passé d'un certain nombre de fausses déclarations, mais je remarque, parmi d'autres choses, dans votre lettre ouverte », etc. Que signifie ici la phrase « un certain nombre de fausses déclarations » ? De qui ? Que signifie l'expression « parmi d'autres choses » ? Quel genre de chose ? Ne croyez-vous pas que vos expressions peuvent être comprises par des camarades inexpérimentés comme de vagues insinuations ? Si, dans mon article, il y a « un certain nombre de fausses déclarations » et « d'autres choses », il serait préférable de les énumérer exactement. Si les déclarations fausses ne sont pas de moi, je ne comprends pas pourquoi vous les introduisez dans la lettre que vous m'écrivez. J'ai du mal à comprendre aussi comment on peut « ne pas tenir compte » d'un certain nombre de fausses déclarations si elles ont une quelconque importance politique. Cela pourrait être interprété comme un manque d'attention à l'égard du parti.

En tout cas, je remarque avec satisfaction que vous démentez catégoriquement la phrase : « Cela signifie la scission. » J'interprète le ton vigoureux de votre lettre dans le sens que votre démenti n'est pas purement formel, c'est-à-dire que vous ne démentez pas seulement la citation, mais que vous considérez, comme je le fais, l'idée même d'une scission comme une méprisable trahison de la Quatrième Internationale.

Fraternellement vôtre,

Léon Trotsky
COYOACÁN, D. F.

(Copie à Cannon)

24

Deux lettres à Albert Goldman‡

(1) LE 10 FÉVRIER 1940

Cher camarade Goldman,

Je suis totalement d'accord avec votre lettre du 5 février. Si j'ai publié la remarque d'Abern sur la scission, c'était avec l'intention de provoquer une prise de position claire et sans ambigüité du camarade Abern et des autres dirigeants de l'opposition à propos de leurs intentions à eux et non pas au sujet des prétendues intentions cachées des dirigeants de la majorité.

J'ai déjà entendu la formule : « les citoyens de deuxième classe ». Je voudrais demander aux dirigeants de l'opposition : quand ils nomment le groupe adverse « la clique de Cannon » ou « les bureaucrates conservateurs » et ainsi de suite, veulent-ils en faire des citoyens de deuxième classe ? Tout ce que je peux ajouter, c'est que l'extrême sensibilité est une des caractéristiques les plus frappantes de toute fraction petite-bourgeoise. Je ne sais pas si Shachtman, par exemple, souhaite, par sa « Lettre ouverte », faire de moi un citoyen de deuxième classe. Je ne m'intéresse qu'à ses idées et non à ses spéculations psychanalytiques.

J'ai un peu l'impression, qu'ébranlés par une série d'erreurs, les dirigeants de l'opposition se poussent les uns les autres dans un état hystérique et qu'ensuite, pour justifier à leurs propres yeux leur hystérie fractionnelle, ils attribuent à leurs adversaires les plus sombres et les plus incroyables desseins. Quand ils disent que ma correspondance avec Cannon était un camouflage, je ne peux que hausser les épaules.

Le meilleur traitement pour l'hystérie petite-bourgeoise est l'objectivité marxiste. Nous continuerons à discuter de la dialectique, de la sociologie marxiste, de la nature de classe de l'État soviétique, du caractère de la guerre, non pas dans l'intention absurde et criminelle de provoquer une scission, mais dans le but plus raisonnable de convaincre une couche importante du parti et de l'aider à passer d'une position petite-bourgeoise à une position prolétarienne.

Avec mes salutations communistes les plus chaleureuses,

L. Trotsky

(2) LE 19 FÉVRIER 1940

Cher camarade Goldman,

Un congrès de la minorité n'est qu'une réunion fractionnelle à l'échelle nationale *. C'est pourquoi elle ne

* La minorité convoqua une conférence de son groupe à Cleveland les 24 et 25 février 1940. Cette conférence conclut qu'il y avait deux tendances politiques inconciliables dans le parti et que « *le parti doit accorder le droit de publier son propre journal politique public à tout groupe qui se retrouverait en minorité au congrès*, pour défendre le programme général de la Quatrième Internationale [et], en même

signifie pas en soi un changement fondamental dans la situation. Ce n'est qu'un nouveau pas sur la même route, un mauvais pas sur la route de la scission, mais pas nécessairement la scission elle-même. Il est possible, et même probable, qu'il y a deux ou trois tendances à l'intérieur de l'opposition sur la question de la scission et le congrès a pour but de les unifier. Sur quelle base ? Il est probable que quelques dirigeants désespérés ne voient pas d'autre solution qu'une scission.

Dans ces conditions, une vigoureuse intervention de la majorité en faveur de l'unité pourrait éventuellement rendre la tâche des scissionnistes conscients plus difficile. Votre fraction, ou peut-être encore mieux, la majorité officielle du Comité national ou du Comité politique, ne pourrait-elle pas adresser au congrès de Cleveland un message ne traitant que d'une question, à savoir l'unité du parti ? Dans une telle lettre, je ne mentionnerais pas la question de la définition de l'Union soviétique ou celle de la guerre mixte, car on pourrait conclure que l'abandon de leurs positions sur ces questions est considéré comme un préalable à leur maintien dans le parti. Il n'en est rien. Vous les acceptez comme ils sont, s'ils sont réellement dévoués au parti et à la Quatrième Internationale et prêts à accepter la discipline dans l'action.

Meilleures salutations,

Léon Trotsky

---

temps, présenter d'une manière objective la position particulière de sa tendance sur la question controversée de la Russie ». La majorité rejeta cette demande de la minorité.

25

Revenez au parti ![‡]

LE 21 FÉVRIER 1940

Chers camarades,

Les dirigeants de la minorité n'ont répondu jusqu'à maintenant à aucun de nos arguments politiques ou théoriques. Toute l'incohérence de leurs arguments a été révélée dans les écrits de la majorité. Les dirigeants de l'opposition semblent maintenant être passés à la guerre de guérilla. C'est le sort de beaucoup d'autres armées vaincues. Le camarade A. Goldman a bien décrit les nouvelles méthodes de l'opposition dans sa lettre-circulaire du 12 février. Un des exemples les plus curieux de cette nouvelle tactique guerrière est l'attaque, plus vaillante que sensée, du camarade Macdonald à propos de mon article dans *Liberté*[*].

* D'importants extraits de l'article « The Twin-Stars: Hitler-Stalin », que Léon Trotsky a écrit le 4 décembre 1939, ont été publiés dans le numéro du 27 janvier 1940 du magazine *Liberty*. Le texte complet en anglais se trouve dans *Writings of Leon Trotsky* [*1939–40*].

Il n'a pas trouvé dans cet article, voyez-vous, une analyse du caractère contradictoire de l'État soviétique et du « rôle progressiste » de l'Armée rouge. Avec la même logique que celle dont il fait preuve en éditant *Partisan Review*, comme lorsqu'il analyse l'insurrection de Kronstadt, il découvre que je suis « en réalité » un partisan de la minorité, un partisan de Shachtman ou de Macdonald, du moins quand je parle pour la presse bourgeoise. Il ajoute que mes déclarations contraires, dans lesquelles je capitule devant le stalinisme, ne paraissent que dans les bulletins internes et dans le simple but d'aider Cannon. Pour exprimer la découverte de Macdonald de manière plus cohérente, nous pourrions dire : quand Trotsky souhaite s'adapter à l'opinion publique bourgeoise, se rendre agréable aux lecteurs de *Liberty*, il écrit comme Shachtman, et presque comme Macdonald, mais quand il s'adresse au parti, il devient terriblement antiminorité. *Partisan Review* s'intéresse beaucoup à la psychanalyse et je me permettrai de dire que si l'éditeur de la revue s'analysait un peu, il reconnaîtrait qu'il a percé le secret de son propre subconscient.

Personne ne demande à la minorité d'analyser dans chacun de ses articles ou de ses prises de paroles la nature contradictoire de l'État soviétique et le rôle contradictoire de l'Armée rouge. Ce que nous lui demandons, c'est de comprendre cette nature et ce rôle et d'utiliser convenablement cette compréhension à chaque occasion. Mon article était consacré à la politique de Staline et non pas à la nature de l'État soviétique. Dans la presse bourgeoise mexicaine, on a publié une déclaration anonyme affirmant « de source proche de Trotsky » que j'approuve la politique internationale de Staline et que je cherche à me réconcilier avec lui. Je ne sais si de telles déclarations sont parues aussi dans la presse aux États-Unis. Il est clair que la presse mexicaine s'est contentée de reproduire à sa manière les accusations terriblement graves de Macdonald et compagnie à propos de ma capitulation devant le stalinisme. Dans le but d'empêcher que la presse bourgeoise mondiale utilise notre débat interne de manière abusive, j'ai consacré mon article dans *Liberty* à la démystification du rôle de Staline en politique internationale, en aucun cas, à l'analyse sociologique de la nature de l'État soviétique. J'ai écrit ce qui me semblait le plus urgent sur le moment. La politique ne consiste pas à dire tout ce que l'on sait en toutes occasions, mais à dire ce qui est nécessaire à chaque occasion. Il est possible que, de cette façon, mes propos aient coïncidé avec quelques affirmations de l'opposition. Mais il est sûr que les déclarations en question de l'opposition n'étaient qu'une répétition d'idées que nous avons exprimées mille fois avant que Macdonald n'apparaisse à l'horizon.

Mais, passons maintenant à des choses plus sérieuses. La lettre que m'envoie le camarade Abern est un énoncé absolument clair de sa volonté de scission. Sa justification est à la fois lamentable et scandaleuse : ce sont les deux mots les plus doux que j'ai pu trouver. Si la « clique de Cannon » avait la majorité au congrès, voyez-vous, cela transformerait Abern et ses associés en citoyens de « deuxième classe ». C'est pourquoi lui, Abern, préfère avoir son propre domaine où il sera comme Weisbord, Field et Oehler, le premier parmi les citoyens de première classe. Qui peut décider de la place des différents « citoyens » à l'intérieur du parti ? Le parti lui-même. Comment peut-il en arriver à prendre une décision ? À travers une discussion libre. Qui a pris l'initiative dans cette discussion ? Abern et ses associés. Étaient-ils limités ou le sont-ils maintenant dans l'usage de leur plume ou de leur langue ? Absolument pas. D'après la lettre d'Abern, il semble qu'ils n'ont pas réussi à convaincre le parti. Pire encore, ils se sont discrédités un peu aux yeux du parti et de l'Internationale. Cela est très regrettable, car ce sont des gens de valeur. Ils ne pourraient maintenant rétablir leur autorité que par un travail assidu et sérieux dans le parti. Cela demande du temps, de la patience et de la fermeté. Mais il semble que Abern ait perdu tout espoir de convaincre le parti basé sur les principes de la Quatrième Internationale. La tendance à la scission est une espèce de désertion. C'est pourquoi elle est si lamentable.

Mais elle est aussi scandaleuse ! Ce que cache le ton qu'emploient les éléments petits-bourgeois, c'est leur mépris pour la majorité prolétarienne : nous sommes de tellement bons écrivains, orateurs et organisateurs et eux, les gens sans culture, sont incapables de nous apprécier à notre juste valeur. Mieux vaut construire notre propre ligue d'âmes élevées !

Dans la Troisième Internationale, nous nous sommes obstinés de toute notre force à rester une tendance ou une fraction. Ils nous ont persécutés, ils nous ont privés de tout moyen d'expression légale, ils ont inventé les pires calomnies, ils ont arrêté et fusillé nos camarades en URSS, mais, en dépit de tout cela, nous n'avons pas voulu nous séparer des travailleurs. Nous nous sommes considérés comme une fraction tant que ce fut encore possible et ceci en dépit de la bureaucratie totalitaire corrompue de la Troisième Internationale. La Quatrième Internationale est la seule organisation révolutionnaire honnête au monde. Nous n'avons pas de bureaucratie professionnelle. Notre « appareil » ne dispose d'aucun moyen de coercition. Chaque décision est prise et chaque camarade est apprécié grâce aux méthodes de la plus complète démocratie intérieure. Si la majorité du parti est dans l'erreur, la minorité peut, petit à petit, l'éduquer. Si ce n'est pas avant le prochain congrès, ce sera après. La minorité peut attirer de nouveaux membres au parti et se muer en majorité. Il suffit pour cela de faire un peu confiance aux travailleurs et d'espérer que les travailleurs pourront acquérir un peu de confiance dans les dirigeants de l'opposition. Mais, ces dirigeants ont créé une atmosphère d'intolérance hystérique dans leur propre milieu. Ils s'adaptent à l'opinion publique bourgeoise, mais ils n'essayent pas de s'adapter au rythme de développement de la Quatrième Internationale. Leur impatience a un caractère de classe : elle est l'envers du mépris des intellectuels petits-bourgeois pour les travailleurs. Voilà pourquoi la tendance scissionniste exprimée par Abern est tellement scandaleuse !

Le camarade Abern, dans ses jugements comme dans ses perspectives, est motivé par la haine. Et la haine personnelle est un sentiment odieux en politique. Je suis persuadé que l'attitude de Abern et ses visées scissionnistes ne peuvent que repousser tout membre sain de l'opposition. Revenez au parti, camarades ! La voie qu'a choisie Abern mène à l'impasse. Il n'y a pas d'autre voie que celle de la Quatrième Internationale.

Léon Trotsky
COYOACÁN, D. F.

26

« Science et style »

LE 23 FÉVRIER 1940

Chers camarades,

J'ai reçu « Science et style » de Burnham. L'abcès est ouvert et c'est là un avantage politique important. Le retard théorique de l'opposition « radicale » américaine apparaît clairement dans le fait que Burnham se contente de répéter, avec quelques illustrations « modernisées », ce que Strouvé écrivait en Russie il y a plus de 40 ans et, dans une plus forte mesure encore, ce que Dühring tentait d'enseigner à la social-démocratie allemande voici trois quarts de siècle. Il n'y a rien à ajouter en ce qui concerne la « science ». Quant au « style », franchement, je préfère celui de Eastman.

Le texte n'a aucune valeur sur le plan théorique : la 1001e réfutation professorale de la dialectique ne vaut pas mieux que toutes les précédentes. Mais, du point de vue politique, il est d'une importance indiscutable. Il montre que l'inspiration théorique de l'opposition n'est pas plus près du socialisme scientifique que ne l'était celle de Muste, l'ancien partenaire d'Abern. Shachtman a mentionné la philosophie de Bogdanov. Mais il est absolument impossible d'imaginer la signature de Bogdanov au bas d'un tel texte, même après sa rupture définitive avec le bolchevisme. Je crois que le parti devrait demander aux camarades Abern et Shachtman, comme je le fais maintenant : que pensez-vous de la « science » de Burnham et de son « style » ? La question de la Finlande est importante mais il ne s'agit finalement que d'un épisode et l'évolution de la situation internationale peut, en révélant les facteurs à l'origine des événements, dissiper d'un coup les divergences qui sont apparues à propos de cette question concrète. Mais les camarades Abern et Shachtman peuvent-ils, après la parution de « Science et style », persister à assumer même partiellement la responsabilité, non pour ce pauvre texte lui-même, mais pour l'ensemble des conceptions de Burnham sur la science, le marxisme, la politique et la « morale » ? Ces membres de la minorité qui se sont préparés à la scission devraient réfléchir au fait qu'ils s'associeraient, pas pour quelques semaines, pas pour la durée de la guerre Union soviétique-Finlande, à un « dirigeant » dont l'ensemble des conceptions n'ont rien en commun avec la révolution prolétarienne.

L'abcès est ouvert. Abern et Shachtman ne peuvent plus répéter qu'ils veulent seulement discuter un peu de la Finlande et de Cannon. Ils ne peuvent plus jouer à cache-cache avec le marxisme et la Quatrième Internationale. Le Parti socialiste des travailleurs doit-il maintenir la tradition de Marx, d'Engels, de Franz Mehring, de Lénine et de Rosa Luxemburg, une tradition que Burnham qualifie de « réactionnaire », ou doit-il accepter les conceptions de Burnham, version tardive du socialisme petit-bourgeois prémarxiste ?

Nous savons trop bien ce qu'un tel révisionnisme a signifié dans le passé au niveau *politique*. Aujourd'hui, à l'époque de l'agonie de la société bourgeoise, les conséquences politiques des conceptions de Burnham seraient incomparablement plus immédiates et antirévolutionnaires. Camarades Abern et Shachtman, vous avez la parole !

Léon Trotsky
COYOACÁN D. F.

27

Lettre à James P. Cannon[‡]

LE 27 FÉVRIER 1940

Cher ami,

Je réponds à ta lettre du 20 février. Je suppose que le congrès de la minorité est maintenant terminé. En ce qui concerne la question tactique que tu analyses dans ta lettre, je crois que vos actions immédiates dépendront au moins à 51 % des résultats de ce congrès.

Vous êtes convaincus que la minorité dans son ensemble prépare une scission et que vous ne pouvez gagner personne d'autre à votre cause. J'accepte cette prémisse. Mais il n'en était que plus nécessaire de poser un geste de paix énergique avant le congrès de Cleveland, quitte à changer radicalement votre ligne s'ils répondaient par la négative. J'apprécie pleinement vos considérations sur la nécessité de publier un numéro de *New International* pour préparer l'opinion publique à la scission. Mais le congrès de la minorité a eu lieu les 24 et 25 février et le congrès du parti ne se tiendra pas avant le début d'avril. Vous disposez d'assez de temps pour proposer la paix, pour dénoncer le refus de la minorité et pour publier le numéro de *New International*. Nous devons tout faire pour convaincre aussi les autres sections [de la Quatrième Internationale] que la majorité a épuisé toutes les possibilités d'en arriver à l'unité. C'est pourquoi nous trois avons fait la proposition au Comité exécutif de l'Internationale : il est nécessaire aussi de sonder tous les membres de ce groupe, qui n'est pas sans importance.

Je comprends bien l'impatience de beaucoup de camarades de la majorité. (Je suppose que cette impatience est fréquemment liée à une indifférence théorique.) Mais on devrait rappeler à ces camarades que ce qui se produit dans le Parti socialiste des travailleurs a maintenant une grande importance internationale et que vous devez agir non seulement en fonction de vos appréciations subjectives, aussi correctes puissent-elles être, mais aussi des faits objectifs accessibles à tous.

W. Rork [Léon Trotsky]
COYOACÁN, D. F.

28

Lettre à Joseph Hansen‡

LE 29 FÉVRIER 1940

Mon cher Joe,

Si Shachtman affirme que la lettre que j'ai citée à propos de l'Espagne avait été signée non seulement par lui, mais aussi par Cannon et Carter, il se trompe complètement. Je n'aurais évidemment pas caché les autres signatures, mais il se trouve qu'elles n'existent pas. Comme vous pourrez en juger d'après les photocopies, Max Shachtman est le seul à avoir signé cette lettre.

Dans mon article, j'ai admis que les camarades de la majorité ont pu partager les erreurs de Shachtman sur diverses questions, mais j'ai ajouté qu'ils n'en ont jamais fait un système, qu'ils ne les ont jamais transformées en plateforme de tendance. Toute la question est là.

Abern et Burnham s'indignent que je cite leurs déclarations verbales sans avoir d'abord « vérifié ». Ils sous-entendent, de toute évidence, qu'au lieu de publier ces déclarations qu'on leur attribuait et de leur donner ainsi la possibilité de les confirmer ou de les infirmer, j'aurais dû envoyer d'ici une commission d'enquête composée de cinq ou sept personnes impartiales, accompagnées de deux sténographes. Et pourquoi ce tapage moralisateur ? À plusieurs reprises, Burnham a identifié la dialectique à la religion. Oui, le fait est établi. Mais, en cette circonstance précise, il n'a pas prononcé la phrase que je cite (telle qu'on m'en a fait part). Oh ! horreur ! Oh ! cynisme bolchevique ! etc.

Il en est de même pour Abern [*]. Dans la lettre qu'il m'a envoyée, il montre clairement qu'il se prépare à une scission. Mais, voyez-vous, il n'a jamais dit à Goldman la phrase concernant la scission. C'est une diffamation ! une invention malhonnête ! une calomnie ! etc.

Pour autant que je me rappelle, mon article sur la morale commence par une remarque sur les tourments moraux de la petite-bourgeoisie désorientée [†]. Nous avons maintenant une nouvelle occasion de vérifier ce phénomène à l'intérieur de notre propre parti.

Les nouveaux moralistes, ai-je entendu dire, font référence au crime terrible que j'ai commis à l'égard de Eastman et du Testament de Lénine [‡]. Quels méprisables hypocrites !

---

* Voir la lettre de Trotsky à Abern du 29 janvier 1940, en page 279.

† Trotsky, *Their Morals and Ours*, Pathfinder, New York, 1973.

‡ En 1925, Max Eastman a envoyé le texte du Testament de Lénine au *New York Times*, pour qu'il soit publié. Il l'a aussi inclus dans son livre *Since Lenin Died*. Le texte en question, que Lénine a dicté pendant qu'il récupérait de sa défaillance cardiaque, en décembre 1922 ou janvier 1923, incluait un appel à destituer Staline du poste de secrétaire général du Parti communiste.

Plus tard, Trotsky a expliqué pourquoi il avait désavoué Eastman : « Eastman a publié ce texte sans me consulter, ni consulter qui que ce soit d'autre. Il a ainsi terriblement accentué la lutte interne qui a marqué le début de la scission à l'intérieur de l'Union soviétique et au sein du Bureau politique. Pour notre part, nous

Eastman a publié le document de sa propre initiative, au moment même où notre tendance avait décidé d'interrompre toute activité publique afin d'éviter une scission prématurée. N'oublions pas que tout cela se passait avant le fameux Comité d'unité syndicale anglo-russe, avant la révolution chinoise, avant même l'émergence de l'opposition de Zinoviev. Nous étions obligés de manoeuvrer pour gagner du temps. La troïka souhaitait au contraire utiliser la publication d'Eastman pour provoquer une sorte d'avortement de l'opposition. Ils me présentèrent un ultimatum : ou bien je signais la déclaration écrite en mon nom par la troïka ou bien ils déclencheraient immédiatement la bataille sur ce point. Le centre oppositionnel décida à l'unanimité que *cette* bataille était à ce moment parfaitement inopportune, que je devais accepter l'ultimatum et apposer mon nom sous la déclaration écrite par le Bureau politique. Seuls des charlatans petits-bourgeois peuvent transformer cette nécessité politique en un problème moral abstrait. Eux, qui sont toujours prêts à proclamer : *Pereat mundus, fiat justicia !* (Que le monde périsse pourvu que triomphe la justice !), sont infiniment plus indulgents quand il s'agit de faire le compte de leurs propres pratiques quotidiennes. Et ces gens se prennent pour des révolutionnaires ! Comparés à eux, nos bons vieux mencheviks étaient des héros.

W. Rork [Léon Trotsky]
COYOACÁN, D. F.

---

essayions d'éviter cette scission. La majorité du Bureau politique m'a demandé, a même exigé, que je prenne position sur l'affaire. J'ai alors signé une déclaration très diplomatique. » *(The Case of Leon Trotsky*, Pathfinder, New York, 2006, tirage de 2010, p. 589.)

29

Trois lettres à Farrell Dobs[‡]

(1) LE 4 MARS 1940

Cher camarade Dobbs,

Il m'est bien sûr difficile de suivre d'ici l'évolution politique fiévreuse de l'opposition. Mais je conviens qu'ils donnent de plus en plus l'impression de gens qui sont pressés de brûler les ponts derrière eux. L'article de Burnham « Science et style » ne surprend pas en soi. Mais le calme avec lequel Shachtman, Abern et consorts acceptent cet article est un symptôme des plus décevants, pas seulement aux niveaux théorique et politique, mais aussi du point de vue de leurs véritables opinions concernant l'unité du parti.

Pour autant que je puisse en juger d'ici, ils veulent opérer une scission au nom de l'unité. Shachtman trouve, ou plutôt invente, des « précédents historiques ». Dans le Parti bolchevique, l'opposition avait ses propres organes publics, etc. Il oublie seulement qu'à cette époque le parti avait des centaines de milliers de membres et que la discussion avait pour objectif de les atteindre et de les convaincre. Dans de telles conditions, il n'était pas commode de contenir la discussion dans les limites du parti. Par ailleurs, le danger de la coexistence du journal du parti et de celui de l'opposition était tempéré par le fait même que la décision finale dépendait de centaines de milliers de personnes et non de deux petits groupes. Le parti américain, par comparaison, n'a qu'un petit nombre d'adhérents et la discussion a été et demeure plus qu'abondante. Les lignes de démarcation semblent assez nettement marquées, du moins pour la dernière période. Dans de telles conditions, posséder sa propre revue ou son propre journal publics ne serait pour l'opposition qu'un moyen non pas de convaincre le parti mais de faire appel au monde extérieur contre le parti.

L'homogénéité et la cohésion d'une organisation de propagande révolutionnaire tel que le SWP doivent être incomparablement plus grandes que celles d'un parti de masse. Je suis d'accord avec vous pour dire que, dans ces conditions, la Quatrième Internationale ne peut ni ne doit admettre une unité purement factice sous le couvert de laquelle deux organisations indépendantes s'adresseraient au monde extérieur avec des théories différentes, des programmes différents, des mots d'ordre différents et des principes organisationnels différents. Dans ce cas, une scission proclamée serait mille fois préférable à une unité aussi hypocrite.

L'opposition se réfère aussi au fait que nous avons parfois eu deux groupes parallèles dans le même pays. Mais des situations aussi anormales n'ont été tolérées temporairement que dans deux cas : quand la physionomie politique des deux groupes ou de l'un d'entre eux n'était pas suffisamment claire et que la Quatrième Internationale avait besoin de temps pour prendre une décision ; ou bien la coexistence entre deux groupes était admise lorsqu'apparaissait un désaccord concret aigu mais limité (par exemple, l'entrée dans le PSOP [Parti socialiste ouvrier et paysan, de France]). La situation aux États-Unis est absolument différente. Nous y avions un parti uni, avec une tradition sérieuse. Nous avons maintenant deux organisations dont l'une, du fait de sa composition sociale et des pressions extérieures, est entrée en moins de deux mois en conflit irréconciliable avec notre théorie, notre programme, notre politique, nos méthodes d'organisation.

S'ils acceptent de travailler avec vous sur la base du centralisme démocratique, vous pouvez espérer les convaincre et gagner les meilleurs d'entre eux à vos positions à partir d'une pratique commune. (Ils ont le même droit d'espérer vous convaincre.) Mais, comme organisation indépendante possédant sa propre publication, ils ne peuvent évoluer que vers les positions de Burnham. Auquel cas, à mon avis, la Quatrième Internationale n'a pas le moindre intérêt à leur servir de couverture, c'est-à-dire à camoufler leur inévitable dégénérescence aux yeux des travailleurs. Au contraire, la Quatrième Internationale aurait alors tout intérêt à contraindre l'opposition à faire ses propres expériences indépendamment de nous, non seulement sans la protection de notre étendard, mais bien plus, avec nos avertissements les plus sévères adressés aux masses.

C'est pourquoi le congrès a non seulement le droit mais le devoir de formuler une alternative claire et précise : soit une authentique unité basée sur le principe du centralisme démocratique (avec des garanties sérieuses et étendues des droits de la minorité *au sein du* parti) soit une rupture ouverte, claire et probante devant le tribunal de la classe ouvrière*.

Avec mes salutations les meilleures,

W. Rork [Léon Trotsky]

P.-S. – Je reçois à l'instant la résolution de Cleveland sur l'unité du parti. Voici mon impression : la base de la minorité ne veut pas d'une scission. Les dirigeants s'intéressent à une activité non pas politique, mais purement journalistique. Ils ont présenté une résolution sur la scission du parti sous la forme d'une résolution sur l'unité du parti dans le seul but d'entraîner ceux qui les suivent vers la scission. La résolution déclare : « Les minorités du parti bolchevique, pendant comme après la première guerre mondiale », ont eu leurs propres périodiques publics. Quelles minorités ? Quand ? Quels périodiques ? Les dirigeants induisent leurs partisans en erreur afin de mieux camoufler leurs intentions scissionnistes.

Les dirigeants de la minorité placent tous leurs espoirs dans leurs capacités littéraires. Ils se persuadent les uns les autres que leur journal vaudrait sûrement beaucoup mieux que celui de la majorité. C'était aussi l'espoir des mencheviks russes qui, en tant que tendance petite-bourgeoise, comptaient sur un plus grand nombre d'intellectuels et de journalistes doués. Mais leurs espoirs étaient vains. Une plume facile ne suffit pas à créer un parti révolutionnaire : une base théorique de granit est nécessaire ainsi qu'un programme scientifique, une pensée politique conséquente

* Le Comité exécutif international aurait dû imposer cette alternative il y a longtemps, mais malheureusement le CEI n'existe pas. — L. T.

et des principes organisationnels fermes. L'opposition, en tant qu'opposition, n'a rien de tout cela ; elle est l'opposé. C'est pourquoi je suis pleinement d'accord avec vous : s'ils entendent présenter à l'opinion publique extérieure les théories de Burnham, la politique de Shachtman et les méthodes d'organisation d'Abern, qu'ils le fassent en leur propre nom, sans que le parti ou la Quatrième Internationale n'en prennent la moindre responsabilité.

W. R.

(2) LE 4 AVRIL 1940

Cher camarade Dobbs,

Quand vous recevrez cette lettre, le congrès aura déjà commencé et vous saurez sans doute plus clairement si la scission est devenue inévitable. Auquel cas, la question d'Abern perdrait de son intérêt. Mais au cas où la minorité battrait en retraite, je me permets de revenir sur mes propositions antérieures. La nécessité de préserver le secret autour des discussions et des décisions au sein du Comité national est d'une grande importance, mais, dans la situation actuelle, ce n'est ni la seule ni la plus importante question. Environ 40 % des membres du parti croient qu'Abern est le meilleur organisateur. S'ils demeurent au sein du parti, vous ne pourrez éviter de donner à Abern la chance de montrer sa supériorité dans le travail organisationnel ou de se compromettre. À la première session du nouveau Comité national, la première décision devrait être de proclamer que personne n'a le droit de divulguer ce qui se passe au sein du Comité national, sauf le comité lui-même ou ses organismes officiels (Bureau politique ou Secrétariat). Le Secrétariat pourrait à son tour concrétiser les règles entourant le secret. Si, malgré tout, une fuite se produisait, une commission d'enquête pourrait être constituée ; au cas où Abern s'avérerait coupable, il devrait recevoir un avertissement public ; en cas de récidive, il devrait être exclu du Secrétariat. Malgré ses désavantages temporaires, une telle procédure est, à long terme, incomparablement plus favorable que de laisser Abern, l'organisateur de la région de New York, en dehors du Secrétariat, donc hors de son contrôle réel.

Je comprends très bien que vous soyez satisfait de l'actuel Secrétariat. En cas de scission, il pourrait bien être le meilleur Secrétariat auquel nous pourrions penser. Mais si l'unité est préservée, vous ne pourriez pas avoir un secrétariat composé des seuls représentants de la majorité. On pourrait même envisager un secrétariat de cinq membres, trois de la majorité et deux de la minorité.

Si l'opposition vacille, il vaudrait mieux lui faire savoir de manière informelle que nous sommes prêts à garder Shachtman, non seulement au Bureau politique mais aussi à la direction des publications ; que nous sommes même prêts à inclure Abern dans le Secrétariat ; que nous acceptons de considérer d'autres combinaisons du même genre ; que la seule chose que nous ne pouvons pas accepter est la transformation de la minorité en force politique indépendante.

[...] J'ai reçu une lettre de Lebrun au nom du CEI. Ce sont des gens bien curieux ! Ils croient maintenant, à l'époque de l'agonie du capitalisme, dans des conditions de guerre et d'illégalité prochaine, qu'il faudrait abandonner le centralisme bolchevique au profit de la démocratie sans limite. Tout est sens dessus dessous ! Mais leur démocratie n'a de signification qu'au niveau individuel : qu'on me laisse faire ce qui me plaît. Lebrun et Johnson ont été élus au CEI sur la base de certains principes et en tant que représentants de certaines organisations. Tous deux ont abandonné les principes et complètement ignoré leur propre organisation. Ces « démocrates » ont agi comme de véritables francs-tireurs bohémiens. Si nous avions la possibilité de convoquer un congrès international, ils seraient sûrement démis de leurs responsabilités avec le blâme le plus sévère. Eux-mêmes n'en doutent pas. Mais ils se considèrent en même temps comme des sénateurs intouchables... au nom de la démocratie !

Comme le disent les Français, à la guerre comme à la guerre. Cela signifie que nous devons adapter la direction de la Quatrième Internationale au rapport de force réel dans nos sections. Il y a là plus de démocratie que dans les prétentions des sénateurs intouchables.

Si la question revient sur le tapis, vous pouvez citer ce passage comme ma réponse au texte de Lebrun.

W. Rork [Léon Trotsky]
COYOACÁN, D. F.

(3) LE 16 AVRIL 1940

Cher camarade Dobbs,

[...] Nous avons aussi reçu votre message et celui de Joe sur le congrès. Pour autant que nous puissions en juger d'ici, vous avez fait tout ce que vous pouviez pour préserver l'unité du parti. Si dans de telles conditions, la minorité provoque quand même la scission, cela montrera seulement à quel point elle est éloignée des principes du bolchevisme et hostile à la majorité prolétarienne du parti. En ce qui concerne le détail de vos décisions, nous en jugerons plus concrètement lorsque nous aurons plus d'informations. [...]

Je me permets d'attirer votre attention sur un autre article, celui de Gerland contre Burnham à propos de la logique symbolique, de la logique de Bertrand Russell et autres. Le ton de l'article est très vif ; au cas où l'opposition resterait dans le parti et Burnham à la rédaction de *New International*, on pourrait peut-être le réécrire afin d'arriver à des expressions plus « fraternelles ». Mais la présentation de la logique symbolique est très sérieuse et bonne ; elle me semble très utile, surtout pour le lecteur américain.

Le camarade Weber a consacré aussi une partie importante de son dernier article au même sujet. Je pense qu'il devrait élaborer cette partie sous la forme d'un article distinct pour *New International*. Nous devons à l'heure actuelle continuer notre campagne théorique en faveur du matérialisme dialectique, de façon systématique et sérieuse. [...]

La brochure de Jim * est excellente. C'est là l'écrit d'un authentique dirigeant ouvrier. Si la discussion n'avait produit que ce texte, elle serait justifiée.

Avec mes amitiés les meilleures à vous tous,

W. Rork [Léon Trotsky]
COYOACÁN, D. F.

---

* Il s'agit du texte de James P. Cannon, « *The Struggle for a Proletarian Party* ».

30

Les moralistes petits-bourgeois et le parti prolétarien

LE 23 AVRIL 1940

La discussion dans le Parti socialiste des travailleurs des États-Unis a été approfondie et démocratique. La préparation du congrès s'est faite dans la plus absolue loyauté. La minorité a participé à la conférence, reconnaissant par là-même sa régularité et son autorité. La majorité a offert à la minorité toutes les garanties nécessaires pour lui permettre de continuer la lutte pour ses idées même après le congrès. La minorité a exigé le droit de faire appel aux masses par-dessus la tête du parti. La majorité a naturellement rejeté cette exigence monstrueuse. Pendant

Cet article a d'abord été publié dans le Socialist Appeal *du 4 mai 1940. La minorité a quitté le SWP après le congrès du parti en avril 1940. Burnham, Shachtman et Abern, que le parti avait nommés à des postes dans l'organe théorique du parti,* New International, *et qui étaient les administrateurs du parti dans la maison d'édition New International, usurpèrent le nom du magazine et s'approprièrent ses droits d'expédition postale comme s'il s'agissait de leur propriété personnelle.*

ce temps, la minorité se livrait dans le dos du parti à de sombres machinations et s'appropriait *New International,* une revue publiée jusqu'alors grâce aux efforts du parti tout entier et de la Quatrième Internationale. Je devrais ajouter que la majorité avait accepté que deux des cinq membres de la rédaction de cette revue proviennent de la minorité. Mais comment une « aristocratie » intellectuelle pourrait-elle rester minoritaire dans un parti ouvrier ? Après tout, mettre sur le même plan un professeur et un travailleur, c'est du « conservatisme bureaucratique » !

Dans son récent article polémique contre moi, Burnham a expliqué que le socialisme est un « idéal moral ». Une idée, évidemment, qui est loin d'être nouvelle. Au début du siècle passé, c'est sur la morale que se fondait le « vrai socialisme allemand », que Marx et Engels ont critiqué au début de leur activité. Au début du siècle présent, les socialistes-révolutionnaires russes opposaient l'« idéal moral » au socialisme matérialiste. Hélas, ces thuriféraires de la morale se révélèrent de parfaits escrocs dans le domaine de la politique. En 1917, ils trahirent complètement les travailleurs en faveur de la bourgeoisie et de l'impérialisme étranger.

Une longue expérience politique m'a appris que lorsqu'un professeur ou un journaliste petit-bourgeois commence à parler de principes moraux élevés, il faut tenir fermement son portefeuille. C'est ce qui vient de se passer une fois de plus. Au nom de l'« idéal moral », un intellectuel petit-bourgeois a volé une revue théorique de la poche d'un parti prolétarien. Voilà un petit exemple vivant des méthodes d'organisation de ces innovateurs, de ces moralistes et de ces champions de la démocratie.

Comment un petit bourgeois « cultivé » conçoit-il la démocratie au sein du parti ? C'est un régime dans lequel il peut dire et écrire ce qu'il veut. Qu'est-ce que le

« bureaucratisme » aux yeux d'un petit-bourgeois « cultivé » ? C'est un régime où la majorité prolétarienne prend des décisions et impose la discipline par des méthodes démocratiques. Travailleurs, gardez bien cela à l'esprit !

La minorité petite-bourgeoise du Parti socialiste des travailleurs a rompu avec la majorité prolétarienne sur la base de la lutte contre le marxisme révolutionnaire. Burnham a proclamé que le matérialisme dialectique était incompatible avec sa « science » éculée. Shachtman a déclaré que le marxisme révolutionnaire n'a aucune utilité du point de vue des « tâches pratiques ». Abern s'est empressé de joindre son petit groupe au bloc antimarxiste. Et maintenant ces messieurs appellent la revue qu'ils ont volée au parti un « organe du marxisme révolutionnaire ». N'est-ce pas là du charlatanisme idéologique ? Laissons les lecteurs exiger de la rédaction qu'elle imprime la seule oeuvre programmatique de la minorité : l'article de Burnham « Science et style ». Si ces rédacteurs ne s'étaient pas préparés à imiter les colporteurs qui vendent de la marchandise avariée sous de belles étiquettes, ils se sentiraient bien obligés de publier cet article. Tous verraient alors de quel « marxisme révolutionnaire » il s'agit. Mais ils *n'oseront pas* le faire. Ils ont honte de montrer leur vrai visage. Burnham sait très bien cacher ses résolutions et ses articles trop révélateurs dans sa mallette, tandis que Shachtman sait se faire l'avocat des opinions d'autrui, faute d'en avoir à lui.

Déjà, les premiers articles « programmatiques » de cette publication dérobée ont clairement révélé le caractère superficiel et futile de ce nouveau groupe antimarxiste qui se présente sous l'étiquette du « troisième camp »*. De quel

* Le premier numéro de *New International* qu'a publié la minorité après s'être emparée de la revue avait comme grand titre en première page : « Pour le troisième camp ! »

animal s'agit-il ? Il y a le camp du capitalisme ; il y a celui du prolétariat. Le troisième camp ne serait-il qu'un refuge petit-bourgeois ? Ce n'est fondamentalement rien d'autre. Mais comme toujours, la petite bourgeoisie dissimule le « camp » dans lequel elle se trouve sous les fleurs en papier de la rhétorique. Voyons un peu : dans un premier camp, la France et l'Angleterre ; dans un second, Hitler et Staline ; dans un troisième, Burnham et Shachtman. Pour eux, la Quatrième Internationale se retrouve dans le camp de Hitler (Staline avait découvert cela depuis longtemps). Voici le nouveau et grandiose slogan : esprits brouillons et pacifistes du monde entier, tous ceux qui souffrent des caprices du destin, rassemblez-vous dans le « troisième » camp !

Le malheur, c'est que le monde bourgeois ne se limite absolument pas à deux camps en lutte. Qu'en est-il de tous les pays neutres ou à demi-neutres ? Des États-Unis ? Où placer l'Italie et le Japon ? Les États scandinaves ? L'Inde ? La Chine ? Nous avons en tête non point les travailleurs révolutionnaires indiens ou chinois mais l'Inde et la Chine, comme pays opprimés. Le schéma puéril des trois camps laisse de côté un détail : le monde colonial, soit la majorité de l'humanité !

L'Inde participe à la guerre impérialiste aux côtés de la Grande-Bretagne. Cela signifie-t-il que nous avons la même attitude envers l'Inde (non pas envers les bolcheviks indiens mais l'Inde) qu'à l'égard de la Grande-Bretagne ? S'il n'existait au monde, en plus de Burnham et de Shachtman, que deux camps impérialistes, permettez-moi de demander où nous mettrions l'Inde ? Un marxiste répondra que notre attitude envers l'Inde, bien que celle-ci fasse partie de l'empire britannique et qu'elle participe à la guerre impérialiste et malgré la politique perfide de Gandhi et des autres dirigeants nationalistes, diffère de notre attitude envers l'Angleterre. Nous défendons l'Inde contre l'Angleterre. Pourquoi donc notre attitude envers l'URSS ne pourrait-elle pas être différente de notre attitude envers l'Allemagne, malgré le fait que Staline soit allié de Hitler ? Pourquoi ne pouvons-nous pas défendre des formes sociales plus progressistes et qui peuvent se développer contre des formes réactionnaires qui ne peuvent que se décomposer ? Non seulement nous le pouvons, mais nous le devons. Les théoriciens de la revue volée remplacent l'analyse de classe par une construction mécanique qui enchante les intellectuels petits-bourgeois par sa pseudo-symétrie. De même que les staliniens camouflent leur soumission au national-socialisme (les nazis) en employant des épithètes cinglantes contre les démocraties impérialistes, de même Shachtman et compagnie dissimulent leur capitulation devant l'opinion publique petite-bourgeoise des États-Unis par une phraséologie pompeuse à propos du « troisième camp ». Comme si le « troisième camp » (de quoi s'agit-il ? Un parti ? Un club ? La Ligue des espoirs abandonnés ? Un « front populaire » ?) ne devait pas avoir une politique juste à l'égard de la petite bourgeoisie, des syndicats, de l'Inde et de l'URSS !

Il y a quelques jours à peine, Shachtman se décrivait dans la presse comme un « trotskyste ». Si *cela* est du trotskysme, alors moi, en tout cas, je ne suis pas trotskyste. Je n'ai rien en commun avec les idées actuelles de Shachtman, sans parler de celles de Burnham. J'ai collaboré activement à *New International*, tout en protestant par lettres contre la désinvolture théorique de Shachtman et contre ses concessions sans principe au petit-bourgeois vaniteux qu'est Burnham. Mais alors, le parti et la Quatrième Internationale pouvaient les maîtriser. Aujourd'hui, la pression de la démocratie petite-bourgeoise les a déchaînés. J'ai la même attitude à l'égard de leur revue qu'à l'égard de toutes les autres contrefaçons petites-bourgeoises du marxisme. En ce qui concerne leurs « méthodes d'organisation » et leur « morale » politique, elles ne suscitent en moi que mépris.

Si des agents conscients de l'ennemi de classe avaient opéré à travers Shachtman, ils n'auraient pas pu lui conseiller autre chose que ce qu'il a lui-même fait. Il s'est allié à des antimarxistes pour lutter contre le marxisme. Il a aidé à constituer une fraction petite-bourgeoise contre les travailleurs. Il a refusé d'utiliser la démocratie au sein du parti pour tenter honnêtement de convaincre la majorité prolétarienne. Il a provoqué une scission en pleine guerre mondiale. Ce faisant, il a couvert la scission du voile d'un scandale mesquin et déloyal, qui semble conçu pour fournir des armes à nos adversaires. Tels sont nos « démocrates », telle est leur « morale » !

Mais tout cela ne leur servira à rien. Ils font naufrage. Malgré les trahisons d'intellectuels instables et les railleries minables de leurs cousins démocratiques, la Quatrième Internationale continuera d'avancer. Elle créera, sélectionnera et éduquera une couche de révolutionnaires prolétariens, capables de comprendre ce qu'est le parti, ce que signifie être loyal à son étendard, ce que signifie la discipline révolutionnaire.

Travailleurs d'avant-garde ! N'accordez pas même une once de confiance dans le « troisième front » de la petite bourgeoisie !

31

Bilan des événements en Finlande

LE 25 AVRIL 1940

Ils ne pouvaient pas prévoir

« Nous » avons prévu l'alliance avec Hitler, écrivent Shachtman et Burnham, mais l'invasion de la Pologne orientale ? l'invasion de la Finlande ? Non, « nous » n'avions pas prévu ces événements. Tous deux insistent pour dire que des événements aussi improbables, aussi totalement inattendus, exigent un bouleversement complet de notre politique. Ces hommes politiques s'imaginaient manifestement que Staline avait besoin d'une alliance avec Hitler pour pousser des oeufs de Pâques avec lui. Ils « ont prévu » l'alliance (où ? quand ?), mais ils n'ont pas prévu à quoi elle servirait et pourquoi.

Ils reconnaissent à l'État ouvrier le droit de manoeuvrer entre les camps impérialistes et de conclure des accords

---

Cet article a été publié pour la première fois dans le numéro de juin 1940 de Fourth International. *Cette nouvelle publication a remplacé* New International *comme revue mensuelle du SWP.*

avec certains d'entre eux contre les autres. Ces accords doivent évidemment servir à défendre l'État ouvrier, à lui permettre d'obtenir des avantages économiques, stratégiques ou autres et, si les circonstances le permettent, à élargir la base de l'État ouvrier. L'État ouvrier dégénéré tente d'atteindre ces fins par des méthodes bureaucratiques qui entrent à chaque pas en conflit avec les intérêts du prolétariat mondial. Mais qu'y a-t-il de particulièrement inattendu et d'imprévisible dans les efforts du Kremlin pour obtenir tout ce qu'il peut de son alliance avec Hitler ?

Si nos infortunés hommes politiques n'ont pas réussi à prévoir « cela », c'est seulement parce qu'ils n'ont pas réussi à examiner à fond la moindre question. Au cours de longues négociations avec la délégation franco-britannique au cours de l'été 1939, le Kremlin a ouvertement exigé le contrôle militaire des États baltes. Mais comme l'Angleterre et la France ont rejeté cette exigence, Staline a rompu les négociations. Ce simple fait suffisait à montrer clairement qu'un accord avec Hitler garantirait à Staline au moins le contrôle des États baltes. Dans le monde entier, des gens politiquement mûrs suivaient les événements de ce point de vue, en se demandant par quels moyens précisément Staline parviendrait à cet objectif : utiliserait-il la force militaire ? etc. Le cours des événements, cependant, dépendait beaucoup plus de Hitler que de Staline. Il est en général impossible de prévoir des événements concrets. Mais la direction générale dans laquelle se déroulaient les événements ne comportait rien de fondamentalement nouveau.

En raison de la dégénérescence de l'État ouvrier, l'Union soviétique est apparue au seuil de la deuxième guerre impérialiste infiniment plus faible qu'elle aurait dû l'être autrement. Par son entente avec Hitler, Staline cherchait à protéger l'URSS contre une agression allemande et, plus généralement, à éviter que l'URSS ne s'engage dans une grande guerre. Au moment de s'emparer de la Pologne, Hitler avait besoin de se protéger à l'est. Avec la permission de Hitler, Staline a été forcé d'entrer en Pologne orientale pour se donner quelques garanties supplémentaires contre Hitler sur la frontière occidentale de l'URSS. Cependant, à la suite de ces événements, l'URSS a acquis une frontière terrestre commune avec l'Allemagne, ce qui signifiait que le danger provenant d'une Allemagne victorieuse est devenu plus immédiat au moment où Staline devenait beaucoup plus dépendant de Hitler.

L'épisode du partage de la Pologne s'est développé et prolongé dans l'arène scandinave. Hitler n'avait pas pu éviter de fournir à son « ami » Staline quelques éléments d'information à propos de son intention de s'emparer des États scandinaves. Staline a dû en avoir des sueurs froides, car après tout, ce plan signifiait que l'Allemagne s'assurait le contrôle total de la mer Baltique et de la Finlande et faisait ainsi peser une menace directe sur Léningrad. Staline devait donc se remettre à chercher des garanties supplémentaires contre son allié, cette fois-ci en Finlande. Il s'est cependant heurté à une sérieuse résistance. L'« excursion militaire » a traîné en longueur. Entre temps, la Scandinavie menaçait de se transformer en théâtre d'une guerre de grande envergure. Hitler, qui avait eu le temps de préparer son assaut contre le Danemark et la Norvège, a exigé que Staline conclue une paix au plus vite. Staline a dû revoir ses plans et renoncer à la soviétisation de la Finlande. Tel fut, dans ses traits fondamentaux, le cours des événements au nord-ouest de l'Europe.

Les petites nations dans la guerre impérialiste

Dans des conditions de guerre mondiale, aborder la question du destin des petits États, du point de vue de

« l'indépendance nationale », de la « neutralité », etc., signifie rester sur le terrain de la mythologie impérialiste. C'est pour la domination du monde que la lutte s'est engagée. L'existence de l'URSS sera réglée chemin faisant. Cette dernière question, qui demeure aujourd'hui au second plan, reviendra inévitablement au premier plan à un certain moment. Quant aux petits États et aux États de second ordre, ils ne sont aujourd'hui que des pions entre les mains des grandes puissances. La seule liberté qui leur reste, et encore dans une mesure limitée, c'est la liberté de choisir leur maître.

Pendant un certain temps en Norvège, deux gouvernements ont lutté l'un contre l'autre : celui des nazis norvégiens, protégés par les armées allemandes au sud, et le vieux gouvernement social-démocrate, avec son roi, au nord. Les travailleurs norvégiens devaient-ils soutenir le camp « démocratique » contre le camp fasciste ? Par analogie avec l'Espagne, on pourrait à première vue conclure qu'il faudrait répondre à cette question par l'affirmative. Mais cela constituerait en réalité la plus grosse bêtise possible. En Espagne, il s'agissait d'une guerre civile isolée ; l'intervention de puissances impérialistes étrangères, aussi importante fut-elle en soi, joua un rôle secondaire. En Norvège, on a affaire à une confrontation directe et immédiate entre deux camps impérialistes, dont les gouvernements norvégiens en lutte ne sont que des instruments auxiliaires. Dans l'arène mondiale, nous ne soutenons ni le camp des alliés ni celui de l'Allemagne. Nous n'avons donc pas la moindre justification ou raison de soutenir l'un ou l'autre de leurs instruments temporaires à l'intérieur de la Norvège.

Nous devons appliquer le même raisonnement à la Finlande. Du point de vue de la stratégie du prolétariat mondial, la résistance finlandaise était aussi peu un acte de défense nationale indépendante que la résistance de la Norvège. Le gouvernement finlandais l'a parfaitement démontré en préférant cesser la résistance plutôt que de se transformer complètement en une base militaire de l'Angleterre, de la France et des États-Unis. Les facteurs secondaires, comme l'indépendance nationale de la Finlande ou de la Norvège, la défense de la démocratie, etc., aussi importants soient-ils, sont maintenant liés à une lutte entre forces mondiales incomparablement plus puissantes et leur sont entièrement subordonnées. Nous devons donc exclure ces facteurs secondaires de nos calculs pour définir notre politique à partir des facteurs fondamentaux.

Les thèses programmatiques de la Quatrième Internationale sur la guerre ont répondu à cette question de manière exhaustive il y a six ans de cela* : « Le concept de défense nationale, disent les thèses, surtout quand il coïncide avec l'idée de la défense de la démocratie, peut très facilement abuser des travailleurs de pays petits et neutres (la Suisse, en particulier la Belgique, les pays scandinaves) [...] Seul un triste petit-bourgeois sans espoir comme Robert Grimm, sorti d'un village suisse perdu, peut sérieusement penser que la guerre mondiale dans laquelle il est entraîné est un moyen de défendre l'indépendance de la Suisse. » Certains petits-bourgeois aussi stupides ont vu dans la guerre mondiale un moyen de défendre la Finlande ; ils ont cru que l'on pouvait définir une *stratégie* prolétarienne à partir d'un épisode *tactique* tel que l'invasion de la Finlande par l'Armée rouge.

La Géorgie et la Finlande

Il arrive souvent, pendant des grèves contre de grands capitalistes, que les travailleurs ruinent au passage de très

* « The War and the Fourth International », dans *Writings of Leon Trotsky [1933-34],* à la date du 10 juin 1934.

respectables petits-bourgeois. De la même façon, au cours d'une lutte militaire contre l'impérialisme ou d'une tentative d'obtenir des garanties militaires contre l'impérialisme, l'État ouvrier, même tout à fait sain et révolutionnaire, peut se voir obligé de violer l'indépendance de tel ou tel petit État. Verser des larmes sur la cruauté de la lutte des classes, dans l'arène intérieure comme dans l'arène internationale, peut fort bien convenir aux philistins démocratiques, mais pas du tout aux révolutionnaires prolétariens.

En 1921, la République soviétique employa la force pour soviétiser la Géorgie, qui constituait une porte grande ouverte à un assaut impérialiste au Caucase. Du point de vue des principes d'autodétermination nationale, on aurait pu avancer bien des objections contre ce mode de soviétisation. Du point de vue de l'élargissement de l'arène de la révolution socialiste, l'intervention militaire dans un pays paysan représentait une entreprise plus que douteuse. Mais du point de vue de l'autodéfense d'un État ouvrier entouré d'ennemis, la soviétisation forcée était justifiée : le salut de la révolution socialiste a plus d'importance que les principes formels de la démocratie.

Pendant une longue période, l'impérialisme mondial fit de la violence exercée contre la Géorgie son cri de ralliement pour mobiliser l'opinion publique mondiale contre les soviets. La Deuxième Internationale occupa la première place dans cette campagne. L'Entente cherchait à préparer une nouvelle intervention militaire contre les soviets.

Tout à fait comme dans le cas de la Géorgie, la bourgeoisie mondiale a utilisé l'invasion de la Finlande pour mobiliser l'opinion publique contre l'URSS. La social-démocratie est apparue là encore comme l'avant-garde de l'impérialisme démocratique. Quant au malheureux « troisième camp » des petits-bourgeois en débandade, il ferme maintenant la marche.

Malgré la remarquable ressemblance entre ces deux cas d'intervention militaire, il y a néanmoins entre eux une différence primordiale : l'URSS actuelle est loin d'être la République soviétique de 1921. Les thèses de 1934 de la Quatrième Internationale sur la guerre disaient : « Le développement monstrueux de la bureaucratie soviétique et les difficiles conditions d'existence des masses travailleuses ont terriblement dégradé le pouvoir d'attraction de l'URSS sur la classe ouvrière mondiale. » La guerre entre l'URSS et la Finlande a clairement et entièrement démontré qu'à une distance d'à peine un coup de canon de Léningrad, le berceau de la révolution d'Octobre, le régime actuel en URSS n'a pas de pouvoir d'attraction. Il ne s'ensuit pas qu'il faille livrer l'URSS aux impérialistes, mais seulement qu'il faut arracher l'URSS des griffes de la bureaucratie.

« Où est la guerre civile ? »

« Mais où est la guerre civile en Finlande que vous avez promise ? », demandent solennellement les dirigeants de l'ex-opposition, devenus les dirigeants du « troisième camp ». Je n'ai rien promis. J'ai seulement étudié l'une des variantes possibles du développement ultérieur de la guerre entre l'État soviétique et la Finlande. La mainmise sur des bases isolées en Finlande était aussi vraisemblable que l'occupation de toute la Finlande. La saisie de bases isolées supposait le maintien du régime bourgeois dans le reste du pays ; l'occupation supposait une révolution sociale, impossible sans que les travailleurs et les petits paysans les plus pauvres soient entraînés dans la guerre civile. Les premières négociations diplomatiques entre Moscou et Helsinki ont révélé une tentative de résoudre ce problème sur le modèle des États baltes. La résistance de la Finlande a contraint le Kremlin à tenter d'arriver à ses fins par la force des armes. Staline ne pouvait justifier la guerre aux yeux des larges masses qu'en soviétisant la Finlande. L'établissement du gouvernement Kuusinen a démontré que le sort de la Finlande n'était pas celui qu'avaient connu les États baltes, mais plutôt celui de la Pologne, où Staline, peu importe ce que scribouillent les folliculaires du « troisième camp », fut contraint de provoquer la guerre civile et de renverser les rapports de propriété.

J'ai précisé plusieurs fois que *si* la guerre en Finlande n'était pas noyée dans une guerre générale et *si* Staline n'était pas contraint de reculer devant un danger extérieur, il serait alors forcé de soviétiser la Finlande. Cette tâche apparaissait en elle-même beaucoup plus difficile que la soviétisation de la Pologne orientale : plus difficile sur le plan *militaire,* car la Finlande était mieux préparée ; plus difficile sur le plan *national,* car la Finlande a une longue tradition de lutte pour l'indépendance nationale contre la Russie, alors qu'au contraire les Ukrainiens et les Biélorusses luttaient contre la Pologne ; et plus difficile sur le plan *social,* car la bourgeoisie finlandaise avait résolu à sa manière le problème agraire précapitaliste en constituant une petite bourgeoisie paysanne. Néanmoins, la victoire militaire de Staline sur la Finlande aurait indubitablement ouvert toute grande la possibilité d'un renversement des rapports de propriété avec l'aide plus ou moins grande des travailleurs et des petits agriculteurs finlandais.

Pourquoi Staline n'a-t-il donc pas réalisé ce plan ? Parce qu'on a lancé une mobilisation colossale de l'opinion publique bourgeoise contre l'URSS ; parce que l'Angleterre et la France ont sérieusement considéré la possibilité d'une intervention militaire ; enfin, dernier point, mais non le moindre, parce que Hitler ne pouvait plus attendre. L'apparition des troupes anglaises et françaises en Finlande aurait menacé directement les plans scandinaves de Hitler, qui reposaient sur la conspiration et la surprise. Coincé comme dans un étau entre les alliés, d'un côté, et Hitler, de l'autre, Staline a renoncé à soviétiser la Finlande et s'est contenté de saisir quelques positions stratégiques isolées.

Les partisans du « troisième camp » (le camp des petits-bourgeois en débandade) échafaudent maintenant la construction suivante : Trotsky a déduit la guerre civile en Finlande de la nature de classe de l'URSS ; comme il n'y a pas eu de guerre civile, on peut donc conclure que l'URSS n'est pas un État ouvrier. En réalité il n'était pas du tout nécessaire de « déduire » logiquement la possibilité d'une guerre civile en Finlande d'une définition sociologique de l'URSS : il suffisait de s'appuyer sur l'expérience de la Pologne orientale. Seul un État issu de la révolution d'Octobre a pu y accomplir le renversement des rapports de propriété qui s'y est produit. Ce renversement a été imposé à l'oligarchie du Kremlin par la lutte pour sa propre survie dans des conditions particulières. Il n'y avait pas la moindre raison de douter que *dans des circonstances analogues,* elle serait contrainte de répéter la même opération en Finlande. C'est tout ce que j'ai dit. Mais les conditions changèrent dans le cours de la lutte. La guerre, comme la révolution, connaît souvent de brusques retournements. Avec l'arrêt des opérations militaires par l'Armée rouge, on ne pouvait naturellement plus envisager qu'une guerre civile se développe en Finlande.

Toute prévision historique est conjecturale ; et plus elle est concrète, plus elle est conditionnelle. Il ne s'agit pas d'un billet au porteur qu'on s'engage à payer à une date bien précise. Le pronostic ne fait que mettre en lumière des tendances déterminées du développement. Mais ses tendances agissent parallèlement à des forces et des tendances d'un autre ordre qui, à un moment donné, commencent à prédominer. Quiconque désire prévoir précisément des événements concrets doit se tourner vers les astrologues. Le pronostic marxiste ne fait qu'aider à s'orienter. J'ai souligné plusieurs fois le caractère conditionnel de mon pronostic, comme *l'une* des variantes possibles. Seuls des scolastiques stériles ou... les dirigeants du « troisième camp » peuvent aujourd'hui s'accrocher comme à une bouée de sauvetage à un fait historique de troisième ordre, à savoir que le destin de la Finlande s'est développé temporairement sur le modèle de la Lituanie, de la Lettonie et de l'Estonie, plutôt que sur celui de la Pologne orientale.

La défense de l'Union soviétique

Bien entendu, l'attaque de Staline contre la Finlande n'était pas *seulement* un acte de défense de l'URSS. C'est la bureaucratie bonapartiste qui définit sa propre politique. Elle se soucie d'abord et avant tout de son propre pouvoir, de son prestige, de ses revenus. Elle se défend elle-même beaucoup mieux qu'elle ne défend l'URSS. Elle se défend aux dépens de l'URSS et du prolétariat mondial. Cela est apparu de façon particulièrement flagrante dans tout le développement du conflit entre l'Union soviétique et la Finlande. Nous ne pouvons donc prendre, ni directement ni indirectement, même une ombre de responsabilité pour l'invasion de la Finlande, qui ne représente qu'un maillon de la chaîne de la politique de la bureaucratie bonapartiste.

Mais c'est une chose de se solidariser avec Staline, de défendre sa politique, d'assumer une responsabilité pour ces gestes (comme le fait la trois fois méprisable Internationale communiste), c'en est une autre d'expliquer à la classe ouvrière du monde entier que, quels que soient les crimes de Staline, nous ne pouvons permettre à l'impérialisme mondial d'écraser l'URSS, de rétablir le capitalisme, de transformer le pays de la révolution d'Octobre en une colonie. Cette explication constitue le fondement de notre défense de l'URSS.

La tentative des défaitistes conjoncturels (c'est-à-dire des aventuriers du défaitisme) de se sortir de leurs difficultés en promettant que s'il y avait une intervention des alliés, ils passeraient d'une politique de défaitisme à une politique de défense n'est qu'une méprisable dérobade. Il est en général difficile de définir sa politique avec un chronomètre, surtout dans des conditions de guerre. Dans les jours critiques de la guerre entre l'Union soviétique et la Finlande, comme on l'a appris par la suite, les états-majors alliés étaient parvenus à la conclusion qu'ils ne pourraient venir sérieusement et rapidement en aide à la Finlande qu'en faisant sauter la voie ferrée de Mourmansk par l'aviation. Décision parfaitement correcte du point de vue stratégique. L'intervention ou la non-intervention de l'aviation alliée ne tenaient qu'à un fil. Apparemment, c'est à ce fil que s'accrochait la position de principe du « troisième camp ». Quant à nous, nous avons considéré dès le début qu'il fallait définir notre position en fonction des camps de classe fondamentaux s'affrontant dans la guerre. C'était beaucoup plus sûr.

Ne pas céder des positions déjà conquises à l'ennemi

La politique du défaitisme n'est pas une punition infligée à un gouvernement donné pour l'un ou l'autre de ses crimes ; c'est une conclusion tirée des relations entre les classes. La ligne de conduite marxiste dans la guerre se fonde non pas sur des conceptions morales abstraites ou sentimentales, mais sur l'appréciation sociale d'un régime dans ses relations avec d'autres régimes. Nous avons défendu l'Abyssinie non pas parce que le Négus était politiquement ou « moralement » supérieur à Mussolini, mais parce que la défense d'un pays arriéré contre l'oppression coloniale porte un coup à l'impérialisme, qui est l'ennemi principal de la classe ouvrière mondiale*. Nous défendons l'URSS, indépendamment de la politique du Négus moscovite, pour deux raisons essentielles. D'abord, la défaite de l'URSS fournirait à l'impérialisme de nouvelles ressources colossales et pourrait prolonger pour de longues années l'agonie de la société capitaliste. Ensuite, les fondements sociaux de l'URSS, épurée de la bureaucratie parasitaire, sont capables de garantir un progrès économique et culturel immense, alors que les fondements du capitalisme n'ont aucun potentiel sauf celui d'une plus grande décadence.

Ce qui démasque nos bruyants critiques mieux que tout, c'est le fait qu'ils ont continué à considérer l'URSS comme un État ouvrier pendant que Staline détruisait le Parti bolchevique, qu'il écrasait la révolution prolétarienne en Espagne et qu'il trahissait la révolution mondiale au nom des « Fronts populaires » et de la « Sécurité collective ». Dans toutes ces conditions, nos critiques ont tout de même jugé nécessaire de défendre l'URSS comme un État ouvrier ! Mais lorsque le même Staline a envahi la Finlande « démocratique », lorsque l'opinion publique bourgeoise des démocraties impérialistes, qui a couvert et encouragé tous les crimes de Staline contre les communistes, contre les travailleurs et les paysans, fait un bruit d'enfer, alors nos novateurs déclarent : « Oui, cela est intolérable ! » Et suivant les traces de Roosevelt, ils décrètent un embargo moral contre l'URSS.

---

* En octobre 1935, les troupes italiennes envahirent l'Éthiopie (Abyssinie) dirigée à l'époque par l'empereur Hailé Sélassié (le Négus). En mai 1936, le pays fut placé sous occupation militaire. Trotsky et d'autres communistes ont soutenu l'Éthiopie dans la guerre.

Le raisonnement du savant charlatan Burnham, selon lequel en défendant l'URSS nous défendons *par le fait même* Hitler, représente un merveilleux petit exemple de stupidité petite-bourgeoise, qui s'efforce d'enfermer une réalité complexe dans les limites d'un syllogisme à deux dimensions. En défendant la République soviétique après la paix de Brest-Litovsk, est-ce que les travailleurs soutenaient les Hohenzollern ? Oui ou non ? Les thèses programmatiques de la Quatrième Internationale sur la guerre, qui examinent cette question en détail, énoncent catégoriquement le fait qu'un accord entre l'État soviétique et tel ou tel autre État impérialiste n'impose aucune limitation au parti révolutionnaire de cet État. Les intérêts de la révolution mondiale sont supérieurs à toute combinaison diplomatique isolée, aussi justifiée soit-elle en elle-même. En défendant l'URSS, nous luttons contre Staline et contre Hitler plus sérieusement que ne le font Burnham et compagnie.

Il est vrai que Burnham et Shachtman ne sont pas isolés. Léon Jouhaux, l'agent bien connu du capital français, s'indigne également contre le fait que « les trotskystes défendent l'URSS ». Qui a plus que lui le droit de s'indigner ! Mais nous avons vis-à-vis de l'URSS la même attitude que vis-à-vis de la CGT [Confédération générale du travail] : nous la défendons contre la bourgeoisie, malgré le fait que la Confédération est dirigée par des crapules comme Léon Jouhaux, qui trompent et trahissent les travailleurs à chaque pas. Les mencheviks russes aussi fulminent : « La Quatrième Internationale est dans l'impasse », car elle continue à voir dans l'URSS un État ouvrier. Ces messieurs, quant à eux, appartiennent à la Deuxième Internationale, qui est dirigée par des traîtres notoires comme le maire bourgeois typique Huysmans et Léon Blum, qui ont trahi une situation révolutionnaire exceptionnellement favorable en juin 1936, rendant ainsi possible la guerre actuelle*. Les mencheviks considèrent les partis de la Deuxième Internationale comme des *partis ouvriers*, mais ils refusent de considérer l'URSS comme un État *ouvrier* en s'appuyant sur le fait qu'on retrouve à sa tête des traîtres bureaucratiques. Cette falsification empeste l'impudence et le cynisme. Staline, Molotov et compagnie, en tant que couche sociale, ne sont ni meilleurs ni pires que les Blum, les Jouhaux, les Citrine, les Thomas, etc. La différence entre eux est simplement la suivante : Staline et compagnie exploitent et minent les bases économiques viables du développement socialiste, alors que les Blum s'accrochent aux fondements en décomposition de la société capitaliste.

Il faut prendre l'État ouvrier tel qu'il est, tel qu'il est sorti de l'impitoyable laboratoire de l'histoire et non pas tel que l'imagine un professeur « socialiste » qui, d'un air pensif, explore son nez avec son doigt. Les révolutionnaires doivent défendre chaque conquête de la classe ouvrière, si déformée soit-elle par la pression de forces ennemies. Ceux qui ne peuvent défendre d'anciennes conquêtes n'en conquerront jamais de nouvelles.

* En mai et juin 1936, une vague massive de grèves et d'occupations d'usines a secoué la France. À son apogée, le mouvement impliquait deux millions de travailleurs, soit un quart de l'ensemble des salariés. Les écrits de Trotsky sur ce mouvement sont contenus dans *Leon Trotsky on France*, Pathfinder, New York, 1979.

32

Lettre à James P. Cannon[‡]

LE 28 MAI 1940

Chers camarades,

[…] La démission de Burnham[*] est une excellente confirmation de notre analyse et de nos pronostics concernant l'ex-minorité. Nous ne croyons pas que ce soit la dernière rupture.

W. R. [Léon Trotsky]

---

* La lettre de Burnham, dans laquelle il a proclamé sa rupture formelle avec le socialisme et annoncé du même coup sa démission du soi-disant « Parti des travailleurs », constitué par la minorité après la scission d'avril 1940, est datée du 21 mai 1940. Cette lettre, dont les collaborateurs de Burnham n'ont jamais publié le texte, a été reproduite dans le numéro d'août 1940 de *Fourth International*. Elle est reproduite à la fin de ce livre.

33

Lettre à Albert Goldman[‡]

LE 5 JUIN 1940

Cher ami,

[...] Burnham ne reconnaît pas la dialectique, mais la dialectique ne lui permet pas d'échapper à son filet. Il y est pris comme une mouche dans le miel. Le coup qu'il a porté à Shachtman est irréparable. Quelle leçon à propos des blocs de principe et des blocs sans principe ! Et ce pauvre Abern ! Il y a quatre ans, il avait trouvé le protecteur de sa petite clique familiale en la personne du saint Père Muste et de Spector, son enfant de choeur. Il vient de refaire la même expérience avec Burnham, catholique laïcisé et Shachtman, son avocat. [...] Dans le bon vieux temps, nous attendions parfois des années, des décennies même pour que se confirme un pronostic. Aujourd'hui, le rythme des événements est si fiévreux que, contre toute attente, la vérification vient dès le lendemain. Pauvre Shachtman !

Sincères salutations,

Léon Trotsky
COYOACÁN, D. F.

34

À propos du Parti des « travailleurs »[‡]

LE 7 AOÛT 1940

QUESTION : *D'après vous, les divergences politiques entre la majorité et la minorité étaient-elles suffisantes pour justifier une scission ?*

TROTSKY : Il faut ici aussi aborder la question dialectiquement et non mécaniquement. Que signifie donc *dialectique*, ce mot terrible ? Il signifie qu'il faut considérer les choses dans leur développement et non dans leur situation statique. Si nous prenons les divergences politiques en elles-mêmes, nous pouvons dire qu'elles n'étaient pas suffisantes pour une scission ; mais si les mêmes différences ont créé une tendance à se détourner du prolétariat pour aller vers des cercles petits-bourgeois, alors ces mêmes divergences peuvent acquérir une signification absolument

---

Cet article est tiré du numéro d'octobre 1940 de la revue Fourth International.

différente, un poids différent, si elles se rattachent à un groupe social différent. C'est là un point très important.

Nous devons tenir compte du fait que la minorité s'est séparée de nous en dépit de toutes les mesures prises par la majorité pour éviter la scission. Cela signifie que leurs penchants sociaux les plus profonds étaient tels qu'il leur était impossible de cohabiter avec nous. C'est une tendance petite-bourgeoise, pas une tendance prolétarienne. Si vous en voulez une nouvelle confirmation, nous avons l'excellent exemple de l'article de Dwight Macdonald*.

Tout d'abord, qu'est-ce qui caractérise un révolutionnaire prolétarien ? Nul n'est obligé de militer dans un parti révolutionnaire, mais s'il décide de le faire, il doit traiter son parti avec sérieux. Si nous osons appeler le peuple à changer la société de manière révolutionnaire, nous assumons une formidable responsabilité que nous devons prendre très au sérieux. Et notre théorie n'est-elle pas simplement l'instrument de notre action ? Cet instrument, c'est la théorie marxiste, car jusqu'à ce jour nous n'avons rien trouvé de mieux. Un travailleur n'a pas un comportement capricieux avec ses outils : s'ils sont les meilleurs qu'il puisse se procurer, il en prend soin, il ne les abandonne pas et il n'exige pas des outils extraordinaires qui n'existent pas.

Burnham est un intellectuel snob. Il se joint à un parti, l'abandonne, en prend un autre. Un travailleur ne peut pas agir ainsi. S'il adhère à un parti révolutionnaire, s'il se tourne vers les gens, s'il les appelle à l'action, il devient comme un général en temps de guerre : il doit savoir où il

* Membre de la scission dirigée par Shachtman, Dwight Macdonald était rédacteur en chef du magazine littéraire *Partisan Review*, dont le numéro de juillet-août 1940 contenait son article « National Defense: The Case for Socialism ».

les mène. Que penseriez-vous d'un général qui dirait qu'il pense que les fusils ne valent rien, qu'il vaudrait mieux attendre dix ans qu'on en invente de meilleurs et qu'en attendant chacun ferait mieux de rentrer chez lui ? C'est ainsi que Burnham raisonne. Il a donc abandonné le parti. Mais les chômeurs demeurent, la guerre se poursuit. Ces choses ne peuvent pas être différées. Seul Burnham a reporté son activité à une date ultérieure.

Dwight Macdonald n'est pas snob, mais un peu stupide. Je cite : « L'intellectuel, s'il entend jouer un rôle un tant soit peu utile dans la société, ne doit ni se leurrer ni leurrer les autres ; il ne peut pas accorder de l'importance à ce qu'il sait n'être qu'une contrefaçon, ni oublier durant une crise ce qu'il a appris durant une période de plusieurs années ou décennies ! » Bien. Absolument correct. Je cite à nouveau : « Ce n'est qu'en abordant les années tumultueuses et terribles qui s'annoncent, à la fois avec *scepticisme* et dévouement — scepticisme à l'égard de *toutes* les théories, de *tous* les gouvernements, de *tous* les systèmes sociaux ; dévouement pour le combat révolutionnaire des masses — que nous pourrons nous justifier en tant qu'intellectuels. »

Voici donc un des dirigeants du Parti des prétendus « travailleurs » qui ne se considère pas comme un prolétaire mais comme un « intellectuel ». Il parle de scepticisme à l'égard de toutes les théories.

Nous nous sommes préparés à cette crise en étudiant, en édifiant une méthode scientifique. Notre méthode, c'est le marxisme. La crise survient alors et M. Macdonald dit qu'il faut être « sceptiques à l'égard de toutes les théories », puis il nous parle de dévouement pour la révolution sans remplacer la théorie précédente par une nouvelle théorie. À moins qu'il ne s'agisse de cette théorie sceptique de son cru. Comment pouvons-nous fonctionner sans théorie ?

Qu'est-ce que le combat des masses et qu'est-ce qu'un révolutionnaire ? L'ensemble de l'article est scandaleux et un parti qui tolère un tel homme parmi ses dirigeants n'est pas sérieux.

Je cite encore : « Quelle est donc la nature du monstre (le fascisme) ? Trotsky insiste pour dire que ce n'est rien de plus, rien de moins que le phénomène familier du bonapartisme, dans lequel une clique se maintient au pouvoir en jouant une classe contre une autre, conférant ainsi au pouvoir d'État un caractère autonome temporaire. Mais ces régimes totalitaires modernes n'ont rien de temporaire ; ils ont déjà changé les structures économiques et sociales sous-jacentes, non seulement en manipulant les formes anciennes, mais en détruisant leur vitalité interne. La bureaucratie nazie est-elle alors une nouvelle classe dominante et le fascisme, une nouvelle forme de société comparable au capitalisme ? Cela ne semble pas vrai non plus. »

Il crée ainsi une nouvelle théorie, une nouvelle définition du fascisme, mais il souhaite, néanmoins, que nous soyons sceptiques à l'égard de toutes les nouvelles théories. Sans doute, dirait-il aux travailleurs que les instruments et les outils avec lesquels ils travaillent n'ont pas d'importance mais qu'ils doivent se dévouer à leur travail. Je pense que les travailleurs répondraient de manière très vive à toute déclaration de ce genre.

Tout cela est très caractéristique de l'intellectuel déçu. Il voit venir la guerre, la terrible époque qui s'annonce avec ses pertes, ses sacrifices et il a peur. Il commence par propager le scepticisme et croit encore pouvoir le concilier avec le dévouement révolutionnaire. On ne peut développer la ferveur révolutionnaire que si l'on est certain que c'est rationnel et réalisable, mais on ne peut pas en être certain sans une théorie qui fonctionne. Celui qui propage le scepticisme théorique est un traître.

Dans le fascisme, nous avons analysé divers éléments :

1. L'élément qu'ont en commun le bonapartisme ancien et le fascisme, c'est que l'un et l'autre se servent des antagonismes de classe pour assurer au pouvoir d'État une plus grande indépendance. Mais nous avons déjà souligné que le bonapartisme ancien est apparu à l'époque de la société bourgeoise ascendante, tandis que le fascisme est un pouvoir d'État de la société bourgeoise déclinante.

2. Ce fascisme est une tentative de la classe bourgeoise de surmonter, de dépasser la contradiction entre la nouvelle technique et la propriété privée sans éliminer cette dernière. C'est l'« économie planifiée » du fascisme. C'est une tentative de sauver la propriété privée et de la contrôler au même moment.

3. C'est aussi une tentative de surmonter la contradiction entre la nouvelle technique moderne des forces productives dans les limites restreintes des frontières de l'État national. On ne peut contenir cette technique nouvelle dans les limites du vieil État national ; le fascisme tente donc de surmonter cette contradiction. Le résultat en est la guerre. Nous avons déjà analysé tous ces éléments.

Dwight Macdonald abandonnera le parti, comme l'a fait Burnham. Mais, comme il est un peu plus paresseux, il est possible que cela prenne plus de temps.

Burnham n'a-t-il pas lui-même été considéré à une certaine époque comme un « bon élément » ? Oui, à notre époque, le parti prolétarien doit se servir de tout intellectuel qui peut contribuer au travail du parti. J'ai passé de nombreux mois à tenter de garder Diego Rivera dans notre mouvement, mais je n'y suis pas arrivé. Mais chaque internationale a connu des expériences de cet ordre. La Première Internationale a connu des difficultés avec le poète Freiligrath, qui était lui aussi très capricieux. Les Deuxième et Troisième Internationales ont eu des difficultés avec

Maxime Gorki. La Quatrième Internationale, avec Rivera. Dans chaque cas, ils se sont séparés de nous.

Burnham était à coup sûr plus lié au mouvement, mais Cannon avait des doutes à son sujet. Il sait écrire et il a une certaine capacité formelle de penser, pas profondément, mais habilement. Il peut accepter votre idée, la développer, écrire à partir d'elle un excellent article — et l'oublier par la suite. L'auteur peut oublier, mais pas le travailleur. Toutefois, tant qu'on peut utiliser de tels gens, tout est pour le mieux. Mussolini fut aussi, à un moment, un « bon élément ».

COYOACÁN, D. F.

35

Lettre à Albert Goldman‡

LE 9 AOÛT 1940

Cher ami,

Je ne sais si vous avez vu l'article de Dwight Macdonald dans le numéro d'août de sa *Partisan Review*.

Cet homme était un disciple de Burnham, l'intellectuel snob. Après que Burnham a déserté, Dwight Macdonald demeura dans le parti de Shachtman comme seul représentant de la « Science ».

Sur la question du fascisme, Macdonald nous sert une piètre compilation de plagiats de notre arsenal, qu'il prétend avoir lui-même découverts et auxquels il oppose quelques banalités qu'il dit venir de nous. Le tout, sans perspective, hors proportion et sans la moindre honnêteté intellectuelle.

Mais ce n'est pas le pire. L'orphelin de Burnham proclame : « Il nous faut réexaminer d'un regard froid et sceptique les principes les plus fondamentaux du marxisme. » (p. 266) Et que doit faire ce pauvre « Parti des travailleurs » pendant cette période « d'examen » ? Que doit faire le prolétariat ? Attendre, bien entendu, le résultat des études de Dwight Macdonald, qui devraient probablement mener Macdonald à déserter vers le camp de Burnham.

Les quatre dernières lignes de l'article ne peuvent servir qu'à préparer cette désertion personnelle : « Ce n'est qu'en abordant les années tumultueuses et terribles qui s'annoncent, à la fois avec *scepticisme* et dévouement — scepticisme à l'égard de *toutes* les théories, de *tous* les gouvernements, de *tous* les systèmes sociaux ; dévouement pour le combat révolutionnaire des masses — que nous pourrons nous justifier en tant qu'intellectuels. »

L'activité révolutionnaire fondée sur le scepticisme théorique représente la plus incongrue des contradictions internes. Le « dévouement pour le combat révolutionnaire des masses » est impossible sans comprendre théoriquement les lois de cette lutte révolutionnaire. Le dévouement révolutionnaire n'est possible que si l'on est sûr qu'il est raisonnable, adéquat et qu'il correspond bien aux buts recherchés. Une telle assurance ne peut venir que d'une compréhension théorique de la lutte des classes. Le « scepticisme à l'égard de toutes les théories » n'est rien d'autre que la préparation à la désertion personnelle.

Shachtman garde le silence ; en tant que « secrétaire général », il est trop occupé à défendre « les principes fondamentaux du marxisme » contre les snobs et autres philistins petits-bourgeois...

Fraternellement,

L. Trotsky

36

Lettre à Chris Andrews‡

LE 17 AOÛT 1940

Cher Chris,

[…] J'ai beaucoup apprécié votre opinion concernant la position antipacifiste adoptée par le parti. Cette position a deux grands avantages : premièrement, elle est révolutionnaire par essence et inspirée par le caractère global de notre époque où toutes les questions seront résolues non seulement par les armes de la critique, mais aussi par la critique des armes ; deuxièmement, elle ne contient aucun élément de sectarisme. Nous n'opposons pas aux événements ni aux sentiments des masses une affirmation abstraite de notre sainteté.

On peut lire dans le triste *Labor Action** du 12 août : « Nous sommes 100 % avec Lewis dans sa lutte contre la conscription. » *Nous* ne sommes pas même à 1 % avec

* *Labor Action* était l'hebdomadaire du Parti des travailleurs.

Lewis, car Lewis cherche à défendre la patrie capitaliste par des moyens complètement dépassés. La grande majorité des travailleurs comprend ou ressent que ces moyens (une armée de volontaires professionnels) sont dépassés sur le plan militaire et extrêmement dangereux d'un point de vue de classe. C'est pour cette raison que les travailleurs appuient la conscription. C'est une façon très confuse et contradictoire de se prononcer pour « l'armement du prolétariat ». Nous ne rejetons pas purement et simplement ce grand changement historique, comme le font les sectaires de tout poil. Nous disons : « Conscription ? Oui ! Mais si nous la réalisons nous-mêmes. » C'est un excellent point de départ.

Avec mes pensées les meilleures, je suis,

Fraternellement,

Votre Vieux, [Léon Trotsky]

Appendice

Science et style

UNE RÉPONSE AU CAMARADE TROTSKY

James Burnham

LE 1er FÉVRIER 1940

Cher camarade Trotsky,

Je trouve la lettre ouverte que vous m'avez nominalement adressée plus qu'un peu désarmante. Il ne m'est pas facile, je l'avoue, d'entreprendre de vous répondre.

En lisant votre lettre, je me suis rappelé une conversation que j'ai eue avec un de nos bons camarades d'Europe centrale il y a un certain temps. Nous discutions, sur le mode futile et irresponsable des intellectuels que nous sommes, des conflits qui peuvent se faire jour entre le sens esthétique, le sentiment de la beauté et les exigences de l'action politique. Il m'a alors raconté une histoire.

Plusieurs années auparavant, le pays où il vivait traversait une période de crise sociale. De partout, les masses se soulevaient en avançant, semblait-il, vers la révolte. Un matin, près de l'apogée du mouvement, une foule de plusieurs milliers de travailleurs se rassembla d'un côté de la magnifique grande place de la capitale de ce pays. Notre camarade, en tant que capitaine, était chargé de diriger une aile des détachements ouvriers.

Le ciel était d'un bleu sombre et le soleil matinal projetait sur la place l'ombre des bâtiments qui la bordaient. Du côté opposé à celui que les travailleurs occupaient, les forces de police firent irruption et prirent position en rangs serrés, montés sur leurs chevaux tourmentés, les équipements étincelants. Au commandement, les sabres, dégainés d'un seul geste rapide, étincelèrent sous les rayons du soleil levant. Un second ordre suivit : En avant contre les travailleurs !

Le moment était venu de riposter : notre camarade devait lancer son bataillon de travailleurs dans une violente contre-attaque. Mais, pendant un long moment, il se trouva paralysé, incapable d'émettre un son, devant la beauté voluptueuse de la scène qui se déroulait devant lui. Et toute la journée, alors que se poursuivait la lutte farouche — il y eut cette journée-là plus de 50 morts et des centaines de blessés, dont notre camarade — il ne put oublier ce soleil, ces ombres, ce ciel bleu, ces chevaux bondissants et ces sabres éclatants.

De même sur ce champ de bataille verbal, pâle reflet — et indispensable étincelle — des luttes de rue, au moment où je devrais faire appel à toute ma volonté pour lancer mes arguments bien ordonnés dans une contre-attaque contre votre lettre (si erronée, si fausse, si profondément fausse), je me sens obligé de marquer un temps d'arrêt pour m'émerveiller : de la perfection technique de la structure verbale que vous avez créée, de l'étendue dynamique de votre rhétorique, de l'expression ardente de votre indomptable ferveur pour l'idéal socialiste, des métaphores surprenantes, pleines d'esprit, enflammées, qui jaillissent au long de vos pages.

Comme il est déplaisant et ingrat de soumettre cette splendide structure aux acides dissolvants que contiennent ces flacons si prosaïques, si peu romantiques : la logique et la science !

Camarade Trotsky, en lisant et réfléchissant à votre lettre, je me suis aussi rappelé la première fois que j'ai accordé une attention sérieuse à votre oeuvre, dans un long compte rendu de votre *Histoire [de la révolution russe]* publié dans le numéro de juillet 1932 de *Symposium*. J'ai relu ce compte rendu, ce que je n'avais pas fait depuis de nombreuses années. Là encore, je me suis aperçu que j'avais été contraint de discuter d'abord de votre *style*, de votre merveilleux style, qu'en fait j'ai très longuement analysé. Et je me suis rendu compte, plus clairement qu'à un autre moment, de ce qui est, à mes yeux, une importante vérité : que vous avez une conception trop *littéraire* de la preuve, de l'indice ; que vous vous leurrez vous-même en considérant qu'une rhétorique pleine de persuasion peut servir de démonstration logique, une *métaphore* brillante, d'argument. Là réside, selon moi, l'essence du mystère de la dialectique tel qu'il apparaît dans vos livres et vos articles : pour vous, la dialectique est un *procédé stylistique* — les épithètes contrastées, le rythme coulant, les paradoxes verbaux qui caractérisent votre façon d'écrire.

Camarade Trotsky, je ne rivaliserai pas en métaphores avec vous. Dans un tel tournoi verbal, je vous concède d'avance la palme. Indice, argument, preuve : telles sont mes seules armes.

Le squelette dénudé

Je résume maintenant votre argumentation :

En ce qui concerne votre propre position, vous affirmez les points suivants :

(a) La philosophie du matérialisme dialectique est vraie.

(b) La sociologie marxienne, en particulier la théorie marxienne de l'État, est vraie.

(c) La Russie est un État ouvrier.

(d) La tactique consistant à défendre l'État russe au cours de la guerre actuelle est correcte.

En ce qui concerne les positions de l'opposition — ou plus exactement, de Burnham, qui d'après vous exprime « l'essence » de l'opposition — vous affirmez ce qui suit :

(1) Burnham est un démocrate bourgeois.

(2) Burnham rejette la dialectique.

(3) Burnham rejette la sociologie marxienne, plus particulièrement, la théorie marxienne de l'État.

(4) Burnham nie que la Russie soit un État ouvrier.

(5) Les pratiques politiques de Burnham sont « abstentionnistes ».

(6) Burnham rejette les théories et les méthodes d'organisation du bolchevisme.

Mais vous ne vous contentez pas d'affirmer ces différentes propositions. Vous vous souciez grandement de révéler certaines *liaisons* qui, selon vous, existent entre ces propositions.

En ce qui concerne vos propres positions, vous en venez donc à affirmer les propositions supplémentaires suivantes :

(A) Du matérialisme dialectique, *il découle que* la sociologie marxienne et particulièrement la théorie marxienne de l'État sont vraies.

(B) De la théorie marxienne de l'État, *il découle que* la Russie est un État ouvrier.

(C) Du fait que la Russie est un État ouvrier, *il découle* qu'une tactique de défense de l'État russe est correcte au cours de la guerre actuelle.

À propos des positions de Burnham, vous soulignez les liaisons suivantes :

(I) Du fait que Burnham est un démocrate bourgeois, *il découle* qu'il rejette la dialectique.

(II) De son rejet de la dialectique, *il découle* qu'il rejette la sociologie marxienne et particulièrement la théorie marxienne de l'État.

(III) De son rejet de la théorie marxienne de l'État, *il découle* qu'il nie que la Russie soit un État ouvrier.

(IV) Du fait qu'il nie que la Russie soit un État ouvrier (et des points 1 et 2), *il découle* que ses politiques pratiques sont abstentionnistes.

(V) Du fait qu'il est un démocrate bourgeois et qu'il rejette la dialectique, *il découle* qu'il rejette les théories et les méthodes d'organisation bolcheviques

J'ai été scrupuleusement honnête en résumant ici votre *argumentation* centrale, autant qu'il m'a été possible de le faire. Ces 18 propositions constituent la « conception unifiée » dont vous déplorez tant l'absence dans le point de vue de l'opposition. Mais dès qu'on *explicite* ces propositions, dès qu'on les fait surgir de leur linceul de métaphores et de rhétorique, il devient clair que *chacune* d'elles vole de ses propres ailes, qu'il faudrait prouver chacune d'elle indépendamment des autres. De plus, la structure de votre argumentation, de votre « conception unifiée » et de votre « explication » ne se tient que si *toutes* ces propositions sont vraies. Et qui, même parmi vos plus ardents défenseurs, serait assez présomptueux pour affirmer que vous avez *prouvé* que *toutes* vos propositions sont vraies ?

En les examinant plus spécifiquement, on se rend compte que ces 18 propositions sont soit banales ou impertinentes, soit évidemment fausses ou pour le moins non prouvées. Il serait fastidieux de le démontrer pour chacune de ces propositions et ce n'est pas nécessaire : tous les camarades disposent de suffisamment de matériel pour faire eux-mêmes cette analyse. Je me limiterai donc au petit nombre d'entre elles qui soulèvent des questions particulières.

La dialectique comme diversion

Vous avez écrit : « [P]uisque dans le cours de la lutte fractionnelle la question [de la dialectique] a été posée à brûle-pourpoint. » Comme cela est innocent, objectif et impersonnel, camarade Trotsky ! Comme le spectre de Banquo, la dialectique a soudainement imposé son visage farouche dans notre milieu politique, consternant tous les sceptiques. Mais, hélas, comme dans toutes les affaires de fantômes, c'était une main très humaine qui manipulait l'appareil créant notre phénomène surnaturel ; et cette main, camarade Trotsky, c'était la vôtre. De même que tous les bons médiums, vous attribuez l'apparition à l'intervention d'un autre royaume, un royaume supérieur — à la « logique des événements », au « déroulement historique de la lutte » — mais, de même que tous les observateurs sérieux, nous admirerons le talent artistique tout en souriant de l'explication.

Je peux comprendre votre recours à la dialectique dans la discussion actuelle, voire même m'en émouvoir. Il ne vous reste plus grand-chose sur quoi écrire, après que chaque référence que vous avez faite aux événements du moment a été réfutée le lendemain, après que de nouveaux événements dans la guerre sont venus chaque semaine démolir un autre pilier de votre position politique. Une argumentation à propos de la dialectique est 100 % certaine aujourd'hui, comme elle l'était il y a 100 ans et comme elle le sera dans 100 ans. Pas le moindre *fait* impertinent ne vient s'immiscer dans ces nobles généralités ; pas la moindre preuve, observation ou expérience pragmatique ne vient perturber leur calme olympien ; ces paroles sereines demeurent à jamais immunisées contre le contact grossier des évènements quotidiens.

J'ai déjà pris part à bon nombre de luttes de tendances, parfois très dures, dont certaines dans lesquelles vous étiez aussi impliqué, camarade Trotsky. Où était la dialectique alors ? Comment se fait-il que vous n'ayez alors rien dit des dangers de mon rejet de la dialectique ? Se pourrait-il (la suggestion est d'une telle banalité qu'elle semble invraisemblable en ces temps philosophiques) que la différence provienne de ce qu'au cours de ces discussions, je me trouvais du même côté que vous ? Est-il absurde d'imaginer que la dialectique aurait pu ne pas surgir sur la scène, de manière, disons, aussi voyante, si aujourd'hui je me trouvais avec Cannon et vous, une possibilité qui n'est pas totalement exclue ?

Camarade Trotsky, je vous considère comme l'un des historiens et des scientifiques politiques les plus compétents qui soient au monde. Je pensais ainsi hier, lorsque j'étais d'accord avec vous sur la plupart des questions ; je le pense aujourd'hui, quand je suis en désaccord avec vous sur plusieurs questions importantes, et je le penserai demain sans aucun doute. Mes croyances, en tant que scientifique tolérant, ne sont pas au service de mes intérêts fractionnels du moment. Mais votre compétence dans ces domaines ne vous confère pas automatiquement une compétence dans les domaines de la philosophie, de la logique, des sciences naturelles et de la méthode scientifique.

J'estime que 75 % de ce qu'a écrit Engels dans ces domaines est confus ou dépassé par les recherches scientifiques ultérieures et est de toute façon sans grande valeur. Il me semble (et, en ma qualité de marxiste, je n'y vois rien d'étonnant) qu'Engels, sur ces points, était un vrai produit de sa génération, celle d'Herbert Spencer et de Thomas Huxley, des vulgarisateurs de Darwin qui pensaient qu'en extrapolant par métaphores à partir des hypothèses de l'évolution biologique ils avaient trouvé la clé ultime des mystères de l'univers. Néanmoins, Engels a fait un effort réel pour se familiariser avec la philosophie, la logique et la science de son temps et il a écrit en tenant compte de ces connaissances.

Vous, par contre, vous nous servez ce qui n'est qu'une reprise éculée d'Engels. Le dernier scientifique admis dans vos pages est... Darwin ; outre celle d'Aristote, la seule « logique digne d'intérêt » est celle de... Hegel, cet archiembrouilleur de la pensée humaine, mort il y a un siècle.

Camarade Trotsky, ainsi que nous, les Américains, avons l'habitude de le dire : où étiez-vous pendant tout ce temps ? Pendant les 125 ans écoulés depuis que Hegel écrivait encore, la science a progressé davantage que pendant toute l'histoire antérieure de l'humanité. Durant cette période, après 2300 ans de stabilité, la logique a subi une transformation révolutionnaire : transformation sur laquelle Hegel et ses idées ont eu une influence exactement égale à zéro.

Vous me demandez : « Croyez-vous que le progrès des sciences, y compris le darwinisme, le marxisme, la chimie et la physique moderne, etc., n'a aucunement influencé les formes de notre pensée ? » Mais c'est à vous, pas à moi, qu'il faudrait poser cette question. *Bien entendu*, j'affirme qu'elles ont eu une influence (entre autres en montrant que la dialectique hégélienne n'a absolument rien à voir avec la science). On ne découvrira pas *comment* les sciences ont influencé nos modes de pensée en passant sa vie entière à étudier la syntaxe tortueuse de cet absolutiste réactionnaire qu'était Hegel, mais en étudiant la science et les mathématiques modernes, ainsi que les analystes sérieux de la science et des mathématiques modernes.

De la façon la plus sarcastique, vous persistez à me demander de « dire précisément qui, depuis Aristote, a analysé et systématisé les progrès ultérieurs de la logique. [...] Vous me montrerez peut-être des oeuvres qui devraient supplanter le système du matérialisme dialectique pour le prolétariat ». Comme si cette exigence était, de toute évidence, tellement impossible à satisfaire que je devrais me dégonfler comme un ballon crevé. Le sarcasme est déplacé, car cette exigence est celle au monde à laquelle il est le plus facile de répondre. Souhaitez-vous que je vous prépare une bibliographie, camarade Trotsky ? Elle serait longue, allant des travaux des brillants mathématiciens et logiciens du milieu du siècle dernier jusqu'à un point culminant comme le monumental *Principia Mathematica* de Russell et Whitehead (le tournant historique dans la logique moderne) ; elle s'étendrait ensuite dans de nombreuses directions : l'une des plus fructueuses étant représentée par les scientifiques, les mathématiciens et les logiciens qui coopèrent aujourd'hui à la nouvelle *Encyclopedia of Unified Science*. En ce qui concerne la logique au sens restreint du terme, *A Survey of Symbolic Logic* de C. I. Lewis est une excellente introduction, quoique difficile. Cependant, je crains que vous ne trouviez qu'une vague allusion à la dialectique hégélienne (ou marxienne) dans toutes ces oeuvres ; que vous n'en trouviez pas davantage dans les oeuvres d'un seul scientifique réputé de notre époque, à l'exception des scientifiques soviétiques, qui risqueraient d'avoir une balle dans la nuque s'ils ne le faisaient pas, et d'un ou de deux disciples du Kremlin, comme J. B. S. Haldane, dans d'autres pays. Étudier ces oeuvres ne manquerait pas d'intérêt, mais j'ai bien peur que lorsque nous aurions fini nous ne soyons pas plus près de résoudre la question du rôle de la Russie dans la guerre.

Vous avez une vision erronée de la logique, camarade Trotsky. Vous établissez une analogie entre une machine ou un instrument et la logique : « De même que l'atelier d'usinage d'une usine fournit en outils tous les secteurs de l'entreprise, de même la logique est indispensable pour tous les domaines de la connaissance humaine. » Cette analogie est fausse. Pour notre politique, une machine, un instrument ou un outil ne sont pas analogues à la logique ou à la « méthode », mais bien au *parti* ; le parti, le parti réel, est l'instrument dont nous nous servons pour atteindre nos objectifs politiques. La logique n'est indispensable à la connaissance humaine que dans le sens suivant : elle établit les conditions d'un discours intelligible, si bien qu'en la « violant » nous courons le risque de proférer des absurdités. Mais nul n'a besoin de connaître la science de la logique pour être sensé, ni même pour être un grand scientifique empirique. En fait, très peu de gens connaissent la logique, discipline hautement spécialisée qui, lorsque séparée de la connaissance empirique, est une matière assez peu utile. *Peut-être* une bonne connaissance de la logique (« méthode ») aidera-t-elle quelqu'un à être sensé, à être un meilleur scientifique (en particulier dans les sciences hautement théoriques) ; mais l'expérience n'indique nullement que cela est aussi fréquent ou aussi important que les logiciens aimeraient le croire. Sinon, nous pouvons être assurés que le chômage sévirait moins parmi les logiciens.

Les « logiciens inconscients » n'existent pas. J'ai lu votre paragraphe sur les « dialecticiens inconscients » (votre paysanne et son renard) avec stupéfaction, en espérant découvrir que tout le passage n'avait qu'une valeur humoristique. Mais j'ai été contraint de conclure que vous l'aviez aussi conçu sérieusement. Selon votre raisonnement, un crapaud, ou même une pierre, doivent être des savants puisqu'en vérité ils agissent l'un et l'autre en accord avec la loi de la gravité. Ce qui caractérise un scientifique (et le distingue d'un sauvage ou d'une pierre), ce n'est pas qu'il agit en accord avec les lois de la science (ce que toutes les choses font au même titre ; et si elles ne le font pas, on modifie les lois de la science pour mieux expliquer comment elles agissent), mais le fait qu'il *connaît* les lois et qu'il les connaît non pas « inconsciemment » (quelle que soit la signification de ce terme), mais tout à fait consciemment, délibérément.

Vous nous dites que les travailleurs, les prolétaires acceptent « avec une relative facilité la manière dialectique d'aborder les questions ». Où sont ces travailleurs, camarade Trotsky ? Vous me semblez faire à la dialectique une publicité très douteuse. Les seuls travailleurs que je, ou quiconque, connaisse, ce sont ces êtres humains que l'on trouve dans les mines de cuivre de la Kennecott Copper, dans les usines de la U. S. Steel, sur les navires de la marine marchande... Ces travailleurs, malgré tout ce qui s'est passé dans le monde, continuent à faire confiance à John L. Lewis, Citrine, Jouhaux et Staline ; ils continuent à voter démocrate ou républicain, à croire au capitalisme. Je pense qu'ils changeront d'opinion, peut-être très rapidement. Mais je trouve que leur pensée est, pour l'essentiel, fausse ou sinon confuse. Si c'est là ce que vous appelez la « pensée dialectique », je suis d'accord avec vous.

Dans toute la confusion détaillée de vos nouvelles remarques sur la dialectique, vous ne faites qu'une seule tentative de fournir un *argument* en faveur de la dialectique et cet argument se révèle, après examen, à la fois hors de propos et *réactionnaire* : « tous les grands et éminents révolutionnaires — avant tout Marx, Engels, Lénine, Rosa Luxemburg, Franz Mehring — se sont placés sur le terrain du matérialisme dialectique », tandis que nombre de déserteurs de la révolution ont commencé par attaquer la dialectique. Cette arme n'est-elle pas identique dans sa forme à l'arme que toute la réaction utilise *in extremis* : osez-vous ne pas croire, quand nos pères ont cru, et leurs pères et leurs grands-pères avant eux ? Chacun d'entre nous, en se rangeant dans le camp du socialisme, n'a-t-il pas dû battre en brèche cet argument ? Cet argument n'est pas un iota plus valide lorsqu'un socialiste l'emploie.

Même s'il était vrai — et ce n'est pas le cas — que *tous* les révolutionnaires croyaient en la dialectique et que *tous ceux* qui étaient contre la révolution n'y croyaient pas, ce fait (aussi intéressant qu'il puisse être d'un point de vue historique et psychologique) n'aurait absolument rien à voir avec la question de la vérité, de la fausseté ou de l'insignifiance scientifique de la dialectique. Ce sont là deux *types* de questions entièrement différents.

Vous-même êtes parfaitement capable de reconnaître cette différence lorsque vous ne subordonnez pas la vérité à la rhétorique fractionnelle ; d'ailleurs, petit fait très révélateur, vous avez souvent insisté sur ce point. Par exemple : en analysant les procès de Moscou, vous (et nous tous) avez montré que l'on pouvait prouver la fausseté des confessions des défenseurs à partir des preuves fournies, de leurs contradictions internes et d'une compréhension du processus historique qui a culminé dans les procès. Les staliniens répondirent — très efficacement selon un grand nombre de gens — en soulignant le fait indéniable que tous avaient avoué. Nous avons dit alors : c'est là un point tout-à-fait différent, qui n'a rien à voir avec la véracité ou la fausseté de ce qu'ils ont avoué ; nous avons aussi nos propres hypothèses sur les raisons qui les ont fait avouer, mais même si ces hypothèses sont incorrectes, cela n'a rien à voir avec la véracité de ce que contenaient les aveux.

Pourquoi Marx, Engels et Lénine croyaient-ils en la dialectique ? C'est une question totalement distincte, qui relève d'une étude psychologique et historique.

Mais votre description de « qui croyait à quoi » est, dirai-je, quelque peu incomplète. Vous consacrez deux pages à des sauts périlleux pour expliquer le fait embarrassant que Liebknecht n'acceptait pas la dialectique alors que Plékhanov l'acceptait. Et que penser de presque tous les mencheviks, camarade Trotsky ? J'ai toujours lu qu'ils défendaient la dialectique avec autant de dévotion et d'attention que même les plus extrêmes bolcheviks dialectiques. Et, encore plus pertinent, qu'en est-il des théoriciens staliniens, camarade Trotsky ? La bibliographie des écrits staliniens sur la dialectique pourrait remplir une étagère ou deux, je vous le garantis. Et, encore plus évident, les sectaires ? Saviez-vous, camarade Trotsky, que de tous ceux qui ont été dans nos rangs depuis une décennie, celui qui s'est le plus intéressé à la dialectique fut Hugo Oehler ? (Maintenant que j'y pense, Oehler a été le seul, avant vous, à m'attaquer pour être antidialectique au cours d'une discussion politique. C'était au sujet de la question de l'entrée dans le PS [Parti socialiste]. Curieusement, Cannon et même le camarade Wright omirent de reconnaître que votre bloc avec moi était sans principes et qu'une politique de principe aurait exigé que vous vous rangiez à l'opinion de Oehler jusqu'à ce que la « question fondamentale » de la dialectique soit totalement éclaircie. Au lieu de cela, vous et moi avons continué à appuyer la tactique « conjoncturelle », épisodique, purement empirique de l'entrisme. Heureusement, nous avons appris les principes depuis lors !) N'est-il pas remarquable que depuis que notre librairie, avec son orientation nouvelle, a commencé à promouvoir des traités sur la dialectique, sa liste comporte principalement des mencheviks, des partisans de Brandler et même des staliniens… ? Et que dire de Shachtman et de Abern, dont la dialectique ne les a pas empêchés de venir s'égarer avec moi ? Toutefois, je comprends parfaitement que ces renégats « ne sont pas de vrais dialecticiens », qu'ils n'acceptent la dialectique que du bout des lèvres, etc.

Se pourrait-il, camarade Trotsky, que les seuls véritablement *vrais* dialecticiens (conscients et inconscients) soient : ceux qui sont *politiquement* d'accord avec vous ?

Vous me reprochez d'avoir manqué à mon devoir en ne prenant pas les armes contre l'opium de la religion-dialectique. Eh bien, camarade Trotsky, je comparerai mes écrits sur la dialectique au cours des dix dernières années aux vôtres contre la religion (ou pour la dialectique) ; je soupçonne que nous sommes tous deux coupables d'avoir failli à notre devoir en ne luttant pas contre la drogue.

Néanmoins, *vous* avez inscrit la dialectique à l'ordre du jour. Très bien. Je vais en débattre avec vous. Mais je ne le ferai que lorsque les deux conditions déjà formulées dans mon récent article (« La politique du désespoir ») auront été remplies. Tout d'abord, que vous clarifiez de *quoi* nous débattons en formulant de façon significative les lois et les principes de la dialectique. Permettez-moi de le répéter, je ne vais pas me contenter de lancer des mots en l'air avec vous. Ensuite, que nous discutions de la dialectique et non que nous l'utilisions pour détourner le parti et l'Internationale loin des questions politiques en jeu.

Je ne reconnais pas la dialectique mais, comme vous le dites, la dialectique me reconnaît. Et si Cannon obtient la majorité au congrès, cette reconnaissance deviendra de toute évidence un coup sur la tête qui prendra la forme d'une résolution incorporant la dialectique au programme fondamental du parti ; si j'interprète correctement vos remarques, vous avez répondu à mon défi sur ce point avant même de l'avoir reçu. Je ne sais pas s'il faut trouver ce projet grotesque ou scandaleux. Laissez-moi vous demander de manière confidentielle et non fractionnelle : quels que soient les mérites de la dialectique, êtes-vous intellectuellement désorienté au point d'imaginer qu'une telle question puisse se régler par une discussion de tendance, comme celle que nous avons à l'heure actuelle, suivie d'un vote de congrès ; un vote qui, en outre, serait résolu sur la base d'un conflit fractionnel très dure portant sur des questions totalement différentes ? Mais peut-être puis-je répondre à ma propre question, car il *existe* une façon de régler de telles questions : l'histoire des deux dernières décennies nous a en effet montré comment on peut décider que 2 et 2 font 5.

Je reviens finalement à la question que j'ai soulevée dans mon article précèdent. Je vous concède votre « logique de l'évolution », de la quantité qui se transforme en qualité jusqu'à l'unité des contraires, des étoiles les plus éloignées jusqu'à votre paysanne cuisinière et vos renards. Mais maintenant, camarade Trotsky, s'il vous plaît, s'il vous plaît, expliquez-moi et expliquez à nous tous : comment, exactement comment, un de ces principes ou même tous ces principes peuvent-ils *apporter une réponse* aux questions politiques que nous débattons et qui portent sur *l'orientation stratégique de notre mouvement au cours de la première phase de la Deuxième Guerre mondiale* ? Votre incapacité à répondre à cette question, car vous en serez incapable, prouve que votre introduction de la dialectique dans le débat est une évasion, un piège embaumé pour ceux qui ne se méfient pas.

Quels sont les principes fondamentaux ?

C'est une vieille illusion populaire que de croire que les « questions fondamentales » sont celles qui portent sur des questions dont on écrit souvent le nom avec une majuscule : Dieu, la Liberté, l'Immortalité, l'Univers, la Réalité, la Création et ainsi de suite. Les Églises ont toujours cherché à entretenir cette illusion, car elles peuvent prétendre que ces questions, qui échappent au domaine de la science, relèvent du domaine particulier de l'Église et que celle-ci est la seule qui puisse fournir une réponse à la question fondamentale de l'homme. J'estime, camarade Trotsky, que votre attaque contre l'opposition pour avoir « négligé les principes fondamentaux » montre que vous êtes toujours une victime de cette illusion.

Puisque vous et Cannon, suivant l'exemple de Hardman, de Oehler, de Muste et de Jack Altman, avez clairement démontré le fait que je suis un professeur, je prendrai la liberté de profiter de mon expérience pédagogique. De nombreux étudiants qui viennent à mes cours d'introduction à la philosophie ont vaguement entendu dire que la philosophie traite, d'une quelconque façon, de « principes fondamentaux » ; et ils s'inscrivent au cours dans l'espoir de recevoir des « réponses » à des questions comme celles que j'ai mentionnées plus haut. Ils découvrent, à leur surprise et souvent avec consternation, qu'on les amène à se tourner vers un tout autre ensemble de sujets : ils apprennent à réfléchir à leurs croyances avec un esprit critique et à découvrir comment les vérifier par l'expérience ; ils apprennent à distinguer une affirmation importante d'une absurdité ; ils apprennent à clarifier les données de problèmes et à les résoudre, quand cela est possible ; ils apprennent comment la science s'est développée et ce que signifie une initiative scientifique, ce qu'est une hypothèse, comment elle peut être confirmée ou infirmée ; ils apprennent à quel point les vastes « questions fondamentales » ne sont pas du tout de véritables questions, mais des appels à une satisfaction émotionnelle, comment l'Église et l'autorité, le prêtre, le philosophe et le tyran ont utilisé les sentiments intenses qui entourent ces mots avec une majuscule pour arriver à leur fins obscurantistes et réactionnaires. Un bon nombre d'étudiants sont irrités par ce qu'ils ont appris ; ils ont l'impression que leurs espoirs dans le cours ont été déçus (espoirs, en fait, d'un baume verbal pour leurs sentiments blessés et désorientés) et ils ne s'inscrivent pas au second semestre. Mais les autres, les meilleurs selon moi, comprennent graduellement qu'ils quittent une terre embrumée pour déboucher sur la clarté du jour et qu'ils deviennent plus confiants, comme un homme qui retrouve ses esprits après l'hébétude de l'ivresse.

Il n'y a pas de principes fondamentaux « en général », camarade Trotsky. Dans chaque domaine systématisé de la connaissance, certains principes existent, qu'on peut considérer comme fondamentaux dans ce domaine : soit, dans l'acceptation logique du terme, parce qu'ils sont les axiomes de base, les postulats et les théorèmes sur lesquels la structure logique de ce domaine repose ou, dans une perspective instrumentale, parce qu'ils sont l'objectif primordial ou le but recherché par ce champ d'intérêt. Mais dans chacun des domaines auxquels nous pouvons nous référer, il y a *différents* « principes fondamentaux ».

Les seuls principes fondamentaux qui se rattachent à notre actuelle discussion sont ceux de la *politique,* car on peut présumer que nous ne sommes pas rassemblés en tant que société de mathématiciens ou d'école artistique. Les principes fondamentaux de la politique comprennent : le *but* central, en même temps que les moyens les plus importants que l'on juge nécessaires pour l'atteindre. N'est-ce pas évident ? Afin de rester membres d'une même organisation, nous autres, de la Quatrième Internationale, devons être d'accord sur notre but central, à savoir le socialisme. Nous devons aussi être d'accord sur les principaux moyens que nous estimons indispensables pour atteindre ce but : la dictature du prolétariat, le renversement révolutionnaire du capitalisme, la construction du parti, etc. Quels moyens sont « importants » et à quel degré d'accord étroit devons-nous parvenir à leur sujet ? À cela, nous ne pouvons répondre par avance ; seule l'expérience peut nous l'indiquer et les limites de l'accord indispensable peuvent varier d'une fois à l'autre. L'expérience a prouvé que des gens ne peuvent pas rester membres d'un même parti s'ils divergent sur les moyens pour parvenir au socialisme, tels que ceux qui sont impliqués dans tout débat sur la voie parlementaire ou la voie révolutionnaire ; l'expérience a également montré qu'ils peuvent demeurer dans la même organisation même s'ils ne sont pas d'accord sur un moyen tel qu'un parti des travailleurs.

Notre programme fondamental (et la même remarque vaut pour tout parti politique) n'est à proprement parler que l'expression de notre objectif central et des méthodes que nous estimons nécessaires pour l'atteindre. C'est cela qui détermine, par exemple, les conditions qu'il faut remplir pour être membre du parti et qui oriente nos activités. En outre, pour répondre aux exigences de l'activité pratique au jour le jour ou même d'une année à l'autre, le programme fondamental est complété par des prises de position orientant notre activité et que nous estimons moins décisives ou plus temporaires (le parti des travailleurs, le *New Deal*, etc.). Ces prises de position, bien qu'elles soient des guides impératifs pour les partis, n'ont pas à être acceptées par tous les membres et elles ne constituent pas une condition pour appartenir au parti.

Mais, qu'en est-il de la sociologie marxienne (la théorie de l'État) et de la dialectique ? Car c'est sur le prétendu refus de la première par l'opposition et le rejet de la seconde par Burnham que vous condamnez l'opposition pour son « mépris des principes fondamentaux ».

Tout d'abord, il est complètement faux de dire que moi ou n'importe quel autre membre de l'opposition rejetons la théorie marxiste de l'État. Nous sommes en désaccord avec votre *interprétation* et votre *application* de la théorie marxienne de l'État ; mais dans nos analyses, nous partons tous des fondements, entre autres, de la théorie marxienne de l'État. Depuis quand reconnaissons-nous à un individu le droit à l'infaillibilité dans l'interprétation ? Tous les membres de l'opposition sont en désaccord avec votre application de la théorie au rôle de la Russie dans la guerre actuelle ; certains d'entre nous (Carter et moi, par exemple) croient en outre que l'application de la théorie à l'ensemble de la question de la dictature du prolétariat nécessite des éclaircissements. Mais aucun d'entre nous ne nie la validité de cette théorie (encore que, bien entendu, pour ma part, je l'accepte comme une hypothèse et non comme un dogme révélé). Quoi d'autre, croyez-vous, que mon ferme soutien à cette théorie aurait pu m'inciter à intituler ma chronique « Leur gouvernement » — ce que j'ai fait quelque temps *avant* de me joindre au mouvement de la Quatrième Internationale ?

Cependant, la théorie de l'État n'est pas un « principe fondamental » de notre politique dans le sens précis que j'ai expliqué. On ne peut la considérer comme telle que d'un seul point de vue : il a été assez clairement démontré qu'aucune autre hypothèse ne nous permet de parvenir avec une telle force à des conclusions comme celles qu'on retrouve dans beaucoup d'articles de notre programme de base (rejet du parlementarisme, attitude à l'égard de la guerre impérialiste, dictature du prolétariat, etc.), tandis que toute autre théorie de l'État mène à des conclusions différentes (et erronées) sur les moyens de parvenir au socialisme. Il semblerait donc qu'en acceptant notre programme de base, il faut logiquement aussi accepter la théorie marxienne de l'État, encore que la chose ne soit pas évidente, à toutes les étapes, pour tous. Néanmoins, en ce qui concerne la *politique,* c'est le programme et les conséquences empiriques qui en découlent qui sont fondamentaux par rapport à la théorie de l'État et non la théorie de base par rapport au programme.

Mais on ne peut voir *d'aucune manière* la dialectique (même si la dialectique avait une certaine valeur au plan scientifique, ce qui n'est pas le cas en réalité) comme fondamentale en politique, absolument d'aucune manière. Toute opinion sur la dialectique est aussi peu fondamentale en *politique* qu'une opinion sur la géométrie non euclidienne ou la relativité. En affirmant le contraire, vous et Eastman, chacun de votre côté, sombrez dans l'illusion vulgaire et néfaste que je dénonçais au début de cette section.

Vous avez tort, camarade Trotsky. L'opposition a le plus grand souci des principes fondamentaux, mais des principes *politiques* fondamentaux. Nos principes politiques fondamentaux sont exposés de manière générale dans le programme de l'Internationale et du parti. Nous proposons aujourd'hui de réviser une section de ce programme, tout comme nous avons révisé d'autres sections de notre programme dans le passé ; mais nous proposons de la réviser précisément du point de vue des éléments centraux de notre programme : l'objectif central qu'est le socialisme mondial et les moyens décisifs que nous estimons tous nécessaires pour l'atteindre.

Camarade Trotsky, vous vous êtes trop imprégné de Hegel, de sa vision monolithique, totalitaire de l'univers conçu comme un tout, dont chaque partie est en rapport avec toutes les autres parties, où chaque chose influence toutes les autres, où la destruction d'un seul grain de poussière signifie l'annihilation de la Totalité. Je suis opposé au totalitarisme en philosophie, tout comme dans l'État ou le parti.

Il n'est pas vrai que nous rejetons la sociologie marxienne ; il n'est pas vrai qu'en rejetant la dialectique, je rejette les principes fondamentaux. Il est doublement faux de tenter de fonder votre thèse fragile sur les « principes fondamentaux » en fabriquant de toutes pièces l'histoire selon laquelle l'opposition a adopté sur les événements de la guerre en cours des positions purement épisodiques qui ont changé et varié au gré des changements dans la situation, que les « tâches en Finlande » niaient « notre position sur la Pologne », etc. Ce ne sont pas nous, mais vous, camarade Trotsky et, bien plus grossièrement, Cannon, qui, depuis le début de la guerre, avez désorienté le parti, les lecteurs de notre presse et vous-mêmes, grâce à une série de changements de position stupéfiants qui ont prouvé que votre doctrine ne permet pas de comprendre les événements en cours. Quiconque a lu l'*Appeal* sait, de manière évidente, que c'est le cas. Quant à nous, dès le début de la guerre, quand nous avons vu clairement de quel genre de guerre il s'agissait et du rôle qu'y jouait la Russie, nous avons systématiquement analysé les événements à la lumière d'une seule orientation stratégique, que nous appelons la stratégie du troisième camp et qui découle elle-même de nos objectifs fondamentaux. Nous n'avons fait aucune distinction « de principe » entre la Pologne, les États baltes et la Finlande ; vous, par contre, l'avez fait, tout comme les Cannon et les Goldman, en rédigeant, semaine après semaine, des directives et des analyses qui se contredisaient les unes les autres. Vous ne pouvez éviter de le faire, car votre orientation stratégique centrale, la défense de l'État stalinien et de son armée, est désormais en conflit direct avec les objectifs fondamentaux de notre mouvement et vous tentez l'impossible, à savoir : jongler avec les deux d'une seule main.

Votre appel aux « principes fondamentaux » est exactement de même nature que vos tentatives sur la dialectique : une façon de détourner l'attention des questions politiques à clarifier.

L'anonymat de la science

Vous vous amusez beaucoup, camarade Trotsky, du fait que la science que je défends n'a pas de nom, qu'elle est anonyme. Vous trouvez des plus drôles que nos documents plaident pour « une politique audacieuse, souple, critique et expérimentale, en un mot, une politique scientifique ». Vous écrivez : « Avec cette formule, on peut faire son entrée dans n'importe quel salon démocratique. » Sur ce point, je ne veux aucun malentendu, absolument aucun, ni aucune base à un malentendu possible.

Vous trouvez « cette terminologie prétentieuse et délibérément obscure ». Qu'a-t-elle de prétentieux et d'obscure, camarade Trotsky ? Il s'agit pourtant de mots que tout enfant connaît.

Cette terminologie décrit-elle la science ou non, camarade Trotsky ? Et si le marxisme fait partie de la science, décrit-elle ou non le marxisme ? Trouvez-vous qu'il lui manque le terme magique ? En quoi faire appel à la politique « marxiste » clarifie-t-il la discussion ? Le débat porte sur *quel* genre de politique constitue une politique marxiste dans les circonstances présentes. Et pour moi, à coup sûr, une « politique marxiste » signifie une « politique scientifique » ; si ce n'était pas le cas, je rejetterais la politique marxiste.

Mais derrière tout cela, se cache peut-être plus que ce que nous avons mis en lumière jusqu'ici.

Est-ce que la science telle que vous la comprenez et les vérités qu'elle démontre ont un nom ? Lequel ? Science « prolétarienne » et vérité « prolétarienne », science de *classe* et vérité de *classe* ?

Si c'est le cas — et je ne peux comprendre vos railleries si ce ne l'est pas — il y a effectivement un abîme entre nous.

Oui, la science et les vérités que je défends sont très certainement anonymes, sans noms. Elles ne sont le monopole ni d'un homme ni d'un groupe ou d'une classe, mais le bien commun de tous les hommes ; pour elles, tous les hommes sont égaux. Les vérités que la science nous révèle sont également vraies pour Staline et pour Trotsky, pour Morgan et pour Cannon, pour Roosevelt et pour Browder. Naturellement, les intérêts psychologiques et sociaux des hommes (y compris, bien évidemment, leurs intérêts de *classe*) peuvent constituer des obstacles, et même d'insurmontables obstacles à leur prise de conscience et à leur découverte de ces vérités ; mais les vérités elles-mêmes ne sont basées que sur des preuves et tous les hommes ont accès à ces preuves.

Vous êtes sur un terrain dangereux, camarade Trotsky. La doctrine de la « vérité de classe », c'est la voie des rois philosophes de Platon, des prophètes, des papes et des Staline. Pour eux, un homme ne peut connaître la vérité que s'il fait partie des oints. Cela mène dans une direction diamétralement opposée à celle du socialisme, à celle d'une société véritablement *humaine*.

Vous multipliez les avertissements à l'intention des jeunes camarades de notre mouvement ; j'en ajoute un, de mauvais augure : « Attention, camarades ! Prenez garde à toute personne ou toute doctrine qui vous dit qu'un certain homme ou groupe d'hommes détient le monopole de la vérité ou des moyens de connaître la vérité. »

« Je ne fume pas... »

« Toutes les hésitations et toutes les oscillations de l'opposition, si contradictoires soient-elles, ont en commun deux traits généraux qui leur servent de fil conducteur, des hauteurs de la théorie jusqu'aux épisodes les plus insignifiants de la politique. [...] [L']autre trait commun, étroitement lié au premier, à savoir une tendance à s'abstenir de participer activement, une tendance à s'exclure soi-même de l'action, à l'abstentionnisme, bien évidemment, sous le couvert de phrases ultraradicales. » Encore une fois, le souffle puissant de la rhétorique, du style impétueux, que vient renforcer ici l'humour charmant de la petite phrase, souvent répétée : « Non merci, je ne fume pas. »

Un homme naïf pourrait déduire du style ampoulé de ce passage qu'ici au moins on a finalement établi un fait réel et que des tonnes de démonstrations et de preuves viendront s'ajouter pour justifier cette rhétorique. Mais voici ce que révèle le microscope analytique : exactement deux faits, et seulement deux, nous sont fournis à titre de preuve ; tous deux pris isolément, sans le moindre lien avec des centaines d'autres éléments qui constituent la ligne politique des membres de l'opposition, qu'on les prenne individuellement ou en groupe. L'opposition est « abstentionniste » dans sa pratique politique parce que : a) Burnham s'est opposé à ce que Trotsky paraisse devant le comité Dies ; et b) l'opposition rejette également les deux adversaires dans le conflit russo-finlandais. Même si ces deux accusations spécifiques étaient justifiées, lorsqu'on les compare à la conclusion générale de portée cosmique, je ne peux que faire la même remarque que celle qu'a faite le prince Hal lorsqu'il a lu l'énorme liste de vins que Falstaff avait commandés par comparaison avec le minuscule morceau de pain qui les accompagnait : « Ô l'infâme ! Rien qu'un demi-penny de pain pour cette odieuse quantité de vin ! »

Mais examinons les deux faits :

Il n'y pas la plus petite raison de considérer que la question Dies relève de la politique générale de l'une ou de l'autre des deux tendances opposées. À nouveau, vous procédez à partir d'une conception *totalitaire,* qui rattache tout à tout avec des liens d'acier. Les membres de l'opposition qui appartiennent au Comité central se sont divisés sur la question ; à la base, les membres ont pris des positions qui traversaient les lignes de tendances dans les deux directions. Toute personne sensée pourra constater qu'il s'agissait là d'une question à propos de laquelle des divergences d'opinion étaient naturelles et sur laquelle, en admettant qu'il existât une opinion indiscutablement correcte, une erreur pouvait être facilement comprise comme une erreur et pas autre chose.

Mais je suis surpris, camarade Trotsky, de voir que vous êtes assez mal avisé pour ramener cet épisode secondaire dans le contexte actuel, comme un argument contre l'opposition.

Vous avez une curieuse façon de raisonner. Les principes révolutionnaires permettent d'utiliser les institutions parlementaires bourgeoises comme une tribune. Personne dans nos rangs ne remet cela en question, personne ne l'a jamais fait. Mais de là, vous *déduisez* qu'il était correct d'accepter l'invitation de Dies, qu'*indépendamment des résultats,* la décision était juste et que de s'y opposer constituait une violation de la politique révolutionnaire. Votre raisonnement est, en l'occurrence, très semblable à celui dont vous usez à propos de la dialectique et de la théorie de l'État.

Mais nos principes n'affirment pas qu'il soit *toujours* correct d'essayer d'utiliser *toute* institution parlementaire bourgeoise. Ce serait une interprétation parfaitement absurde. Nous admettons que nos principes ne nous interdisent pas, par exemple, de traduire en justice un adversaire, même s'il appartient au mouvement ouvrier ; mais nous sommes des plus prudents en appliquant cette autorisation de principe. Nous siégerons au Congrès, mais pas toujours ni dans chaque Congrès : il nous arrive de *boycotter* un Congrès, comme vous devriez très certainement vous en souvenir. Le principe ne nous permet guère plus que de laisser la question ouverte ; il faut toujours prendre une décision spécifique sur la base d'une évaluation du rapport entre la situation spécifique et nos objectifs politiques et de la tactique la plus adéquate dans les circonstances pour atteindre ces objectifs.

Lorsque l'invitation au comité Dies a été discutée au Comité politique, il nous fallait évaluer quelles en seraient les conséquences par rapport à nos objectifs. Il n'y avait aucune question de principe. Le camarade Bern et moi-même avons eu une appréciation ; le reste du Bureau politique et vous-même une autre.

Qui avait raison ? Personne ne pouvait en être très sûr à l'époque ; c'était en partie une conjecture. *Mais aujourd'hui, on peut, selon moi, en être sûr,* parce que nous pouvons juger à partir de conséquences véritables. J'étais prêt, même impatient que quelqu'un prouve que *j'avais tort* (comme je l'ai déclaré devant les militants de New York). Mais, hélas, ce qui est ressorti, c'est que Bern et moi-même avions davantage raison que nous l'avions imaginé.

La vérité est que Dies l'a emporté haut la main. Le fait est évident pour quiconque s'en tient aux faits et non aux dogmes abstraits.

Quelles en ont été les conséquences véritables ?

Tout d'abord, nous avons été contraints de mentir bassement à nos militants et à nos sympathisants. Ce mensonge a pris la forme d'un éditorial de l'*Appeal* en réponse à Zack. L'éditorial affirmait que nous avions changé de position sur le comité Dies pour telle ou telle raison, alors qu'en vérité c'était parce que Trotsky avait été appelé à témoigner.

Autre conséquence : grâce à la publicité liée à l'invitation et au désistement ultérieur, nous avons, de fait, laissé carte blanche au Comité, à ses visées, ainsi qu'aux renégats qui ont comparu devant lui. On pourrait dire que nous avons *légitimé* le Comité *aux yeux des travailleurs d'avant-garde* (et non à ceux des démocrates, car la plupart d'entre eux étaient, depuis quelque temps déjà, assez satisfaits du comité). Et nous avons aussi donné ce qui ne pouvait passer que pour un échantillon d'opportunisme cynique dans notre propre agitation.

Si vous aviez effectivement comparu devant le Comité, votre témoignage *aurait peut-être* pu contrebalancer ces inconvénients, quoiqu'après avoir observé attentivement la procédure du Comité et la publicité dont il a bénéficié, j'en doute toujours. Mais vous n'avez pas comparu. Pensez-vous que votre déclaration dans l'*Appeal,* avec ses quelques milliers de lecteurs, a compensé tous ces dommages ?

(Votre façon de raisonner est identique à celle que vous utilisez à propos de l'invitation lancée à Hook, Eastman et autres à la fin de notre article « Intellectuels en retraite ». Shachtman et moi-même avons été assez sages pour comprendre qu'aucun de nos adversaires serait assez téméraire pour accepter cette invitation. Nous avions soigneusement discuté de la question auparavant. Lorsque vous avez lu l'invitation, vous avez mal jugé les hommes auxquels nous nous adressions. Vous avez alors cédé à la panique et écrit avec horreur que nous ouvrions les colonnes de la revue aux démocrates. L'expérience a prouvé que nous avions raison et que vous aviez tort. Et vous avez maintenant la témérité de *nous* accuser de manquer de clairvoyance politique !)

Passons maintenant au deuxième argument que vous utilisez pour appuyer votre accusation d'abstentionnisme : notre politique à l'égard de la guerre en cours. En parlant de nous, vous dites : « [V]ous refusez de participer à la lutte. » Vous ajoutez que « "nous" ne participons pas à cette sale affaire ». Dans ce cas, aussi bien la rhétorique que le contenu vous trahissent, camarade Trotsky. Votre raisonnement sur le comité Dies est d'une nature si particulière que j'ai rarement rencontré l'équivalent jusqu'à maintenant ; mais votre raisonnement sur ce second point provient d'une variété connue, très bien connue. C'est l'éternelle accusation de réaction lorsqu'on s'attaque aux défenseurs du *troisième camp*. Combien de fois ne l'avons-nous pas rencontrée dans les écrits de 1914-1918 ! Aujourd'hui, elle resurgit de toutes parts. Le *New Leader* en est peut-être le meilleur propagandiste dans ce pays et, pour illustrer ce genre de manipulation sagace, je vous recommande particulièrement la chronique de Charles Yale Harrison. Compte tenu de sa façon de pourfendre les « pacifistes », les « socialistes utopiques » et autres « idéalistes », vous auriez très bien pu lui emprunter vos propres phrases. Vous devez prendre parti désormais, hurle-t-il ; vous avez assez langui dans votre tour d'ivoire. Il est vrai qu'il prend parti pour Mannerheim et vous, pour Staline. Mais aujourd'hui, vous vous alliez tous les deux pour tenter de cacher aux travailleurs le seul camp qui mérite la fidélité au socialisme : le troisième camp. Non, camarade Trotsky, nous ne refusons pas de participer à la lutte et nous ne recommandons à personne de le faire. Mais il nous importe de savoir avec qui nous luttons et pour quelle raison. Et nous ne nous battrons pas aux côtés du GPU pour sauver la contrerévolution au Kremlin.

Et tant pis pour les deux éléments de la prétendue « preuve » sur laquelle vous basez votre grandiose accusation d'abstentionnisme !

Mais pour parler gentiment, porter une telle accusation contre l'actuelle opposition et contre moi en particulier, en faisant appel à de tels arguments et indépendamment de vos deux facteurs, est absurde. Je peux dire, sans hésiter et sans risquer que quelqu'un puisse me contredire, que je suis, de tous les dirigeants du parti, celui qu'on peut le moins accuser d'abstentionnisme. En effet, je suis presque célèbre dans le parti par ma volonté de chercher une façon d'intervenir dans presque tout ce qui se pointe à l'horizon politique : les amendements Ludlow, les élections, le Jambon et les Oeufs, la formation de partis de travailleurs, les conférences, les manifestations antinazies *. S'il fallait m'accuser de quelque chose, ce serait, non sans

* Le représentant de l'Indiana, Louis Ludlow, proposa à la fin de 1937 un amendement à la Constitution des États-Unis, qui aurait exigé un référendum direct du peuple avant que le gouvernement ne déclare une guerre.

Il est également fait allusion ici au mouvement démagogique qui s'est forgé en Californie à la fin des années 1930 sous le slogan « le Jambon et les Oeufs ». Il s'articulait autour d'un système selon lequel les personnes âgées devaient recevoir des paiements de pension hebdomadaires. Bien que ses promoteurs n'aient jamais présenté de plans sur la façon dont ils allaient atteindre leur objectif, ils ont accumulé des dons importants destinés à les aider à l'atteindre.

raison d'ailleurs, d'être à l'exact opposé de l'abstentionnisme. À la différence de Cannon et de Cochran, je ne suis pas de ceux qui peuvent se vanter de ne jamais faire d'erreurs politiques. Mais mes fautes ne sont pas *abstentionnistes*. Même mon erreur de la dernière année dont on parle le plus, à propos de notre politique dans l'automobile, a consisté à insister pour que nous participions à l'un des congrès (celui de Martin) à l'opposé de la politique initiale de Cochran et de Clarke qui proposaient de *boycotter les deux congrès*.

De plus, je ne suis pas une exception à cet égard, mais bien plutôt typique des dirigeants de l'opposition. Au cours des dernières années, c'est de leur côté que sont venues pratiquement toutes les propositions pour participer à toutes sortes d'actions à l'encontre de l'attitude passive négative de Cannon-Goldman-Lewit. L'histoire de cette divergence est conservée dans les archives du parti. Le compte rendu de ce qu'ont fait les dirigeants de la Ligue socialiste des jeunes (YPSL) est à cet égard particulièrement révélateur. L'accusation d'abstentionnisme, à l'instar de vos autres accusations, n'est que le produit des cauchemars que vous imaginez, avec un grand sens créateur, à partir de votre propre doctrine erronée ; elle n'a aucun rapport avec la réalité.

❖

Verdict rendu en se basant sur les preuves : la proposition 5, de même que les propositions 3, C, II, III, IV… : *non prouvées* ; les autres : fausses, totalement fausses.

Quelles sont les questions en jeu ?

La dialectique, la sociologie ou la logique ne sont pas les principales questions qui divisent notre parti et l'Internationale. Prétendre le contraire est une échappatoire ou une escroquerie. J'ai écrit sur ces questions, mais ce fut avec la plus grande impatience et la plus grande hésitation.

Dans le débat actuel, deux questions sont particulièrement prépondérantes, *fondamentales*. L'une concerne toute l'Internationale, l'autre, plus particulièrement le Parti socialiste des travailleurs.

La première est la question politique centrale. Les événements et la discussion ont déjà permis de la clarifier et de la simplifier. Elle porte sur *l'orientation stratégique de la Quatrième Internationale dans la présente phase de la Deuxième Guerre mondiale*. C'est une question que tout membre du parti peut clairement comprendre, sans le moindre obscurcissement venant de Hegel et des fins renards dialectiques.

La politique pratique de toute organisation politique active et sérieuse est normalement régie par ce que l'on peut appeler un *objectif stratégique, un axe* autour duquel s'ordonne l'essentiel de l'agitation et de l'activité. Pour le mouvement stalinien, par exemple, le Front populaire a constitué pendant des années un tel élément central ou centre de l'attention : l'agitation, l'activité, les propositions, les analyses de l'IC [Internationale communiste] et de ses sections s'ordonnaient autour de ce centre stratégique. Pendant plusieurs années en ce qui concerne notre mouvement, l'orientation vers la Deuxième Internationale a joué le rôle d'un tel foyer stratégique.

Il y a aujourd'hui deux tendances dans la Quatrième Internationale. Ce qui les distinguent, c'est qu'elles proposent deux orientations stratégiques nettement différentes, deux axes différents pour régir notre politique pratique.

Trotsky-Cannon proposent *la stratégie de défense de la bureaucratie stalinienne comme un moindre mal*. Ce que *disent* Trotsky-Cannon à propos de leur politique ne change rien ; voici ce qu'elle signifie en pratique. Cet axe stratégique régit leurs principales propositions spécifiques, leur agitation, leur interprétation des événements, leurs prédictions (pas toujours, pas systématiquement, mais en général, suffisamment pour déterminer une orientation pratique), *le poids* de chaque question dans l'agitation (dans *l'Appeal* par exemple) et ainsi de suite. Laissons chaque membre du parti reconstituer en esprit les événements des derniers mois, laissons-le relire la presse et les documents internes du parti, se remémorer les discours et les propositions de la direction et il se rendra compte par lui-même qu'une compréhension de cette orientation stratégique sous-jacente fournit un modèle clair qui permet de comprendre les événements.

L'opposition, aussi bien à l'échelle nationale qu'internationale (car comme cela était inévitable, le débat a déjà franchi les frontières de notre parti), propose *la stratégie du troisième camp*. Tout membre du parti qui se livrera à la même revue des actions de l'opposition au cours de cette période, de ses propositions, de ses discours, de ses articles, de ses interprétations de ce qui se passe dans le monde, de son emphase et de ses accentuations, se rendra compte, de façon similaire, qu'une compréhension de cette orientation stratégique opposée fournit un schéma et un guide adéquats.

Ce conflit à propos des orientations stratégiques constitue la question politique centrale, à l'exclusion de toutes les autres. En saisissant cette clé, les membres du parti et de l'Internationale ne devraient avoir aucune difficulté à prendre une décision. On peut estimer qu'environ 95 % des écrits polémiques de Trotsky-Cannon ne sont vraiment rien d'autre que non-pertinence, échappatoire, écran de fumée. Ce qui caractérise la lutte de tendance actuelle n'est pas la difficulté de la question en débat (il s'agit d'une question inhabituellement simple et directe), mais la difficulté de comprendre ce qu'est la question. Cette difficulté provient de ce que Trotsky-Cannon, défendant une position sans espoir, impossible à défendre à partir de sa valeur propre, sont obligés de consacrer toute leur énergie fractionnelle à tenter d'empêcher les membres du parti de voir ce qu'est la question.

La deuxième question centrale concerne la question du régime interne du Parti socialiste des travailleurs. Cette question a été abordée à fond dans l'article « La guerre et le conservatisme bureaucratique ». Personne n'a répondu à ce texte ; on peut prédire à coup sûr qu'aucune réponse sérieuse ne viendra.

Tels sont les questions en jeu. Le développement de notre mouvement dépendra des réponses qu'on *leur* fournira.

Moralité et polémique

Camarade Trotsky, au cours de votre intervention dans l'actuel débat, vous avez porté de si rudes coups à la Quatrième Internationale que, pour ma part, je ne suis pas convaincu qu'elle pourra survivre. C'est intentionnellement que je dis que vos coups ont été dirigés « contre la Quatrième Internationale » ; du point de vue des intérêts fractionnels étroits de l'opposition, ils n'ont pas eu l'effet que vous souhaitiez ; les rangs de l'opposition se sont renforcés et leur détermination s'en est accrue ; seuls les partisans de Cannon ont été décontenancés.

Vous avez causé ces dommages directement, en votre propre nom, et indirectement, en prêtant votre nom illustre comme couverture pour la clique pourrie de Cannon.

Vous avez choisi de défendre une théorie fausse et une politique erronée, de jouer l'avocat d'un groupe cynique de bureaucrates sans envergure. Nul ne peut choisir une telle voie et espérer en éviter les conséquences. Comme le montrent vos lettres et vos articles récents, ces conséquences vous submergent peu à peu.

La vérité ne peut que détruire une doctrine erronée ; vous êtes donc obligé d'éluder la vérité, de la cacher.

Esquiver la vérité ? À preuve : votre refus systématique de répondre aux questions concrètes que posent non seulement l'opposition, mais la réalité même de la guerre ; votre introduction sans scrupule de la dialectique comme manoeuvre polémique ; vos discussions interminables sur tout ce qui brille au soleil, sauf les vraies questions auxquelles le parti fait face.

Cacher la vérité ? Oui : votre refus de ne serait-ce que mentionner le fait que les staliniens, les mencheviks, les sectaires et autres ennemis de la révolution prolétarienne ont acclamé la dialectique ; votre refus de dire un seul mot sur les rapports de propriété existant dans les trois pays baltes qui sont devenus des provinces de Staline ; votre incapacité à dire un mot sur les changements et les contradictions de la politique de Cannon à l'égard de la guerre, comme le montrent les votes aux comités et les articles de *l'Appeal* à partir des événements de Pologne ; votre silence, votre silence tellement diplomatique, autour des accusations *spécifiques* que l'opposition a portées contre la clique de Cannon.

Au tout début de la lutte, vous n'avez pas fait le moindre effort pour découvrir *quelle* était la position de l'opposition ; à chaque étape de la lutte, vous n'avez fait aucun effort pour *vérifier* un seul des rapports que Cannon et ses partisans vous ont transmis. Dans vos textes, vous n'avez pas tenté une seule fois de présenter équitablement la position de l'opposition, mais vous en avez invariablement donné une version déformée. C'est le contraire de nous, qui avons toujours pris le plus grand soin de présenter exactement vos positions (car c'est la seule voie pour éduquer nos membres). Pareillement, mais à une plus grande échelle, vous avez déformé ce qui se passe dans la guerre.

Vous m'attribuez une position sur la Russie, sur la sociologie marxiste, sur la philosophie, qui ne ressemble pas du tout à celle que je défends effectivement et que vous connaissez bien. Dans votre lettre ouverte, vous avez gravement déformé l'histoire des relations entre les mencheviks et les bolcheviks pour qu'elle corresponde à vos objectifs polémiques immédiats.

Les distorsions engendrent d'autres distorsions semblables. Dans votre article, « Une opposition petite-bourgeoise… », vous avez découvert une guerre civile inexistante en Finlande. Puis, dans des articles ultérieurs, vous avez tenté de vous sortir du marais dans lequel vous vous étiez embourbé en niant avoir dit ce que vous aviez dit, en donnant à vos dires une autre signification que celle qui découlait clairement des termes de votre première déclaration. Vous avez inventé l'idée que le « groupe de Abern » était issu du Parti communiste et vous avez refusé d'abandonner cette invention quand elle a été indéniablement réfutée. À propos de la résolution de l'opposition sur la Finlande, vous avez écrit : « La résolution n'explique d'aucune manière comment précisément on "tiendra compte" de ces trois circonstances "concrètes" [en Finlande et en Russie]. » La vérité, c'est que les lignes suivantes de la résolution esquissent une réponse à cette question précise.

Votre défense d'une fausse doctrine vous entraîne loin de la vérité ; votre défense d'une clique bureaucratique vous pousse à employer les méthodes de cette clique. Quand, dans l'histoire de notre mouvement, a-t-on inventé une calomnie plus infâme et plus gratuite que celle qu'on retrouve dans la note en bas de page d'une lettre signée « Rork » (sur la « presse ») où l'opposition est ouvertement associée à une « influence stalinienne » ? Où a-t-on vu un mépris plus déloyal que celui que vous avez montré envers Abern (qui a dévoué son existence entière au mouvement), sur la base d'une remarque que les ragots de la clique de Cannon lui ont *faussement* attribuée.

Vous avez commis une faute plus dommageable que vous ne l'imaginez, camarade Trotsky. De façon mesquine, vous faites la moue à Shachtman qui tente de « diriger la révolution » depuis « le Bronx ». Vous ne vous bornez pas ici à faire appel au provincialisme traditionnel contre la capitale. Camarade Trotsky, savez-vous ce que signifie *aussi* dans ce pays « le Bronx » ? Savez-vous que pour presque tous les Américains, il ne signifie pas seulement New-Yorkais, mais aussi *Juif* ? Êtes-vous assez naïf pour penser que notre parti — oui, même notre parti — est suffisamment immunisé contre l'influence d'une telle association d'idées ? Les armes que vous utilisez maintenant ont l'horrible habitude de se retourner contre vous.

Vous prétendez que l'opposition utilisent les médisances et le commérage. Ce n'est qu'une autre des « déductions » que vous tirez de votre théorie farfelue : l'opposition est petite-bourgeoise ; individuellement, les petits-bourgeois s'adonnent aux commérages ; donc l'opposition répand des ragots. À vrai dire, je ne prétendrai pas qu'au cours d'une longue bataille, les tendances opposées puissent éviter tous les commérages : cancaner semble être un trait très répandu parmi les humains. Toutefois déclarer que l'opposition utilise le commérage comme une *méthode* est tout simplement *faux,* comme tant de choses que vous avez affirmées sans aucune preuve. Ce n'est pas l'opposition, mais la clique de Cannon, qui emploie les ragots comme un outil, comme un instrument dans la lutte et même comme son principal instrument. Depuis un bon moment, avant même l'actuelle lutte de tendances, la clique de Cannon a systématiquement corrompu l'esprit de ses partisans en faisant circuler les plus vils commérages. C'est aujourd'hui sa marque de commerce.

Je trouve extrêmement révélateur que votre lettre ouverte soit structurée autour de trois ragots, dont évidemment aucun n'a été vérifié, dans lesquels on attribue des remarques à Shachtman, à Abern et à moi-même. C'est symptomatique. En vérité, votre lettre ouverte malgré ses théories prétentieuses et sa rhétorique grandiloquente n'est qu'une sorte de glorification, d'interprétation extrêmement sophistiquée, de ragots fangeux de la clique de Cannon. Une fois dépouillée de ce qu'elle contient de non pertinent, votre lettre ouverte se résume à ceci : Shachtman est un intellectuel du Bronx, superficiel et vulgaire ; Abern est un *intrigant* rusé et perfide ; Burnham est un professeur. Vous vous livrez sur le sujet à des variations « dialectiques ». Les parasites comme Cannon fournissent une farce juteuse qui en font un accompagnement délicieux pour le café du soir.

De quelle source provient cette incessante répétition de mots comme « académique », « banc d'école », « professeur », « pédant », « salon démocratique », etc. ? J'ai souvent vu cela déjà dans une lutte politique, camarade Trotsky ; c'était dans tous les cas un signe de réaction.

S'il vous plaît, n'essayez pas de me dire que même les ragots de la clique de Cannon représentent, sous une forme quelque peu distordue, une réponse « saine » et « positive » de la « base prolétarienne ». Nous connaissons trop bien les diffuseurs de ces commérages et à quel point ils sont près d'être des « prolétaires sains ». Le prolétariat, je vous l'accorde, fait bien de se méfier des petits-bourgeois, tout particulièrement des intellectuels et des professeurs. Cela est particulièrement vrai quand il est question du personnel, de la direction organisationnelle. Mais cela ne change rien au caractère réactionnaire de votre façon d'introduire sournoisement les appels à ce sentiment comme axe central de votre attaque contre notre *position,* nos *arguments,* notre politique. Dans le contexte réel de la lutte réelle, ces appels aux préjugés contre la métropole, contre les intellectuels ont des effets exclusivement réactionnaires ; ils encouragent le provincialisme arriéré, les préjugés contre la théorie et même contre la politique. Et on ressentira ces effets longtemps après la fin de la lutte actuelle. Oui, ils vous tourmenteront pendant des mois et même des années à venir lorsque la désintégration politique déjà très avancée des forces de Cannon parviendra à maturité. Peut-être découvrira-t-on alors que même vous, camarade Trotsky, êtes un intellectuel et un homme des grandes villes.

Un grand nombre de membres de la clique de Cannon, particulièrement ses meilleurs porte-parole, ont déjà largement sombré dans le cynisme. Ils n'ont aucune perspective au-delà de leurs votes. Leur mentalité se résume à accepter le principe : « Tout est permis. » Et ils agissent en fonction de ce principe. Mensonges, calomnies, commérages, dénonciations, contradictions, brutalité, indignation factice, rhétorique utilisée de manière intermittente comme le bavardage d'un acteur… « Tout est permis. » J'ai observé ces manifestations avec consternation, par exemple, lors du congrès de la ville de New York. Beaucoup de camarades sont venus me trouver au cours de ce congrès pour me dire « qu'à coup sûr, ils apprenaient beaucoup en politique à travers la lutte de factions ». Hélas ! la leçon que Cannon, Cochran, Lewit et Gordon leur donnaient était celle du « Tout est permis ». Vous n'avez rien fait pour contrer cette leçon.

Vous tentez de rejeter toute critique de vos « méthodes » à l'aide de deux expédients : vous dites que tous ceux qui parlent de méthodes agissent ainsi parce qu'ils sont en train de perdre sur le terrain des principes politiques ; vous dites que quiconque émet une objection le fait du point de vue de Dieu, de l'impératif catégorique de Kant ou des « normes éternelles de la moralité petite-bourgeoise ». C'est parfois, même souvent, le cas. Mais je n'ai nullement l'intention de garder le silence sur les méthodes que vous utilisez aujourd'hui par crainte d'être traité de petit-bourgeois. Mes normes morales ne sont tirées ni de la religion ni de Kant et nous avons réfuté votre ligne politique actuelle à l'aide d'arguments et de preuves tellement irrévocables que je ne crois pas que vous puissiez en contester la validité.

Oui, je juge une lutte politique *moralement* aussi bien que politiquement. Le socialisme est un idéal moral que les hommes qui réfléchissent choisissent délibérément, par un acte moral. Une analyse scientifique froide et mesurée me convainc que cet idéal détermine une moralité appropriée qui doit régir la lutte pour le socialisme. De même que nous disons que l'homme blanc ne peut pas être libre tant que l'homme noir est esclave, de même ceux qui dans leurs relations avec les autres basent leur mode d'action sur les mensonges, la déloyauté et les calomnies ne peuvent conquérir un ordre social basé sur la vérité, la liberté et la coopération loyale. Il est dangereux d'avoir une orientation politique erronée. Mais ce n'est pas nécessairement mortel, car on peut changer d'orientation si une *morale* critique, démocratique et loyale prévaut et que l'expérience permet de mieux voir la nécessité de changer. Mais il est désastreux d'avoir des motivations pour agir qui soient empoisonnées.

Vous concluez votre lettre sur une note étrange, camarade Trotsky. Vous dites : « Si nous pouvons parvenir à un accord avec vous sur la base de ces principes, nous n'aurons aucune difficulté à élaborer une politique correcte vis-à-vis de la Pologne, de la Finlande et même de l'Inde.

En même temps, je m'engage, de mon côté, à vous aider à mener la lutte contre toute manifestation de bureaucratisme et de conservatisme. » Face aux événements des derniers mois, vous comprendrez pourquoi semblable engagement a peu de poids à mes yeux. En ce qui concerne un accord sur les principes : il n'y a qu'une seule façon de rendre un tel accord possible pour moi : que je sois convaincu que mes principes sont faux et que ceux des autres sont corrects. Et j'ai bien peur que les métaphores, même celles d'un Shakespeare, ne soient pas suffisantes pour me convaincre.

Appendice

Lettre de démission de James Burnham du Parti des travailleurs

LE 21 MAI 1940

Au Comité national du Parti des travailleurs,

Je suis contraint de soumettre au Comité la question de mon rapport au Parti des travailleurs nouvellement formé.

La lutte de faction au sein du Parti socialiste des travailleurs, sa conclusion et la formation récente du Parti des travailleurs m'ont fourni l'occasion de revoir de manière critique mes propres opinions politiques et théoriques, ce qui m'a montré que, même en jouant sur la terminologie, je ne peux plus me considérer comme un marxiste ou permettre à d'autres de me considérer comme tel.

Je n'accepte pratiquement aucune des principales opinions associées au mouvement marxiste dans leur forme traditionnelle, que ce soit dans leurs variantes réformiste, léniniste, stalinienne ou trotskyste. Je considère ces croyances comme fausses, dépassées ou dépourvues de sens ; ou, dans un petit nombre de cas, comme vraies, mais seulement sous une forme si limitée et si modifiée qu'on ne peut plus les appeler marxistes à proprement parler.

Cette lettre ne vise pas à faire une analyse élaborée ou un long credo personnel. Néanmoins, je souhaiterais illustrer mon opinion à l'aide de quelques exemples :

Je rejette, comme vous le savez, la « philosophie du marxisme », le matérialisme dialectique. Je n'ai jamais, il est vrai, accepté cette philosophie. Dans le passé, j'ai excusé cette non-conformité et j'ai fait des compromis autour de cette opinion avec l'idée que la philosophie était « sans importance » et qu'elle « ne comptait pas » quand il s'agissait de pratique et de politique. L'expérience, ainsi que de nouvelles études et réflexions m'ont convaincu que j'avais tort et que Trotsky, ainsi que beaucoup d'autres, avait raison sur ce point : le matérialisme dialectique, bien que dépourvu de valeur scientifique, fait partie intégrante du marxisme, psychologiquement et historiquement, et il a de nombreux effets défavorables sur la pratique et la politique.

Il me semble que les recherches historiques et anthropologiques modernes ont réfuté la théorie générale marxienne de l'« histoire universelle », si tant est qu'elle ait le moindre contenu empirique.

Telle qu'appliquée aux phénomènes économiques modernes, l'économie marxienne me semble dans l'ensemble fausse, dépassée ou sans signification. Les aspects de l'économie marxienne qui conservent une certaine valeur ne me semblent pas justifier la structure théorique de l'ensemble.

Je crois non seulement qu'il est insensé de dire que le « socialisme est inévitable », mais qu'il est faux de dire que le « socialisme est la seule alternative au capitalisme » ; je considère que, sur la base des faits dont nous disposons aujourd'hui, une nouvelle forme de société d'exploitation (que j'appelle « société des gestionnaires ») n'est pas seulement une alternative possible au capitalisme, mais elle est une conséquence plus probable de la période actuelle que le socialisme.

Comme vous le savez, je ne crois pas qu'on puisse considérer la Russie comme un « État ouvrier » dans aucun des sens intelligibles de ce terme. Cette opinion, toutefois, est liée à des conclusions beaucoup plus fondamentales : par exemple, que le stalinisme doit être compris comme l'une des manifestations des mêmes forces historiques générales dont le fascisme est une autre incarnation. J'hésite encore à tirer la conclusion que cela s'applique aussi au léninisme et au trotskysme.

Ainsi que Cannon l'a compris depuis longtemps, je suis totalement et catégoriquement en désaccord avec la conception léniniste du parti ; pas seulement avec la conception telle que modifiée par Staline ou Cannon, mais avec celle de Lénine et de Trotsky. Je suis en désaccord avec la théorie du parti mais, ce qui est plus important, surtout avec le comportement établi, qui présente le parti comme une réalité vivante. Le parti de type léniniste me semble incompatible avec une véritable méthode scientifique et la véritable démocratie.

À la lumière de telles opinions et d'autres similaires, il va sans dire que je me dois de rejeter une partie considérable des textes programmatiques de la Quatrième Internationale (textes que le Parti des travailleurs accepte). Le texte sur le « programme de transition » me semble, comme ce fut pratiquement le cas au moment de sa publication, une totale ineptie et un exemple déterminant de l'incapacité du marxisme, même lorsqu'il est manié par son plus brillant représentant intellectuel, de traiter de l'histoire contemporaine.

Ces opinions, surtout dans leur aspect négatif, c'est-à-dire dans la mesure où elles impliquent un désaccord avec le marxisme, ne sont ni « soudaines » ni épisodiques, pas plus qu'elles ne sont le simple produit de la récente lutte de faction. J'ai professé plusieurs d'entre elles depuis toujours. J'en professe bien d'autres depuis quelques années. Pour d'autres, je suis passé du doute et de l'incertitude à la conviction, au cours des deux dernières années. La lutte de faction n'a servi qu'à m'obliger à les rendre explicites et à les considérer plus ou moins dans leur ensemble. Je comprends naturellement que beaucoup d'entre elles ne sont ni « nouvelles » ni « originales » et qu'en professant certaines d'entre elles, je me retrouve en très mauvaise compagnie. Cependant, je n'ai jamais été capable de juger une opinion d'après le caractère moral de ceux qui la professent.

❖

Le Parti des travailleurs qui vient d'être formé est un parti marxiste et, plus particulièrement, un parti bolchevique, léniniste. Ce n'est pas une simple question de définition. Le fait est garanti par ses textes programmatiques (en particulier le texte-clé sur « Les buts, les tâches et les structures du Parti des travailleurs »), par les déclarations et les convictions de l'écrasante majorité des membres de sa direction et d'une substantielle majorité de ses membres ainsi que par les habitudes d'action de cette majorité. Tout cela est symbolisé de façon frappante par la déclaration en première page de *Labor Action*, qui stipule que le parti est une section de la Quatrième Internationale, par la description de sa revue théorique comme un « organe du marxisme révolutionnaire », par les appels réitérés, dans le principal texte mentionné plus haut, à « la tradition révolutionnaire de Marx, Engels, Lénine et Trotsky » et aux « principes du marxisme », enfin par l'épisode du congrès consacré au télégramme à Trotsky. Absolument rien dans la lutte de faction n'indiquait une nette tendance à s'écarter de ces positions ; au contraire, toute proposition tranchante qui proposait de le faire était immédiatement bloquée. En réalité, la scission du Parti socialiste des travailleurs n'avait aucune base fondamentale et le Parti des travailleurs existe désormais comme une faction du mouvement trotskyste. Voilà pourquoi la faction a eu tant de difficulté à élaborer sa position sur la « nature du parti » et à la distinguer de celle de Cannon. C'était difficile à faire et, en réalité, ça ne s'est pas fait, parce que les deux positions ne se distinguaient pas vraiment l'une de l'autre, sauf sur des points de détails et d'accents.

Bien entendu, je ne souhaite pas atténuer ma part de responsabilité dans ce qui est survenu récemment et il y a plus longtemps. Je ne souhaite ici que rapporter les faits tels que je les vois, y compris le fait que je n'ai pas été permanent et que je n'ai pas accepté une pleine part de responsabilité organisationnelle.

❖

À partir de ce que je pense maintenant et de la nature du Parti des travailleurs, une conclusion s'impose inévitablement : je ne peux pas être un membre loyal du Parti des travailleurs, ni accepter son programme et sa discipline, ni parler ou agir en son nom. Naturellement, je ne suis pas en désaccord avec *tout* ce que défend le Parti des travailleurs. Je crois que le socialisme serait une bonne chose si on pouvait le réaliser (bien que nous ayons appris que le « socialisme comme idéal moral » a mauvaise réputation parmi les marxistes). Je suis d'accord avec l'attitude du Parti des travailleurs vis-à-vis de la guerre, au moins en ce qui concerne l'attitude défendue durant la lutte de faction qui vient de se conclure. Mais je partage cette opinion avec beaucoup d'autres organisations et des dizaines de milliers d'individus qui n'ont rien à voir avec le Parti des travailleurs. Pour autant que je fonctionne politiquement, je ne peux borner ce que je dis et ce que je fais à des rhapsodies sur l'attrait du socialisme et des dénonciations des deux camps en présence dans la guerre. La première réunion publique du Parti des travailleurs me l'a fait comprendre avec une grande clarté. J'ai en effet essayé de décrypter ce que je pouvais dire et je n'ai pu trouver aucun moyen d'exprimer ce que je croyais devoir dire tout en continuant à apparaître à la tribune comme un porte-parole loyal du parti. Je me suis résigné à faire à nouveau un compromis ; j'ai parlé du troisième camp « prudemment » et, en finissant, je me suis senti comme un menteur.

Pour moi, il ne reste plus qu'une alternative :

Ou bien je continue en tant que membre du parti, en déclenchant immédiatement une lutte de faction en faveur de l'orientation suggérée dans ce texte. De toute évidence, du point de vue théorique et politique, cette lutte serait beaucoup plus large et fondamentale que la bataille qui vient de se terminer contre Cannon ; de mon point de vue, elle viserait à pousser l'ensemble du groupe à rompre avec le marxisme.

Ou bien je me sépare purement et simplement du Parti des travailleurs.

Selon la conception traditionnelle de la politique « de principe » et « responsable », je devrais choisir la première orientation. Cependant, je ne crois pas que cela soit sensé dans les circonstances actuelles. Tout d'abord, une vive lutte de tendance déclenchée aujourd'hui dans le Parti des travailleurs (où mon point de vue n'aurait l'appui que d'une très petite minorité) signifierait la dissolution du groupe, tout au moins sa paralysie au moment où il commence avec des fondations qui ne sont pas trop fermes. Ce que l'on pourrait gagner de cette lutte ne vaudrait pas le coup et ne signifierait absolument rien sur le plan politique. Par ailleurs, je n'ai pas personnellement la volonté de mener une telle lutte. Je ne suis pas, je n'ai jamais été et je ne peux pas être un « politicien pratique », un « homme d'organisation » et, par-dessus tout, un dirigeant.

Il ne me reste donc que la seconde option.

Beaucoup diront et penseront que mes opinions actuelles et la décision qui en découle sont une « justification », d'une part, des pressions d'un environnement personnel bourgeois et confortable, d'autre part, de l'influence des terribles défaites de la classe ouvrière et de l'humanité au cours des 20 dernières années ainsi que de la crise de la guerre.

Je serais le dernier à prétendre qu'un homme puisse être assez prétentieux pour imaginer qu'il connaît clairement les motifs et les sources de ses propres actions. Toute cette lettre peut être une façon embellie de dire cette simple phrase : « J'ai envie d'abandonner la politique. » Il est certain que je suis influencé par les trahisons et les défaites des 20 et quelques dernières années. C'est une des raisons pour lesquelles je suis convaincu qu'il faut rejeter le marxisme : à chacune des épreuves que lui a fait subir l'histoire, les mouvements marxistes ont échoué ou ont trahi le socialisme. Cela influence mes réactions et mes attitudes, je le sais.

En ce qui concerne ma « vie personnelle », comment savoir ce qui est venu en premier : l'oeuf ou la poule ? Est-ce ma réticence à m'engager pleinement dans la politique marxiste qui rend mes opinions confuses ? Ou mes fermes opinions m'empêchent-elles d'adhérer pleinement à la politique marxiste ? Je suis quelque peu fatigué, je l'avoue, de l'habitude qui consiste à régler mes comptes avec des opposants et des critiques, à prendre position dans des débats scientifiques par des références pleines de suffisance à des « justifications » et à la « pression et aux influences de classes hostiles ». Le fait que cette habitude soit une partie bien enracinée de la tradition marxiste n'est pas la moindre de mes objections au marxisme.

Mes opinions sont claires ; les défaites et les trahisons, mon mode de vie et mes goûts sont des faits. Ils sont bien connus, quels qu'en soient leurs sources, leurs origines et leurs motifs.

Il n'y a aucune base idéologique, politique ou théorique sur laquelle je pourrais reconnaître ou ressentir la moindre attache ou allégeance au Parti des travailleurs (ou à tout autre parti marxiste). C'est simplement le cas et je ne peux faire semblant ni à mes yeux ni à ceux des autres.

Malheureusement, un facteur subsiste. Il s'agit d'un sens d'obligation et de responsabilité morales à l'égard de mon propre passé (on ne peut effacer en quelques minutes devant une machine à écrire sept années dominées, de façon inadéquate mais totale, par le marxisme ou par toute structure de ce genre) et, plus encore, à l'égard des autres *personnes*, de ceux avec qui j'ai pu établir une collaboration loyale et réciproque, de tous ceux que j'ai pu influencer dans leurs idées et leurs actes. Trotsky et Cannon exploiteront ma décision comme une confirmation de leurs *vues* : le départ de Burnham sera, du point de vue de leur logique remarquable mais compréhensible du point de vue humain, la preuve de la validité de leurs opinions sur le caractère de la guerre, la nature de l'État russe et le rôle de la Russie dans la guerre. Pour beaucoup de membres du Parti des travailleurs, ma séparation apparaîtra comme une désertion. D'un point de vue moral et personnel, je ne peux qu'être d'accord pour reconnaître qu'il y a une bonne part de vérité dans ce dernier jugement.

Mais comparé aux autres, ce facteur n'est plus suffisant pour déterminer mes actions. En effet, il me semble clair aujourd'hui que sans ces considérations morales et personnelles, j'aurais dû quitter le parti il y a quelque temps déjà. Sur le terrain des opinions et des intérêts (qui sont aussi des faits), je n'étais plus à ma place dans un parti marxiste depuis déjà plusieurs années.

Cette lettre constitue ma démission définitive du groupe. Toutefois, en raison des obligations que j'admets, je suis prêt, dans de strictes limites, à discuter avec le Comité, si c'est ce qu'il désire, des modalités de ma séparation. Il y a quatre possibilités :

1. Le Comité peut m'expulser. Il ne serait pas difficile de trouver de bonnes raisons pour m'exclure : j'ai déjà écrit un article qui, s'il était publié à l'extérieur du parti (j'en ai la possibilité), fournirait les motifs adéquats.

2. Je peux me contenter de me retirer du groupe et de ses activités, sans qu'aucun de nous n'en fasse état.

3. On peut, formellement, m'accorder un « congé » de six mois. Si cette solution était adoptée, il ne devrait y avoir aucun malentendu. On n'est jamais sûr de l'avenir, mais il serait très peu probable que ce congé prenne fin.

4. Je suis prêt, enfin, si le Comité estime que cela créerait une quelconque différence sérieuse en cette première période d'existence indépendante du groupe, à mener à bien, pendant les deux prochains mois, une forme de collaboration partielle. Elle pourrait surtout prendre la forme d'articles, signés ou anonymes, pour la presse du parti et en accord avec son orientation ; au cours de cette période, je m'abstiendrais d'actes publics opposés au parti et à son programme. À l'issue de ces deux mois, n'importe laquelle des trois autres options pourrait être adoptée. Pour être

honnête, je n'aimerais guère cette quatrième solution mais, comme je l'ai déclaré, je suis prêt à l'accepter.

Écrire cette lettre a été pour moi une tâche pénible et difficile. Il ne s'agit en aucun cas d'un acte impulsif : il a été précédé d'une réflexion longue et minutieuse. Je tiens par-dessus tout à ne pas donner l'impression que je cherche à m'excuser ou à diminuer mes propres faiblesses, mes déficiences ou mes échecs. Je ne propose pas de blâmer personne ni l'histoire pour mes propres fautes. Lorsque j'affirme que je rejette le marxisme, je ne veux pas dire que je suis méprisant ou que je me considère comme « supérieur » aux marxistes. Pas du tout. Je suis humble, croyez-moi, face à la loyauté, à l'esprit de sacrifice et à l'héroïsme de tant de marxistes, des qualités qu'on trouve si largement dans les rangs du Parti des travailleurs. Mais je ne peux agir autrement que je le fais.

Croyant ce que je crois, je ne peux souhaiter le succès au Parti des travailleurs mais je peux souhaiter et je souhaite la réussite à ses adhérents. Dans la mesure où chacun d'entre nous, à sa façon et dans son propre domaine, maintiendra les valeurs, la liberté et la vérité, j'espère que nous continuerons à nous considérer comme des camarades, quels que soient les noms que nous porterons et les pancartes qu'on nous accrochera autour du cou.

Fraternellement,

James Burnham
NEW YORK

Glossaire des noms et des termes

Abern, Martin (1898-1949) – un fondateur du Parti communiste des États-Unis, membre de son Comité central ; expulsé en 1928 avec Cannon et Shachtman pour avoir soutenu l'opposition bolchevique-léniniste ; membre fondateur de la Ligue communiste d'Amérique ; un dirigeant de la faction minoritaire lors de la scission du SWP en 1940.

Altman, Jack (1905-1959) – membre de la direction du Parti socialiste et le dirigeant de sa branche de New York ; a aidé à expulser le caucus de gauche en 1937.

Andrews, Chris (Christy Moustakis) (1911-1989) – membre du SWP affecté à la défense armée au domicile de Trotsky au Mexique ; a quitté le SWP après la Deuxième Guerre mondiale.

Berdiaev, Nicolas A. (1874-1948) – mystique russe réactionnaire ; prétendait dans ses premiers écrits être influencé par le marxisme.

Bern, Irving (Paul Bernick) (né en 1915) – membre du SWP et dirigeant de la Ligue socialiste des jeunes (YPSL) ; a soutenu la minorité lors de la scission de 1940.

Bernstein, Eduard (1850-1932) – membre éminent du Parti social-démocrate d'Allemagne ; après 1896, il est devenu l'un des principaux partisans de la collaboration de classe.

Blum, Léon (1872-1950) – dirigeant du Parti socialiste de France ; président du Conseil du premier gouvernement du Front populaire en 1936-1937.

Bogdanov, A. A. (1873-1928) – dirigeant d'un courant gauchiste et philosophiquement idéaliste au sein du Parti bolchevique après les révolutions de 1905 ; expulsé du parti en 1909.

Bonapartisme – régime issu d'une période de crise sociale et concentrant le pouvoir exécutif entre les mains d'un « homme fort » ; le dirigeant bonapartiste se présente comme étant au-dessus des forces de classe concurrentes, dans le but de maintenir le pouvoir de la classe ou de la couche sociale dominante ; le terme provient du régime de Louis-Napoléon Bonaparte en France, de 1852 à 1870.

Bordiga, Amadeo (1889-1970) – fondateur du PC italien et dirigeant d'un courant gauchiste au sein de l'Internationale communiste ; a brièvement collaboré avec l'Opposition de gauche internationale après son expulsion du PC en 1930 ; a dirigé un petit courant gauchiste jusqu'à sa mort.

Boulgakov, Sergueï (1871-1944) – Économiste et philosophe russe influencé par le marxisme dans les années 1890.

Brockway, Fenner (1890-1988) – dirigeant du Parti travailliste indépendant de Grande-Bretagne ; secrétaire du Bureau centriste de Londres ; opposant à la Quatrième Internationale.

Browder, Earl (1891-1973) – secrétaire général du Parti communiste des États-Unis de 1930 à 1945 ; expulsé en 1946 comme bouc émissaire pour la politique ouvertement pro-impérialiste du PC dictée par Staline pendant la Deuxième Guerre mondiale.

Bruno R. (Bruno Rizzi) (1901-1977) – ancien membre du PC italien ; a brièvement collaboré avec la Quatrième Internationale ; auteur d'un livre analysant l'Union soviétique comme un collectivisme bureaucratique.

Burnham, James (1905-1987) – professeur de philosophie à l'Université de New York ; a participé en tant que dirigeant du Parti américain des travailleurs à la fusion avec la Ligue communiste en 1934 ; membre du Comité politique du SWP ; dirigeant de la faction minoritaire lors de la scission d'avril 1940 ; a démissionné en mai 1940 du Parti des travailleurs nouvellement constitué ; auteur en 1941 du livre *The Managerial Revolution* ; est devenu ouvertement anticommuniste ; a travaillé pour la CIA (Central Intelligence Agency) ; est devenu ensuite rédacteur en chef de la *National Review*.

Cannon, James P. (1890-1974) – dirigeant fondateur du SWP ; auparavant, organisateur de l'IWW et dirigeant de l'aile gauche du PS ; membre fondateur du Parti communiste et l'un de ses dirigeants centraux dans les années 1920 ; expulsé en 1928 pour son soutien à l'opposition bolchevique-léniniste ; premier rédacteur en chef du *Militant* ; dirigeant fondateur de la Ligue communiste d'Amérique en 1929 ; secrétaire national du SWP de 1938 à 1953 ; puis président national.

Carter, Joseph (1910-1970) – membre du Comité national du SWP ; s'est joint à Burnham dans le débat de 1937 pour affirmer que l'URSS n'était ni un État capitaliste ni un État ouvrier ; membre de la minorité lors de la scission de 1940.

Chamberlain, Neville (1869-1940) – premier ministre conservateur en Grande-Bretagne de 1937 à 1940 ; signataire du pacte de Munich avec Hitler en 1938.

Ciliga, Anton (1898-1992) – dirigeant du PC yougoslave emprisonné en URSS jusqu'en 1935 pour avoir soutenu l'Opposition de gauche, avec laquelle il a collaboré par la suite en exil ; a rompu avec le mouvement marxiste à la fin des années 1930.

Citrine, Walter (1887-1983) – secrétaire général du Congrès des syndicats de Grande-Bretagne de 1926 à 1946.

Clarke, George (1913-1964) – a adhéré à la Ligue communiste d'Amérique en 1929 ; membre du Comité national du SWP ; a soutenu la majorité dans la lutte interne de 1939-1940 ; a quitté le SWP en 1953.

Cochran, Bert (1915-1984) – a adhéré à la Ligue communiste d'Amérique en 1934 ; membre du Comité national du SWP et dirigeant du travail du parti dans les luttes du syndicat des travailleurs de l'automobile ; partisan de la majorité dans la lutte de 1939-1940 ; a quitté le SWP en 1953.

Comintern (Internationale communiste ou Troisième Internationale). *Voir* Internationale communiste

Comité Dies – Comité sur les activités antiaméricaines (HUAC) présidé par le représentant Martin Dies ; a tenu des audiences pour dénoncer les organisations « extrémistes ».

Comité d'unité syndicale anglo-russe – fondé en mai 1925 par les dirigeants des syndicats britanniques et soviétiques ; critiqué par Trotsky parce qu'il servait à couvrir la politique de la bureaucratie syndicale britannique ; dissous en septembre 1927 lorsque les membres britanniques s'en sont retirés.

Commission Dewey – Commission d'enquête sur les accusations portées contre Léon Trotsky lors des procès de Moscou, présidée par le pédagogue libéral américain John Dewey (1859-1952) ; elle a tenu des audiences en 1937 ; ses conclusions sont contenues dans le rapport de 1938 intitulé *Not Guilty*.

Corey, Lewis (1894-1953) – écrivain et professeur ; sous le nom de Louis Fraina, dirigeant fondateur du mouvement communiste aux États-Unis ; a quitté le PC au début des années 1920 ; a répudié le marxisme en 1940.

Dan, Fédor Ilitch (1871-1947) – l'un des principaux dirigeants des mencheviks russes ; un opposant central à la révolution d'Octobre ; plus tard, rédacteur en chef d'un journal menchevique émigré.

Darwin, Charles (1809-1882) – fondateur de la biologie de l'évolution ; auteur de *L'Origine des espèces*.

Deuxième Internationale (social-démocratie) – fondée en 1889 comme une association internationale de partis de travailleurs ; s'est effondrée au début de la Première Guerre mondiale lorsqu'une majorité de ses dirigeants ont appuyé leurs gouvernements respectifs ; réorganisée en 1923 comme l'Internationale ouvrière socialiste ; son aile gauche révolutionnaire a fondé en 1919 la Troisième Internationale, l'Internationale communiste.

Dobbs, Farrell (1907-1983) – a adhéré à la Ligue communiste d'Amérique en 1934 ; un dirigeant des grèves des Teamsters de Minneapolis en 1934 et un organisateur syndical des Teamsters dans les années 1930 ; est devenu secrétaire du travail syndical du SWP en 1939 et secrétaire national du SWP de 1953 à 1972.

Doubrovinski, I. F. (1877-1913) – un dirigeant du Parti bolchevique à Moscou ; partisan de la conciliation avec les mencheviks.

Dunne, Vincent R. (1890-1970) – membre fondateur du Parti communiste ; expulsé en 1928 pour son soutien aux bolcheviks-léninistes ; membre fondateur de la Ligue communiste d'Amérique ; un dirigeant central des grèves des Teamsters de Minneapolis en 1934 ; a soutenu la majorité dans la lutte interne de 1939-1940 ; longtemps dirigeant du SWP.

Eastman, Max (1883-1969) – rédacteur en chef de *Masses* avant la Première Guerre mondiale et partisan de la Révolution russe ; sympathisant de première heure de Trotsky dans les années 1920 et traducteur de plusieurs de ses ouvrages ; a renoncé au socialisme à la fin des années 1930 ; s'est déclaré ouvertement anticommuniste et est devenu directeur en chef du *Reader's Digest*.

Économistes – partisans d'une tendance réformiste au sein de la social-démocratie russe au début du 20e siècle ; ils ont opposé la lutte autour des questions économiques immédiates à la lutte sociale et politique pour l'émancipation de la classe ouvrière.

Engels, Friedrich (1820-1895) – a collaboré toute sa vie avec Karl Marx, avec qui il a fondé le mouvement ouvrier communiste moderne.

Field, B. J. (1900-1977) – membre de la Ligue communiste d'Amérique, expulsé en 1932 pour indiscipline ; réadmis en 1933 à la suggestion de Trotsky ; expulsé en 1934 pour indiscipline lors de la grève des travailleurs des hôtels de New York ; par la suite, dirigeant de la Ligue pour un Parti révolutionnaire des travailleurs.

Freiligrath, Ferdinand (1810-1876) – célèbre poète allemand ; membre de la Ligue communiste et collaborateur de Marx et d'Engels ; s'est retiré de l'activité politique dans les années 1850.

Frey, Josef (1882-1957) – un dirigeant d'un groupe d'opposition communiste en Autriche ; s'est brièvement lié à l'Opposition de gauche internationale au début des années 1930.

Front populaire – nom donné en 1935 à une coalition en France de partis ouvriers et du Parti radical bourgeois ; l'Internationale communiste sous la direction de Staline l'a par la suite transformé en stratégie universelle subordonnant l'indépendance politique et le programme des partis ouvriers aux coalitions avec des partis capitalistes libéraux.

Gandhi, Mohandas (1869-1948) – dirigeant du mouvement pour l'indépendance de l'Inde contre la domination britannique ; prônait la désobéissance civile pacifiste comme stratégie politique.

Gerland (Jean Van Heijenoort) (1912-1986) – un secrétaire de Trotsky de 1932 à 1939 ; a déménagé à New York en novembre 1939 pour assumer des responsabilités au sein du secrétariat international de la Quatrième Internationale ; a quitté le mouvement marxiste en 1946.

Goldman, Albert (1897-1960) – un dirigeant du SWP et l'avocat de Trotsky aux États-Unis ; partisan de la majorité dans la lutte interne de 1939-1940 ; a quitté le SWP en 1946.

Gordon, Sam (1910-1982) – a adhéré à la Ligue communiste d'Amérique en 1930 ; membre du Comité national du SWP et partisan de la majorité dans la lutte de 1939-1940.

Gorki, Maxime (1868-1936) – écrivain russe bien connu ; sympathisant des bolcheviks avant 1917 ; critique du régime soviétique dans ses premières années ; a soutenu publiquement Staline par la suite.

Gould, Nathan (né en 1913) – membre du Comité national du SWP ; secrétaire national de la Ligue socialiste des jeunes ; a soutenu la minorité lors de la scission de 1940.

GPU – connu à l'origine sous le nom de Tchéka, créé après la révolution d'Octobre pour combattre la terreur et le sabotage contrerévolutionnaires ; transformé par Staline en police politique secrète et en escouade de terreur ; rebaptisé KGB par la suite.

Green, William (1873-1952) – président de la Fédération américaine du travail de 1924 à 1952.

Hansen, Joseph (1910-1979) – a adhéré à la Ligue communiste d'Amérique en 1934 ; secrétaire de Léon Trotsky de 1937 à 1940 ; dirigeant du SWP jusqu'à sa mort ; rédacteur du *Militant*, de l'*International Socialist Review* et d'*Intercontinental Press*.

Hardman, J. B. S. (J. B. Salutsky) (1882-1968) – directeur de l'éducation pour le syndicat des Travailleurs amalgamés du vêtement de 1920 à 1940 ; dirigeant du Parti américain des travailleurs dirigé par A. J. Muste ; opposé à la fusion de 1934 avec la Ligue communiste, il a quitté la nouvelle organisation.

Hegel, Georg Wilhelm (1770-1831) – philosophe dont les écrits ont systématisé, d'un point de vue idéaliste, le caractère dialectique du développement dans la nature et dans la société.

Hitler, Adolf (1889-1945) – chef du Parti national-socialiste des travailleurs allemands (nazis) ; est devenu chef de l'État allemand en 1933 ; a organisé les forces fascistes pour écraser le mouvement ouvrier et pour entreprendre par la suite une campagne d'extermination contre les Juifs, les Tsiganes et d'autres.

Hook, Sidney (1902-1989) – professeur de philosophie à l'Université de New York ; sympathisant du mouvement communiste pendant les années 1930 ; un dirigeant du Parti américain des travailleurs fondé par A. J. Muste ; est devenu un anticommuniste véhément dans les années 1940.

Huysmans, Camille (1871-1968) – dirigeant du Parti ouvrier belge ; secrétaire de la Deuxième Internationale de 1905 à 1922 ; membre du gouvernement belge après la Deuxième Guerre mondiale.

ILP (Independent Labour Party) – Parti travailliste indépendant fondé en 1893 ; a rompu avec le Parti travailliste britannique et la Deuxième Internationale en 1932 ; a préconisé brièvement une nouvelle internationale révolutionnaire ; est revenu au Parti travailliste en 1939.

Internationale communiste – (ou Troisième Internationale) fondée en 1919 en tant que parti révolutionnaire mondial après que l'Internationale sociale-démocrate (Deuxième Internationale) a capitulé devant l'impérialisme ; sous Staline, est devenue un instrument contrerévolutionnaire de la politique étrangère soviétique et a favorisé les intérêts de la caste privilégiée ; dissoute en 1943.

***Iskra* (L'étincelle)** – premier journal marxiste pour toute la Russie ; fondé en 1900 entre autres par Lénine.

Johnson, J. R. (C. L. R. James) (1901-1989) – célèbre auteur originaire de Trinité-et-Tobago ; partisan de la Quatrième Internationale ; a quitté la Grande-Bretagne en 1938 pour s'installer aux États-Unis, où il a adhéré au SWP ; a soutenu la minorité lors de la scission de 1940 ; a réadhéré au SWP en 1947, mais l'a quitté de nouveau en 1951.

Jouhaux, Léon (1879-1954) – secrétaire général de la Confédération générale du travail de France de 1909 à 1940 et de 1945 à 1947.

Kamenev, Lev B. (1883-1936) – un dirigeant pendant longtemps du Parti bolchevique ; s'est opposé à entreprendre la lutte pour la prise du pouvoir à la veille de la révolution d'Octobre 1917 ; s'est joint à Staline dans le bloc anti-Trotsky de 1923 à 1925 ; a rejoint Trotsky et Zinoviev dans l'Opposition unifiée en 1926-1927 ; s'est rétracté en 1928 ; exécuté pendant les procès truqués de Moscou.

Kant, Emmanuel (1724-1804) – philosophe libéral qui a élaboré une théorie de l'éthique fondée sur une loi morale universelle, l'« impératif catégorique ».

Kautsky, Karl (1854-1938) – dirigeant du Parti social-démocrate d'Allemagne ; collaborateur d'Engels ; auteur d'ouvrages sur l'histoire et la théorie marxiste ; principal apologiste des dirigeants de la Deuxième Internationale favorables à la guerre pendant la Première Guerre mondiale ; opposé à la révolution russe d'Octobre 1917.

Kérenski, Alexandre (1881-1970) – premier ministre du gouvernement provisoire capitaliste de Russie de juillet 1917 jusqu'à la prise du pouvoir par les soviets sous la direction des bolcheviks en octobre.

Kuusinen, Otto (1881-1964) – membre du gouvernement soviétique finlandais en 1918 ; membre fondateur du PC finlandais ; figure clé de l'Internationale communiste sous Staline ; nommé chef du « gouvernement » finlandais créé par l'Union soviétique en 1939 ; président de la République socialiste soviétique carélo-finlandaise de 1940 à 1956.

Labriola, Antonio (1843-1904) – marxiste italien ; auteur d'un *Essai sur la conception matérialiste de l'histoire* et de *Socialisme et philosophie.*

Landau, Kurt (1903-1937) – un dirigeant central de l'Opposition de gauche en Allemagne ; a dirigé une scission de la section allemande en 1931.

Lebrun (Mario Pedrosa) (1905-1982) – dirigeant de la section brésilienne de la Quatrième Internationale et membre du Comité exécutif international ; a soutenu la minorité lors de la scission du SWP en 1940.

Lénine, Vladimir Ilitch (1870-1924) – fondateur du Parti bolchevique ; président du Conseil des commissaires du peuple (gouvernement soviétique) de 1917 à 1924 ; dirigeant central de l'Internationale communiste.

Lewis, John L. (1880-1969) – président du syndicat des Mineurs unis d'Amérique de 1919 à 1960 ; président du Congrès des organisations industrielles (CIO) de 1935 à 1940.

Lewit, Morris (Morris Stein) (1903-1998) – membre du Comité national du SWP et partisan de la majorité dans la lutte de 1939-1940.

Liebknecht, Karl (1871-1919) – seul membre social-démocrate du parlement allemand à voter contre les crédits pour financer la Première Guerre mondiale ; emprisonné en 1916-1918 pour des activités antiguerres ; un des dirigeants fondateurs du Parti communiste d'Allemagne ; assassiné par des officiers de l'armée à l'instigation du gouvernement du Parti social-démocrate.

Ligue socialiste des jeunes – organisation de jeunesse du Parti socialiste ; la majorité a été expulsée par la direction du PS en 1937 pour son appui à l'aile gauche ; est devenue une organisation fraternelle du SWP en 1938 ; s'est affiliée au Parti des travailleurs dirigé par Shachtman suite à la scission de 1940.

Luxemburg, Rosa (1871-1919) – dirigeante de l'aile révolutionnaire du Parti social-démocrate allemand ; condamnée à la prison en 1915 pour son opposition à la Première Guerre mondiale ; fondatrice de la Ligue spartakiste et du Parti communiste d'Allemagne ; assassinée par des officiers de l'armée à l'instigation du gouvernement social-démocrate.

Lyons, Eugene (1898-1985) – écrivain et éditeur de gauche dans les années 1920 et 1930 ; correspondant de United Press à Moscou et auteur de *Assignment in Utopia* (1937) ; est devenu plus tard anticommuniste.

Macdonald, Dwight (1906-1982) – écrivain, journaliste, contributeur à *Partisan Review* ; a adhéré au SWP en 1939 ; a soutenu la minorité lors de la scission de 1940 ; a renoncé ultérieurement au marxisme ; rédacteur en chef de *Politics* dans les années 1940 ; a écrit plus tard pour le *New Yorker*.

Mannerheim, K. G. (1867-1951) – a dirigé les forces contre-révolutionnaires pendant la guerre civile finlandaise en 1918 et plus tard la Terreur blanche ; a commandé l'armée finlandaise contre les forces soviétiques en 1939 ; président de la Finlande en 1944-1946.

Martov, L. (Julius) (1873-1923) – un dirigeant central des mencheviks russes ; opposé à la révolution d'Octobre ; a émigré en 1920.

Marx, Karl (1818-1883) – fondateur avec Friedrich Engels du mouvement ouvrier communiste moderne.

Mehring, Franz (1846-1919) – un rédacteur de la revue théorique de la social-démocratie allemande ; a défendu le marxisme contre les courants opportunistes ; dirigeant de la Ligue spartakiste et membre fondateur du Parti communiste d'Allemagne.

Molinier, Raymond (1904-1994) – un dirigeant des partisans de la Quatrième Internationale en France ; expulsé en 1935 pour avoir violé des décisions du parti.

Molotov, Vyacheslav M. (1890-1986) – ministre des Affaires étrangères soviétique de 1939 à 1949, puis de 1953 à 1956.

Mussolini, Benito (1883-1945) – membre du Parti socialiste italien expulsé en 1914 pour avoir soutenu la Première Guerre mondiale ; a fondé le mouvement fasciste en 1919 ; dictateur italien de 1922 à 1943.

Muste, A. J. (1885-1967) – dirigeant du Parti américain des travailleurs qui a fusionné avec la Ligue communiste en 1934 pour former le Parti des travailleurs des États-Unis ; membre de la faction qui s'opposait à l'entrée dans le Parti socialiste ; a rompu avec le marxisme et a quitté le mouvement révolutionnaire en 1936.

Negrín, Juan (1889-1956) – premier ministre du gouvernement républicain d'Espagne en 1937-1939, pendant la guerre civile espagnole.

Novack, George (William F. Warde) (1905-1992) – dirigeant du SWP pendant longtemps ; s'est joint à la Ligue communiste d'Amérique en 1933 ; secrétaire national du Comité américain pour la défense de Léon Trotsky, qui a aidé à organiser la commission d'enquête Dewey ; a soutenu la majorité au cours de la lutte de fraction de 1939-1940 ; auteur de *An Introduction to the Logic of Marxism* et d'autres livres défendant une vision matérialiste du monde.

Oehler, Hugo (1903-1983) – dirigeant de la Ligue communiste d'Amérique ; a dirigé une scission sectaire en 1935 ; a formé la Ligue ouvrière révolutionnaire qui s'est dissoute au cours des années 1950.

Opposition de gauche – organisée en 1923 par Trotsky et d'autres communistes qui luttaient pour préserver le cours révolutionnaire de Lénine face à la contrerévolution dirigée par une caste bureaucratique privilégiée en Union soviétique ; organisée à l'échelle internationale en 1930 suite à l'exil de Trotsky de l'Union soviétique ; est devenue la Quatrième Internationale en 1938.

Parti bolchevique – fondé en 1903 comme fraction majoritaire du Parti ouvrier social-démocrate russe ; a dirigé la révolution d'Octobre 1917 ; est devenu le Parti communiste (bolchevique) de Russie en 1918.

Parti menchevique – a commencé comme une faction de droite dans la scission de 1903 au sein du Parti ouvrier social-démocrate russe ; s'est opposé à la révolution d'Octobre 1917.

Parti socialiste des travailleurs (SWP) – issu de l'expulsion par le Parti communiste en 1928 de partisans de l'opposition bolchevique-léniniste dirigée par Trotsky ; a existé comme Ligue communiste d'Amérique de 1929 à 1934 ; comme Parti des travailleurs des États-Unis de 1934 à 1936 ; aile gauche du Parti socialiste en 1936 et 1937 ; formé le 1er janvier 1938.

Pivert, Marceau (1895-1958) – a servi comme aide au sein du gouvernement du Front populaire en France en 1936-1937 ; a quitté le Parti socialiste et créé le Parti socialiste ouvrier et paysan (PSOP) en 1938 ; est revenu plus tard au Parti socialiste.

Plékhanov, Georges (1856-1918) – fondateur en 1883 du mouvement social-démocrate russe ; auteur de nombreuses oeuvres en défense du marxisme ; un menchevik après 1903 ; opposé à la révolution d'Octobre 1917.

POUM (Parti ouvrier d'unification marxiste) – Organisation socialiste centriste durant la guerre civile espagnole ; a signé le pacte de front populaire et rejoint le gouvernement bourgeois en 1936 ; mis hors-la-loi et liquidé en 1937 à l'instigation des staliniens.

Quatrième Internationale – constituée en 1938 par ceux qui cherchaient à reconstruire le mouvement communiste international ; son plus fameux dirigeant était Trotsky.

Radek, Karl (1885-1939) – membre dirigeant du Parti communiste de Russie après la révolution d'Octobre 1917 ; membre de l'Opposition de gauche de 1923 à 1929 ; a capitulé devant Staline en 1929 ; a été arrêté pendant les procès de Moscou et est mort en prison.

Révolution d'Octobre (1917) – Insurrection dirigée par les bolcheviks qui a porté les travailleurs et les paysans au pouvoir en Russie ; elle a suivi la révolution de Février 1917, qui a aboli le tsarisme et instauré un gouvernement bourgeois de coalition.

Rivera, Diego (1886-1957) – célèbre peintre muraliste ; membre de la section mexicaine de la Quatrième Internationale de 1937 à 1939.

Robespierre, Maximilien (1758-1794) – dirigeant des jacobins au cours de la révolution française ; chef du gouvernement en 1793-1794.

Roosevelt, Franklin D. (1882-1945) – président démocrate des États-Unis de 1933 à 1945 ; soutenu comme progressiste par les staliniens, les sociaux-démocrates et la plupart des officiers syndicaux.

Russell, Bertrand (1872-1970) – mathématicien et philosophe libéral.

Rykov, Alekseï I. (1881-1938) – longtemps dirigeant du Parti bolchevique ; dirigeant de l'État soviétique après la révolution d'Octobre ; s'est joint à Boukharine dans l'opposition de droite contre Staline en 1928-1929 ; exécuté pendant les procès de Moscou.

SAP (Parti socialiste des travailleurs) – organisation centriste issue d'une scission dans le Parti social-démocrate d'Allemagne ; en 1934, a brièvement appuyé l'appel pour la Quatrième Internationale et a ensuite évolué vers le réformisme.

Serge, Victor (1890-1947) – actif dans le mouvement anarchiste en Europe de l'Ouest ; a déménagé en Russie après la révolution d'Octobre 1917 et rejoint le Parti communiste ; membre de l'Opposition de gauche en Russie à partir de 1923 ; arrêté à deux reprises avant d'être autorisé à quitter l'URSS en 1936 ; a rompu avec la Quatrième Internationale en 1937.

Shachtman, Max (1904-1972) – un dirigeant du Parti communiste dans les années 1920 ; expulsé en 1928 avec Cannon et Abern pour avoir appuyé l'opposition bolchevique-léniniste ; un dirigeant fondateur de la Ligue communiste d'Amérique ; rédacteur du *Socialist Appeal* et de *New International* en 1938-1939 ; a dirigé la fraction minoritaire dans la scission du SWP en 1940 ; a organisé le Parti des travailleurs, qui est devenu ensuite la Ligue socialiste indépendante ; a fusionné avec le Parti socialiste en 1958 ; est devenu plus tard un social-démocrate de droite.

Sneevliet, Henk (1883-1942) – fondateur du mouvement marxiste en Indonésie et dirigeant du Parti communiste et de l'Opposition de gauche néerlandais ; a rompu avec la Quatrième Internationale en 1938 ; exécuté par les nazis pendant la Deuxième Guerre mondiale.

Social-démocratie. *Voir* Deuxième Internationale.

Socialist Appeal – journal hebdomadaire du SWP, qui a paru brièvement deux fois par semaine ; a pris le nom de *Militant* en 1941.

Socialistes-révolutionnaires (Parti révolutionnaire socialiste) – parti petit-bourgeois russe fondé en 1901-1902 en opposition au tsarisme ; avait une forte base dans la paysannerie ; l'aile droite du parti s'est opposée à la révolution d'Octobre 1917 ; l'aile gauche l'a appuyée au départ mais a par la suite pris les armes contre la révolution.

Souvarine, Boris (1893-1984) – un dirigeant fondateur du PC de France ; expulsé en 1924 pour son soutien à Trotsky ; a rompu avec l'Opposition de gauche internationale en 1929 ; a renoncé au marxisme dans les années 1930.

Spector, Maurice (1898-1968) – président national du Parti communiste du Canada de 1924 à 1928 ; a fondé l'Opposition de gauche au Canada ; s'est installé plus tard à New York et a soutenu la faction de Muste dans le Parti des travailleurs, qui s'opposait à l'entrée dans le PS ; a quitté le SWP en 1939.

Staline, Joseph (1879-1953) – secrétaire général du Parti communiste soviétique ; a présidé à la dégénérescence bureaucratique de l'État ouvrier soviétique et de l'Internationale communiste et à leur abandon de la perspective internationaliste et révolutionnaire ; a organisé les procès truqués de Moscou pendant les années 1930 et l'assassinat de la majorité des dirigeants bolcheviques de l'époque de Lénine.

Stanley, Sherman (1915-1981) – membre du SWP à New York ; a soutenu la minorité lors de la scission de 1940.

Strouvé, Pierre (1870-1944) – membre fondateur du Parti social-démocrate en Russie ; est devenu par la suite un dirigeant du libéralisme ; opposant actif à la révolution d'Octobre 1917.

SWP. *Voir* Parti socialiste des travailleurs

Tchéka – nom abrégé de la force de police soviétique créée après la révolution d'Octobre pour combattre la terreur contrerévolutionnaire et le sabotage ; rebaptisée plus tard GPU.

Thermidor – mois du calendrier révolutionnaire français au cours duquel les jacobins radicaux ont été renversés, ouvrant une période de réaction qui n'a cependant pas pu réinstaurer le régime féodal renversé par la Révolution française ; Trotsky a appliqué ce terme à la prise du pouvoir par la caste bureaucratique stalinienne dans le cadre des relations de propriété nationalisée établies à la suite de la révolution d'Octobre 1917.

Thomas, Norman (1884-1968) – dirigeant du Parti socialiste de la fin des années 1920 jusqu'à sa mort ; six fois candidat présidentiel du PS ; pacifiste.

Treint, Albert (1889-1972) – dirigeant du PC de France expulsé en 1928 ; membre de la section française de l'Opposition de gauche internationale jusqu'en 1932.

Urbahns, Hugo (1890-1946) – dirigeant du PC d'Allemagne expulsé en 1926 ; organisateur d'un groupe affilié à l'Opposition de gauche internationale jusqu'à 1930.

Vereecken, Georges (1896-1978) – dirigeant d'une tendance sectaire au sein de l'Opposition de gauche en Belgique dans les années 1930.

Weber, Jack (né en 1896) – membre du Comité national du SWP ; a appuyé la majorité dans la lutte de 1939-1940 ; a quitté le SWP en 1944.

Weisbord, Albert (1900-1977) – membre du Parti communiste expulsé en 1930 ; dirigeant de la Ligue communiste de lutte de 1931 à 1937.

Wright, John G. (Joseph Vanzler) (1902-1956) – membre dirigeant du SWP de 1933 jusqu'à sa mort ; a appuyé la majorité dans la lutte de 1939-1940 ; traducteur de nombreux livres de Trotsky.

YPSL. *Voir* Ligue socialiste des jeunes

Zack, Joseph (1897-1963) – dirigeant du travail syndical du Parti communiste, expulsé en 1934 ; membre du Parti des travailleurs des États-Unis en 1934 et 1935 ; a plus tard agi comme témoin pour le gouvernement pendant la chasse aux sorcières anticommuniste.

Zinoviev, Gregori (1883-1936) – pendant longtemps un dirigeant bolchevique russe ; à la veille de la révolution d'Octobre 1917, il s'est opposé à entreprendre la lutte pour la prise du pouvoir ; président de l'Internationale communiste de 1919 à 1926 ; s'est joint à Staline dans un bloc anti-Trotsky de 1923 à 1925 ; s'est joint à Trotsky et à Kamenev dans l'Opposition unie en 1926 et 1927 ; s'est rétracté en 1928 ; exécuté pendant les procès truqués de Moscou.

Index

LA CLASSE OUVRIÈRE ET LA LUTTE CONTRE LA HAINE DES JUIFS

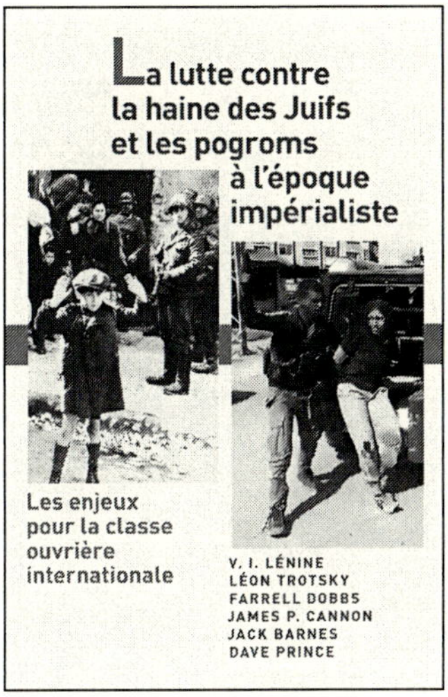

Nouveau!

La lutte contre la haine des Juifs et les pogroms à l'époque impérialiste

Les enjeux pour la classe ouvrière internationale

V. I. LÉNINE, LÉON TROTSKY, FARRELL DOBBS, JAMES P. CANNON, JACK BARNES, DAVE PRINCE

La haine des Juifs et les pogroms, comme celui par le Hamas le 7 octobre 2023, ne sont pas nouveaux. Ce qui est nouveau, c'est que les pogroms font désormais partie des convulsions sociales permanentes et des guerres de l'époque impérialiste, marquée par deux guerres mondiales et l'extermination de 40% des Juifs. La lutte contre la haine des Juifs est essentielle pour la classe ouvrière et les nations opprimées du monde entier. C'est de cela qu'il s'agit dans ce livre. 10 $ US. En anglais et espagnol, bientôt en français.

La question juive

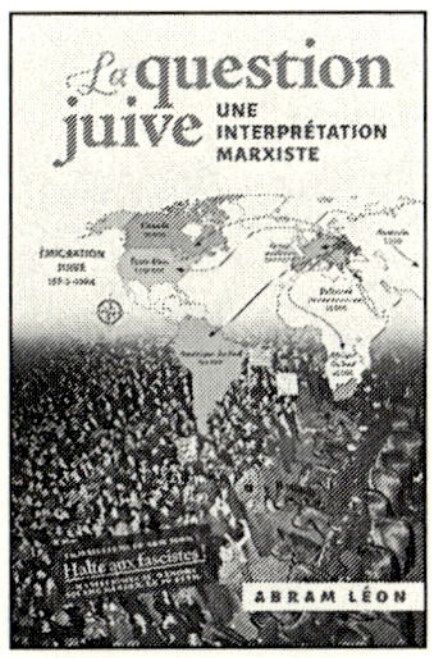

Une interprétation marxiste

ABRAM LÉON

Pourquoi la haine des Juifs montre-t-elle toujours son visage hideux ? Quelles en sont les racines de classe ? Abram Léon explique pourquoi il n'y a pas de solution « hors de la révolution prolétarienne mondiale ». Nouvelle introduction et 40 pages d'illustrations et de cartes. 17 $ US. Aussi en anglais et espagnol.

La marche de l'impérialisme vers le fascisme et la guerre

JACK BARNES

Dans *Nouvelle Internationale* nº 5. 14 $ US. Aussi en anglais, espagnol, farsi, grec.

PATHFINDERPRESS.COM

La révolution américaine à venir

Le creux de la résistance ouvrière est derrière nous

Le Parti socialiste des travailleurs regarde vers l'avant

JACK BARNES
MARY-ALICE WATERS
STEVE CLARK

L'ordre mondial imposé par Washington après sa victoire dans la Deuxième Guerre mondiale vole en éclats. Une longue retraite de la classe ouvrière et des syndicats a pris fin. Les patrons et leur gouvernement multiplient les attaques contre nos salaires, nos conditions de travail et nos droits constitutionnels. Ce livre illustre les possibilités pour construire un parti prolétarien de masse capable de diriger la lutte pour mettre fin à la domination capitaliste et ouvrir un avenir à l'humanité. 10 $ US. Aussi en anglais et espagnol.

Cuba et la révolution américaine à venir

JACK BARNES

Un livre sur l'exemple du peuple cubain, qui montre qu'une révolution est non seulement nécessaire, mais qu'elle est possible. Un livre sur les luttes des travailleurs et autres producteurs exploités au cœur de l'impérialisme ; sur les jeunes attirés par ces luttes ; sur la lutte des classes aux États-Unis, où les nantis méprisent les capacités révolutionnaires des travailleurs comme ils ont méprisé celles des travailleurs cubains. Et tout autant à tort. 10 $ US. Aussi en anglais, espagnol, farsi.

LA CRISE CAPITALISTE ET LA LUTTE POUR LE POUVOIR

Sont-ils riches parce qu'ils sont intelligents ?

Classe, privilège et apprentissage sous le capitalisme

JACK BARNES

Dans les luttes qui nous opposent aux capitalistes, nous, les travailleurs, commencerons à changer d'attitude envers la vie, le travail et chacun de nous. Nous découvrirons notre valeur, que nient les dirigeants et les classes moyennes supérieures, qui prétendent qu'ils sont riches parce qu'ils sont intelligents. Nous apprendrons dans la lutte ce que nous pouvons devenir. 10 $ US. Aussi en anglais, espagnol, farsi, arabe.

Une révolution socialiste est-elle possible aux États-Unis ?

Un débat nécessaire entre travailleurs

MARY-ALICE WATERS

En luttant pour une société que seuls les travailleurs peuvent créer, ce sont nos propres capacités que nous découvrirons. Et nous répondrons à la question posée ici par un « Oui » retentissant. Cela dépend de nous. 7 $ US. Aussi en anglais, espagnol, farsi.

Malcolm X parle aux jeunes

« La jeune génération de blancs, de Noirs, de bruns, de toute autre couleur, vous vivez une époque de révolution, a dit Malcolm en 1964. Quant à moi, je me joindrai à quiconque, je me fiche de votre couleur, veut changer la condition misérable qui existe sur cette terre. » Quatre discours et un entretien dans les derniers mois de la vie de Malcolm X. 12 $ US. Aussi en anglais, espagnol, farsi, grec.

PATHFINDERPRESS.COM

12 $ US

15 $ US

20 $ US

Trois livres qui n'en font qu'un,

sur comment construire un parti qui est ouvrier par son programme, sa composition et ses actions. Un parti qui, dans ce qu'il fait et dit, reconnaît le fait le plus révolutionnaire de notre époque :

que nous, les travailleurs, pouvons créer un monde différent en agissant ensemble pour défendre nos intérêts de classe, pas ceux des classes privilégiées qui nous exploitent ou de ceux qui nous craignent parce qu'ils nous voient comme des « déplorables » ou de simples « déchets ».

En suivant une voie révolutionnaire vers le pouvoir des travailleurs, nous nous transformerons et découvrirons notre propre valeur. Aussi en anglais, espagnol, grec.

Offre spéciale

Les trois livres pour 30 $ US

Le tournant vers l'industrie et *Tribuns du peuple et syndicats* 20 $ US

Un de ces livres et *Malcolm X, la libération des Noirs et la voie vers le pouvoir ouvrier* 25 $ US

DIRECTION OUVRIÈRE ET RÉVOLUTION SOCIALISTE

La lutte pour un parti prolétarien (extraits)

JAMES P. CANNON

À la veille de la Deuxième Guerre mondiale, un fondateur du mouvement communiste aux États-Unis et un dirigeant de l'Internationale communiste du temps de Lénine défend le programme du bolchevisme et ses normes de construction du parti. 5 $ US. Aussi en anglais, espagnol, farsi.

L'histoire du trotskysme américain, 1928-1938

Le rapport d'un participant

JAMES P. CANNON

« Le trotskysme n'est pas un nouveau mouvement, une nouvelle doctrine, écrit Cannon, mais la restauration, la renaissance du marxisme véritable tel qu'il a été exposé et appliqué au cours de la Révolution russe et des premiers jours de l'Internationale communiste. » 17 $ US. Aussi en anglais et espagnol.

Le dernier combat de Lénine

Écrits et discours, 1922-1923

V. I. LÉNINE

En 1922 et 1923, V. I. Lénine, le dirigeant central de la première révolution socialiste dans le monde, a livré ce qui allait être son dernier combat politique – un combat qui a été perdu après sa mort. L'enjeu, c'était de savoir si la révolution et le mouvement international qu'elle dirigeait maintiendraient le cours prolétarien qui avait porté les travailleurs et les paysans au pouvoir en Russie en octobre 1917. 17 $ US. En anglais, espagnol, farsi, grec.

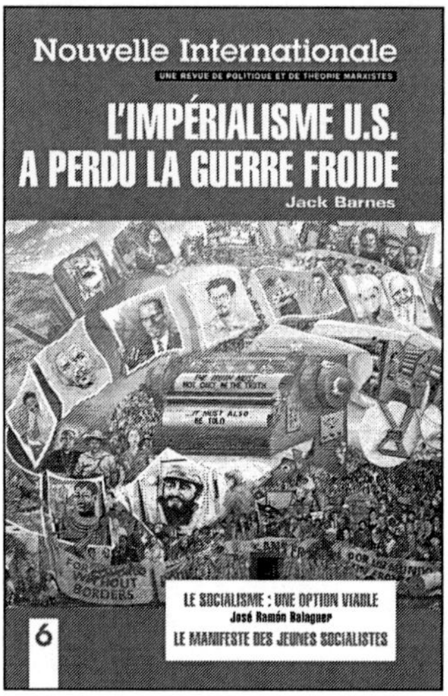

L'impérialisme U.S. a perdu la guerre froide

JACK BARNES

L'effondrement des régimes prétendant être communistes en Europe de l'Est et en URSS n'a pas signifié que les travailleurs et les agriculteurs y avaient été écrasés. Dans les conflits de classe et les guerres qui s'intensifient aujourd'hui, ces travailleurs se joignent à ceux du monde entier dans la lutte de classe contre l'exploitation capitaliste. Dans *Nouvelle Internationale* nº 6. 14 $ US. Aussi en anglais, espagnol, farsi, grec.

La révolution trahie

Qu'est-ce que l'Union soviétique et où va-t-elle ?

LÉON TROTSKY

En 1917, la classe ouvrière et les paysans de Russie sont la force motrice d'une des plus profondes révolutions de l'histoire. Mais en dix ans se consolide une contrerévolution menée par une couche sociale privilégiée et dont le principal porte-parole est Joseph Staline. L'étude classique de l'État ouvrier soviétique et de la dégénérescence de la révolution. 17 $ US. En anglais, espagnol, farsi, grec.

Histoire de la révolution russe

LÉON TROTSKY

Comment, sous la direction de Lénine, le Parti bolchevique a conduit des millions d'ouvriers et d'agriculteurs à renverser le pouvoir d'État des propriétaires terriens et des capitalistes en 1917 et à mettre au pouvoir un gouvernement qui servait leurs intérêts de classe chez eux et à travers le monde. Le texte intégral en deux volumes. Écrit par l'un des principaux dirigeants de cette révolution socialiste. Deux volumes. 28 $ US chaque volume. Aussi en anglais et russe.

LA RÉVOLUTION SOCIALISTE CUBAINE

Les Première et Deuxième Déclarations de La Havane

Manifestes de la lutte révolutionnaire dans les Amériques adoptés par le peuple de Cuba

Deux documents adoptés par des assemblées de millions de Cubains en 1960 et 1962. Ces mises en accusation sans compromis du pillage impérialiste et de « l'exploitation de l'homme par l'homme » continuent de servir de manifestes de la lutte révolutionnaire des travailleurs dans le monde entier. 10 $ US. Aussi en anglais, espagnol, farsi, arabe, grec.

Les femmes à Cuba : Réaliser une révolution dans la révolution

VILMA ESPÍN, ASELA DE LOS SANTOS, YOLANDA FERRER

La révolution sociale qui a renversé en 1959 la dictature sanguinaire de Fulgencio Batista a commencé dans des villes comme Santiago de Cuba et dans les zones montagneuses libérées par l'Armée rebelle dans l'est de Cuba. L'intégration sans précédent des femmes dans les rangs et la direction de cette lutte a reflété son cours révolutionnaire jusqu'à aujourd'hui. Témoignages de première main de femmes qui ont contribué à sa réalisation. 17 $ US. En anglais, espagnol, farsi, grec.

Le socialisme et l'homme à Cuba

ERNESTO CHE GUEVARA, FIDEL CASTRO

« L'homme atteint réellement sa pleine condition humaine lorsqu'il produit sans être contraint par la nécessité physique de se vendre comme marchandise », a écrit Che Guevara en 1965. 5 $ US. Aussi en anglais, espagnol, farsi, grec.

AUSSI DE PATHFINDER

Rébellion Teamster

FARRELL DOBBS

Les grèves de 1934, qui ont obtenu la reconnaissance du syndicat des camionneurs et des magasiniers à Minneapolis, ont contribué à ouvrir la voie au mouvement ouvrier social qui a construit les syndicats industriels. Le premier de quatre livres d'un dirigeant central de ces batailles. 16 $ US. Aussi en anglais, espagnol, farsi, grec.

Nouvelle édition !

Che Guevara sur l'économie et la politique dans la transition au socialisme

CARLOS TABLADA

Il est essentiel que les travailleurs s'emparent du pouvoir d'État, a dit Ernesto Che Guevara. « Ensuite, il y a la deuxième étape, peut-être plus difficile que la première » : la transition du capitalisme, fondé sur la loi de la jungle, au socialisme. Cela implique de passer du travail en tant que condition de survie au travail social volontaire par lequel nous exprimons notre humanité commune. Comprend le discours de Fidel Castro « Les idées du Che sont d'une actualité absolue et totale ». 17 $ US. En anglais et espagnol. À paraître en français.

Thomas Sankara parle

La révolution au Burkina Faso, 1983-1987

Le gouvernement que dirigeait Thomas Sankara au Burkina Faso a conduit les paysans, les travailleurs, les femmes et les jeunes à apprendre à lire et à écrire, à creuser des puits, à planter des arbres, à bâtir des logements, à combattre l'oppression des femmes, à réaliser une réforme agraire et à se joindre à d'autres dans le monde pour se libérer du joug impérialiste. 20 $ US. Aussi en anglais.

DÉFENDRE LES LIBERTÉS CONSTITUTIONNELLES

Le socialisme en procès

Déposition au procès pour sédition de Minneapolis

JAMES P. CANNON

Le programme révolutionnaire de la classe ouvrière, présenté en réponse aux accusations de « conspiration séditieuse » dans un coup monté en 1941, à la veille de l'entrée des États-Unis dans la Deuxième Guerre mondiale. Les accusés étaient des dirigeants du mouvement syndical de Minneapolis et du Parti socialiste des travailleurs. 15 $ US. Aussi en anglais, espagnol, farsi.

50 années d'opérations secrètes aux États-Unis

La police politique de Washington et la classe ouvrière américaine

LARRY SEIGLE, FARRELL DOBBS, STEVE CLARK

Comment les travailleurs ayant une conscience de classe ont défendu les libertés constitutionnelles et combattu les efforts des capitalistes pour construire un État de « sécurité nationale », essentiel pour préserver leur domination. 10 $ US. En anglais, espagnol, farsi.

Le FBI en procès

La victoire du Parti socialiste des travailleurs (SWP) dans son procès contre l'espionnage mené par le gouvernement

MARGARET JAYKO

Le compte-rendu d'une victoire historique dans la lutte pour les droits politiques, y compris le jugement de la cour fédérale de 1986 contre l'espionnage gouvernemental et des extraits des témoignages de Farrell Dobbs et de Jack Barnes, dirigeants du SWP. 17 $ US. En anglais.

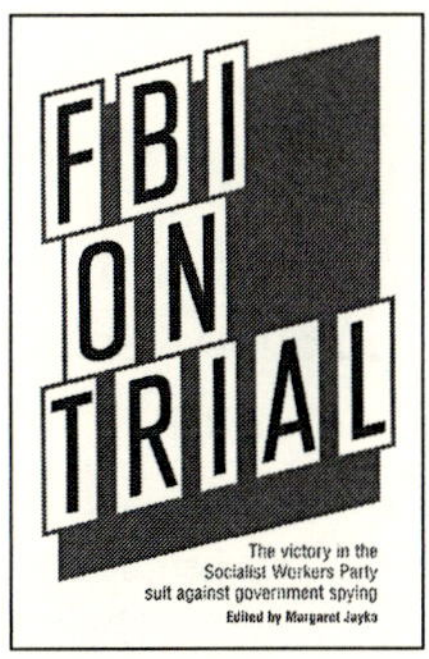

PATHFINDERPRESS.COM

ÉLARGISSEZ VOTRE ARSENAL RÉVOLUTIONNAIRE

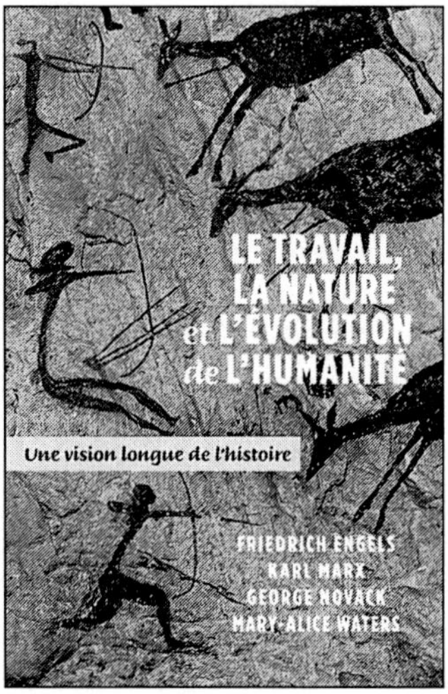

Le travail, la nature et l'évolution de l'humanité

Une vision longue de l'histoire

FRIEDRICH ENGELS, KARL MARX, GEORGE NOVACK, MARY-ALICE WATERS

Sans comprendre qu'en transformant la nature, le travail social est le moteur de l'évolution de l'humanité depuis des millions d'années, les travailleurs ne peuvent pas voir au-delà de l'époque capitaliste d'exploitation de classe qui déforme toutes les relations, idées et valeurs humaines. Seule la conquête révolutionnaire du pouvoir d'État par la classe ouvrière peut ouvrir la porte à un monde libéré de l'exploitation capitaliste, de la dégradation de la nature, de l'assujettissement des femmes, du racisme et de la guerre. Un monde construit sur la solidarité humaine. Un monde socialiste. 12 $ US. Aussi en anglais et espagnol.

Le Manifeste communiste

KARL MARX ET FRIEDRICH ENGELS

Le communisme, disent les dirigeants qui ont fondé le mouvement ouvrier révolutionnaire, n'est pas un ensemble d'idées ou de principes préconçus. C'est plutôt la marche de la classe ouvrière vers le pouvoir, telle qu'elle surgit d'un « mouvement historique qui s'opère sous nos yeux ». 5 $ US. Aussi en anglais, espagnol, farsi, arabe.

Le bilan anti-ouvrier des Clinton

Pourquoi Washington craint les travailleurs

JACK BARNES

Ce que les travailleurs doivent savoir sur le cours, axé sur le profit, des démocrates et des républicains au cours des 30 dernières années. L'éveil politique des travailleurs qui cherchent à comprendre et à résister aux attaques des dirigeants capitalistes. 10 $ US. Aussi en anglais, espagnol, farsi, grec.

Les premières salves de la troisième guerre mondiale : La guerre contre l'Irak

JACK BARNES

L'assaut meurtrier contre l'Irak en 1990-1991 a annoncé des conflits de plus en plus aigus entre les puissances impérialistes, une instabilité croissante du capitalisme et davantage de guerres. Comprend aussi :

La troisième poussée militariste de Washington
par Mary-Alice Waters

Les leçons de la guerre Iran-Irak
par Samad Sharif

Dans *Nouvelle Internationale* nº 4. 14 $ US. Aussi en anglais, espagnol, farsi.

Leur Trotsky et le nôtre

JACK BARNES

Pour diriger les travailleurs à la victoire dans une révolution, il faut un parti révolutionnaire de masse dont les cadres, longtemps à l'avance, ont intériorisé un programme communiste international, ont une vie et un travail prolétariens, prennent plaisir à faire de la politique et ont forgé une direction dotée d'un sens aigu de ce qu'il faut faire. Ce livre discute comment construire un tel parti. 12 $ US. Aussi en anglais, espagnol, farsi.

Livres numériques Pathfinder pour les personnes aveugles, ayant une déficience visuelle ou des difficultés à lire des livres imprimés.

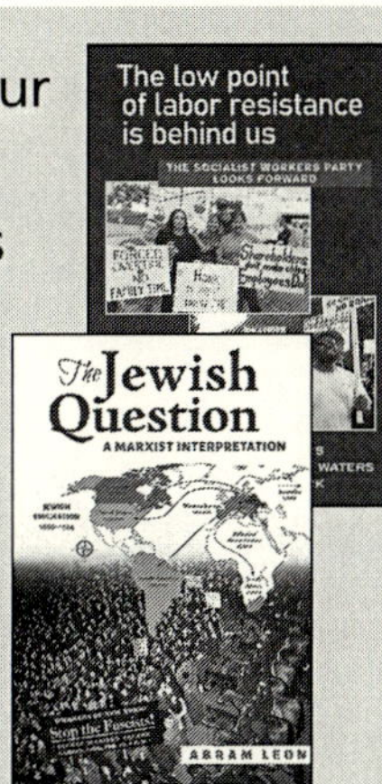

Pour une liste des titres disponibles, allez à : pathfinderpress.com/collections/books-for-the-blind.

Visitez le site bookshare.org pour vous inscrire.

PATHFINDER DANS LE MONDE

ÉTATS-UNIS
(et Amérique latine, Antilles et Asie de l'Est)

Pathfinder Books, 306 W. 37th St., 13th Floor
New York, NY 10018

CANADA

Livres Pathfinder, 7107, rue St-Denis, suite 204
Montréal, QC H2S 2S5

ROYAUME-UNI
(et Europe, Afrique, Moyen-Orient et Asie du Sud)

Pathfinder Books, 5 Norman Rd.
Seven Sisters, London N15 4ND

AUSTRALIE
(et Nouvelle-Zélande, Asie du Sud-Est et Pacifique)

Pathfinder Books, Suite 2, First floor, 275 George St.
Liverpool, Sydney, NSW 2170
Adresse postale : P.O. Box 73, Campsie, NSW 2194

JOIGNEZ-VOUS AU CLUB DES LECTEURS DE PATHFINDER ET ENRICHISSEZ VOTRE BIBLIOTHÈQUE

10 $ PAR ANNÉE

RÉDUCTION DE 25 % SUR TOUS LES TITRES

RÉDUCTION DE 30 % SUR LES TITRES DU MOIS

Valide sur pathfinderpress.com et dans les centres de livres Pathfinder locaux

Visitez le pathfinderpress.com/products/pathfinder-readers-club

Pathfinder
pathfinderpress.com